Die Deutsche Bibliothek – CIP-Einheitsaufnahme

Höffer-Mehlmer, Markus:
Modernisierung und Sozialarbeit in Spanien / Markus Höffer-Mehlmer. - Rheinfelden ; Berlin : Schäuble, 1994
(Gesellschaft, Erziehung und Bildung ; 27 : Studien zur vergleichenden Sozialpädagogik und internationalen Sozialarbeit ; Bd. 5)
Zugl.: Mainz, Univ., Diss., 1993
ISBN 3-87718-587-8
NE: Gesellschaft, Erziehung und Bildung / Studien zur vergleichenden Sozialpädagogik und internationalen Sozialarbeit

Der "Modernisierung" genannte Wandel von einer ländlich strukturierten zu einer städtischen Industriegesellschaft hat in Spanien später als in vielen anderen europäischen Ländern begonnen. Parallel dazu entwickelte sich ein System sozialer Sicherung und die Sozialarbeit als Institutionengefüge und Beruf. Mit dieser Arbeit wird erstmals versucht, den Zusammenhang von gesellschaftlicher Modernisierung und der Entwicklung von Sozialpolitik und Sozialarbeit in Spanien zu erhellen.

Dazu wird zunächst der Wandel Spaniens und die Entwicklung der Sozialarbeit während der Franco-Diktatur untersucht. Daran schließt sich der Übergang zur Demokratie und der Beitritt zur Europäischen Gemeinschaft an, die zu einem Um- und Ausbau sozialpolitischer Absicherung und sozialarbeiterischer Institutionen führten. Daran anschließend wird untersucht, wie sich im Kontext dieser Entwicklungen Ausbildung und Arbeitsfelder der Sozialarbeiter in Spanien verändert haben. Abschließend werden die Widersprüche gesellschaftlicher Modernisierung und ihre Auswirkungen auf die Sozialarbeit in Spanien behandelt.

Zum Autor: Markus Höffer-Mehlmer, Diplompädagoge, Diplomsozialpädagoge (FH), Dr. phil., Assistent an der Universität Mainz, Arbeitsgebiete: Sozialarbeit, Erwachsenenbildung, vergleichende Bildungs- und Sozialforschung

Studien zur Vergleichenden Sozialpädagogik und internationalen Sozialarbeit

herausgegeben von Franz Hamburger

in Verbindung mit
Rosario Alonso, Luigi Guerra, Volker Lenhart, Walter Lorenz, Hans Pfaffenberger, Alec Robertson und Friedrich W. Seibel

Band 5

MARKUS HÖFFER-MEHLMER

Modernisierung und Sozialarbeit in Spanien

Gesellschaft, Erziehung und Bildung 27

ISSN 0937-7727
ISBN 3-87718-587-8

Inhalt

1. Fragestellung und Aufbau dieser Untersuchung

1.1 Modernisierung und Sozialarbeit in Spanien : Problemskizze

Nur wenige europäische Länder dürften sich in den letzten Jahrzehnten so verändert haben wie Spanien. War es bis in die fünfziger Jahre hinein noch ein bäuerlich geprägtes Land mit niedrigem Bildungsniveau, ist es inzwischen ein Industriestaat mit überwiegend städtischer Bevölkerung geworden.

Die Demokratisierung nach dem Tode Francos im Jahre 1975 beendete die "Anomalie Spaniens"[1] und brachte das Land nun auch kulturell und politisch näher an andere westliche Länder heran, nachdem dies in sozialer und ökonomischer Hinsicht bereits vorher geschehen war. Ein deutlicher Ausdruck dieser Annäherung war der Beitritt zur EG im Jahre 1986.

Innerhalb der Zwölfergemeinschaft zählt Spanien zwar zu den wirtschaftlich schwächer entwickelten Ländern, doch wurde die spanische Gesellschaft in den letzten Jahrzehnten von einer rapiden Entwicklung erfaßt. Diese wird deutlich, wenn man die wirtschaftliche Struktur, den Urbanisierungsgrad, das Bildungsniveau, das generative Verhalten und andere Bereiche betrachtet, in denen sich traditionelle von modernen Gesellschaften unterscheiden. Weist Spanien hinsichtlich all dieser Indikatoren heute das Profil moderner Industriegesellschaften auf, konnte davon beispielsweise in den fünfziger Jahren noch nicht die Rede sein, als Spanien aufgrund seines Entwicklungsrückstands gegenüber den Industriestaaten zu den unterentwickelten Ländern gezählt wurde[2]. Die gesellschaftliche Modernisierung hat in Spanien später begonnen als in anderen europäischen Ländern und dann einen rascheren Verlauf genommen.

---

1 *Madariaga* 1979, S.451.

2 Vgl. bspw. *Lorenz* 1968, S.52.

Dies gilt auch für die Entwicklung sozialer Sicherung und der Sozialarbeit. Der Modernisierungsschub, der in der zweiten Hälfte der fünfziger Jahre einsetzte, führte zu einem Ausbau des sozialen Sicherungssystems, sowohl der Sozialversicherung als auch der Wohlfahrtspflege, auch wenn erst die Verfassung von 1978 ein umfassendes Sozialstaatspostulat enthält.

In den letzten Jahren hat sich in Spanien der Begriff '*trabajo social*' als Sammelbezeichnung für die Wohlfahrtspflege durchgesetzt. Dieser in Anlehnung an das englische '*social work*' geprägte Begriff hat die traditionellere Bezeichnung '*asistencia social*' weitgehend verdrängt, die mit 'Soziale Hilfe' oder 'Soziale Fürsorge' zu übersetzen wäre. Der Begriff 'asistencia social' hatte wiederum in der Vergangenheit den Begriff '*beneficencia*', 'Mild-' bzw. 'Wohltätigkeit', abgelöst.

In der spanischen sozialpolitischen Diskussion repräsentieren die drei programmatischen Begriffe *benificencia*, *asistencia social* und *trabajo social* verschiedene Konzepte von Wohlfahrtspflege, die jeweils verschiedene Etappen einer evolutionären Entwicklung kennzeichneten. Diese Entwicklung begann mit der Mildtätigkeit (*beneficencia*), um sich über die Zwischenstufe paternalistischer Fürsorge (*asistencia social*) zur modernen Sozialarbeit (*trabajo social*) zu generieren[3].

Die Parallelen zur deutschen Entwicklung sind leicht zu erkennen. Wenn wir heute von '*Sozialarbeit*' sprechen, liegt dem, wie dem spanischen '*trabajo social*', das englische '*social work*' zugrunde. In Deutschland wurde zwar bereits 1918 bisweilen vom *Sozialarbeiter* gesprochen[4], doch erst ab Ende der fünfziger Jahre ersetzte der Begriff 'Sozialarbeit' die bis dahin üblichen Begriffe '*Fürsorge*' bzw. '*Wohlfahrtspflege*'[5]. Diese wiederum hatten in ähnlicher Weise nach dem Ersten Weltkrieg die '*Armenpflege*' abgelöst[6]. Mit der Bezeichnung wandelte sich dabei auch das, was damit bezeichnet wurde.

So hatte in Deutschland der Wandel von der '*Armenpflege*' zur '*Fürsorge*' den sozialpolitischen Umbruch der Nachkriegszeit und der Weimarer Republik widergespiegelt. Vorangetrieben durch soziale Konflikte entwickelte sich ein Normierungs- und Institutionalisierungsschub, der die Einrichtungen und Arbeitsformen, die man bis dahin Armenpflege genannt hatte, grundlegend veränderte (Einrichtung kommunaler Jugend-

---

3 Vgl. *Salinas* 1990 und *Ander-Egg* 1988, S.322 f.

4 Vgl. *Mühlum* 1982, S.32.

5 Vgl. *Skiba* 1969, S.62 ff.

6 Vgl. *Weber* 1930, S.847.

ämter nach der Verabschiedung des Reichsjugendwohlfahrtsgesetzes etc.). Der Begriff der '*Fürsorge*' sollte dieser gewandelten Realität gerecht werden und ein höheres Maß an öffentlicher Verpflichtung signalisieren.

Als in der Bundesrepublik dann mit dem Begriff '*Sozialarbeit*' die Übersetzung des englischen '*social work*' übernommen wurde, sollte dies "den Wandel (...) zu einer egalitäreren Beziehung zwischen FürsorgerInnen/SozialarbeiterInnen und Klienten ebenso begleiten wie dokumentieren"[7]. Gleichzeitig signalisierte der Begriffsimport den nordamerikanischen Einfluß auf die Wohlfahrtspflege der Bundesrepublik[8], der sich insbesondere auch auf Arbeitskonzepte erstreckte[9].

Wenn sich für die deutsche Wohlfahrtspflege eine evolutionäre Stufenfolge hin zur Sozialarbeit heutigen Verständnisses konstruieren läßt, entsteht die Frage, ob die spanische mit der deutschen Entwicklung vergleichbar ist. Schließt man die Entwicklung von Arbeitskonzepten und Ausbildung in den Vergleich ein, scheint es auch dort Parallelen zu geben. In beiden Ländern wurden Arbeitsansätze von nordamerikanischen Konzepten beeinflußt, in beiden entwickelte sich die Ausbildung der Sozialarbeiter aus anfänglichen Kursen für Ehren- und Nebenamtliche über Fachschulen hin zur heutigen Ausbildung in Fachhochschulen. Auch diese Parallelentwicklungen fanden zeitlich versetzt, in Spanien später als in Deutschland, statt.

Der Vergleich ließe sich in dieser Richtung fortführen. Grob gesehen könnte man immer wieder eine Verspätung der spanischen Entwicklung konstatieren, gleichgültig, ob es um die gesellschaftliche Modernisierung, um Sozialpolitik und Wohlfahrtspflege oder um die Sozialarbeiterausbildung ginge. Diese Deutung scheint in der Logik der damit gewählten Perspektive begründet zu sein, die konsequent dem "evolutionistischen Paradigma"[10] folgt.

Dabei besteht die Grundannahme darin, daß es generelle Entwicklungstendenzen gäbe, auf die hin nationale Strukturen untersucht werden können, um sie dann mit Hilfe von Kategorien wie 'größer-kleiner', 'früher-später'

---

7 *Höffer-Mehlmer* 1991, S.77.

8 Vgl. dazu *Notbaar* 1983, S.294 ff. und *Rhode* 1989, S.16 ff.

9 Vgl. bspw. zur Gruppenarbeit die von *Müller* (1973) herausgegebene Auswahl, die insbesondere deshalb interessant ist, weil sie verdeutlicht, daß es sich beim Import des Gruppenarbeitskonzeptes in die bundesrepublikanische Diskussion und Praxis zum Teil um einen modifizierten Reimport handelte.

10 *Schriewer* 1982, S.205, zum folgenden s. dort S.205ff.

auf einer Art Skala einzuordnen. Je nach der Position auf dieser Skala sollen sich für einzelne Länder und Bereiche Verspätungen konstatieren oder Aufholprozesse prognostizieren lassen. Unter Annahme einer prinzipiellen strukturellen Konkordanz ergäben sich Differenzen nur aus Zeitverschiebungen letztlich konvergenter Entwicklungen.

Unter dieser Perspektive würde sich die Frage stellen, weshalb man sich die Mühe des Blicks über nationale Grenzen machen soll, nur um am Ende festzustellen, daß es sich im anderen Land genauso wie im eigenen verhält, bzw. früher oder später so sein wird. Mit der Einordnung nach 'größer-kleiner'-, 'früher-später'-Kategorien blieben Fragen nach *konkreten* Zusammenhängen und Entwicklungen unbeantwortet. Das als Forschungsobjekt ausgewählte Land bliebe nur ein -austauschbares- Exempel für als universell angenommene Prozesse.

Der Erkenntnisgewinn dürfte dementsprechend gering ausfallen. Spezifische Entwicklungen des Landes, um das es geht, würden kaum beleuchtet, noch würde man gezwungen, sich näher mit denjenigen des eigenen auseinanderzusetzen. Die "Explizierung von kulturellen Selbstverständlichkeiten"[11], die Voraussetzung und Gewinn des Blicks über die Grenzen sein müßte, würde umgangen.

Eine radikale Gegenposition gegenüber der universalistisch-evolutionistischen Tendenz wäre die der "radikalen Nominalisten"[12], bestimmt von der Einzigartigkeit nationaler Strukturmerkmale und skeptisch gegenüber jeder Vergleichbarkeit. Von dieser Sichtweise her müßte man sich darauf beschränken, länderkundliches Material, in diesem Fall über die Entwicklung von Sozialpolitik, Wohlfahrtspflege und Sozialarbeit in Spanien, zusammenzutragen und auf weitergehende Analysen zu verzichten.

Aber auch eine rein länderkundliche Studie muß mit Hilfe 'heimischer' Kategorien versuchen, ihrem Gegenstand gerecht zu werden. Jeder Versuch, die Fülle des gesammelten Materials zu ordnen oder Teile durch Übersetzung zugänglich zu machen, setzt kategoriale Entscheidungen voraus.

Kategorien aber müssen begründet und erläutert werden, um das analytische Raster so nachvollziehbar und zugleich so fein zu fassen, daß die 'fremde' Realität darin eingefangen werden kann.

---

11 *Heintz* 1974, S.415.

12 *Masing* 1973, S.273 kennzeichnet damit eine Position innerhalb der vergleichenden Politikwissenschaft. Zum "historistischen Paradigma" in der Erziehungswissenschaft, das diesem politikwissenschaftlichen Ansatz ähnelt, vgl. den Überblick bei *Schriewer* 1982, S.196 ff.

1.2 Die Fragestellung der Untersuchung

Die der Untersuchung zugrunde liegende Frage lautet : Welche Zusammenhänge bestanden in Spanien zwischen Prozessen gesellschaftlicher Modernisierung und der Entwicklung der Sozialarbeit?

Mit dieser Frage wird zwar vorausgesetzt, *daß* Modernisierung stattgefunden hat, die spanische Gesellschaft also in wichtigen Bereichen traditionelle Muster abgelegt und moderne übernommen hat, aber es bleiben die Fragen, was denn unter 'traditionellen' bzw. 'modernen' Mustern gesellschaftlicher Strukturen verstanden werden kann und wie der Übergang von den einen zu den anderen Mustern in Spanien verlaufen ist.

Die Grundfrage nach den Bedingungen der Entwicklung der Sozialarbeit läßt sich in mehrere Einzelfragen ausfächern :

- Die Sozialarbeit ist Teil des Gesamtsystems sozialer Absicherung. Wie hat sich dieses Gesamtsystem entwickelt? Welche Risiken welcher Gruppen wurden wann formell abgesichert?
- Die Sozialarbeit knüpft an Traditionen der Armenpflege auf der einen und organisierter Mildtätigkeit auf der anderen Seite an. Welche Auswirkungen haben diese Traditionen und die damit verbundenen (sozialen, religiösen) gesellschaftlichen Kräfte zum einen auf die institutionelle und zum anderen auf die konzeptionelle Entwicklung der Sozialarbeit?
- Die berufliche Entwicklung der Sozialarbeit stellt eine weitere Dimension des Gesamtzusammenhangs dar. Welche Etappen lassen sich in der Herausbildung der Sozialarbeit als Beruf ausmachen? Welche Anforderungen und welcher Status waren jeweils mit dem sich entwickelnden Beruf verbunden? Welche Kräfte trieben die Entwicklung voran?
- Welche Unterschiede und welche Parallelen sind zwischen spanischen und deutschen Entwicklungen festzustellen?
- Schließlich ist zu fragen, ob die Modernisierungsperspektive einen sinnvollen Zugang zur Entwicklung von Sozialpolitik und Sozialarbeit in Spanien eröffnet oder ob sie zu ergänzen bzw. durch eine andere Perspektive zu ersetzen ist.

Daß ein Zusammenhang von Modernisierung und Sozialarbeit in Spanien existiert, ist zunächst eine Hypothese. *Goethe* zufolge sind "Hypothesen (...) Gerüste, die man vor dem Gebäude aufführt, und die man abträgt, wenn das Gebäude fertig ist. Sie sind dem Arbeiter unentbehrlich, nur muß er das Gerüste nicht für das Gebäude ansehn."[13]

---

13 *Goethe* 1988, S.441.

1.3 Zum behandelten Zeitraum

In den Blick genommen wird der Zeitraum vom Ende des spanischen Bürgerkriegs im Jahre 1939 bis zum Jahre 1989. Für die Wahl dieses Zeitabschnitts spricht eine Reihe von Argumenten :

- Zum einen stellte der Sieg des Franquismus auch für Sozialpolitik und Wohlfahrtspflege einen deutlichen Einschnitt dar. Radikale politische Eingriffe wie das Verbot von Parteien und Gewerkschaften sowie die Kriegsfolgen trugen dazu bei, daß das Jahr 1939 auch in sozialpolitischer Hinsicht einen Wendepunkt bedeutete.
- Während der Franco-Zeit wurden entscheidende Modernisierungsprozesse eingeleitet. Die ersten Jahre der Diktatur waren zwar eher durch vielfältige -nicht nur ideologische- Retraditionalisierung gekennzeichnet. Als Vorgeschichte des Umschwungs der fünfziger Jahre sind sie dennoch zu behandeln.
- Die ersten entscheidenden Etappen in der beruflichen Entwicklung der Sozialarbeit fanden ebenfalls in der Zeit des Franquismus statt.

Dieser Zeitrahmen wird an einigen Stellen überschritten, etwa, wenn es um die Entwicklung der sozialen Sicherung oder um Wohlfahrtspflege zwischen Staat und Kirche geht. Im Mittelpunkt steht das halbe Jahrhundert zwischen 1939 und 1989.

1.4 Materialabgrenzung

Bei der Darstellung der allgemeinen historischen Entwicklung Spaniens während der Franco-Zeit kann auf eine inzwischen recht große Zahl von Untersuchungen zurückgegriffen werden[14], die sich mit verschiedenen Aspekten dieser Zeit beschäftigen. Demgegenüber ist die institutionelle Entwicklung der Sozialpolitik wie auch der Wohlfahrtspflege während der Franco-Zeit bislang nur wenig untersucht worden.

Der institutionelle Aufschwung, den die Sozialarbeit mit dem Übergang zur Demokratie erlebte, wurde von einer Publikationsflut begleitet. Neue Zeitschriften erschienen, Dokumentationszentren und Buchreihen wurden ins Leben gerufen und Kongresse veranstaltet. Die Ergebnisse dieser Aktivitäten schlossen Analysen und Prognosen ebenso ein wie Selbstdarstellun-

---

14 Vgl. dazu den kurzen Überblick bei *Tusell* 1988, S.362 ff. und bei *Bernecker* 1984c.

gen der neu entstehenden Institutionen. Die Fülle und Zugänglichkeit des Materials, das inzwischen sogar innerhalb kurzer Zeit bibliographisch aufbereitet wird[15], erleichterte die Untersuchung der sozialpolitischen und Wohlfahrts-Entwicklung der Nach-Franco-Zeit.

Zu einzelnen Aspekten des Modernisierungsprozesses, insbesondere zu demographischen und ökonomischen Veränderungen, liegen Studien vor, auf die ebenfalls Bezug genommen werden kann.

In den sechziger, siebziger und achtziger Jahren wurde die Ausbildungs- und berufliche Situation der Sozialarbeit jeweils in einer Studie untersucht[16]. Diese drei Untersuchungen waren an teilweise unterschiedlichen Perspektiven orientiert, was nicht zuletzt auch auf die jeweils veränderte Situation der Sozialarbeit selbst zurückzuführen ist. Dennoch lassen sie sich hinsichtlich einer Reihe von Fragen miteinander vergleichen. Vor allem erlaubt der Vergleich der drei Studien eine Analyse der beruflichen und Ausbildungsentwicklung der Sozialarbeit von den sechziger Jahren bis zum Ende der achtziger Jahre.

Diese Analyse wird ergänzt durch die Auswertung von Kongreßprotokollen sozialarbeiterischer Berufsorganisationen, Ausbildungs- und Studienplänen und statistischen Angaben, die über verschiedene Ausbildungsinstitutionen vorliegen.

1.5 Zu methodischen Fragen

Auch eine ausschließlich monographisch-landeskundlich orientierte Darstellung der Entwicklung der spanischen Sozialarbeit erfordert immer wieder den Rückbezug auf deutsche Entwicklungen und Strukturen. Dies zeigt sich schon bei der Übersetzung einzelner Fachbegriffe.

Innerhalb der Ausgangssprache muß der Bedeutungsgehalt von Begriffen vor allem in Abgrenzung von anderen geklärt werden. Sodann muß ihre Einbettung in die Ausgangsfachsprache berücksichtigt werden, innerhalb der sie möglicherweise eine vom allgemein-sprachlichen Zusammenhang verschiedene Bedeutung besitzen. Innerhalb der Fachdisziplin beeinflußen darüberhinaus möglicherweise einzelne Schulen, Richtungen oder Denktraditionen Bedeutung und Konnotation von Begriffen. Schließlich muß der

---

15 So bspw. durch den 'Index de Serveis Socials' des Institut d'assistència i serveis socials in Valencia.

16 *Vázquez* 1971, *Estruch/Güell* 1976 und *Llovet/Usieto* 1990.

aktuelle Kontext von Begriffsverwendungen berücksichtigt werden, d.h. die Form der Veröffentlichung, die Adressaten der Veröffentlichung, die Abstraktionsstufe, der Diskussionszusammenhang, das, was innerhalb dessen mit dem jeweiligen Begriff gemeint ist, usw..

Dieser Differenzierungsprozeß muß sodann innerhalb der Zielsprache wiederholt werden, d.h. auch dort muß der Sinngehalt des als Übersetzung gewählten Begriffs in den Zusammenhängen der allgemeinen Hochsprache, der Fachsprache und der dort geführten Diskussionen bestimmt werden. Ebenso sind der Kontext, innerhalb dessen der Begriff verwendet wird, und die Adressaten, für die übersetzt wird, zu berücksichtigen[17].

Eine in diesem Sinne gelungene Übersetzung ist im Idealfall dadurch gekennzeichnet, daß in ihr sowohl der Zusammenhang des Ausgangsbegriffs und derjenige des Zielbegriffs als auch deren gegenseitige Verschränkung aufgehoben sind. Der Kontext ist auch entscheidend für die Balance zwischen Komplexität und Reduktion, also für die Beantwortung der Frage : An welchen Punkten wird erläuternd ausgeholt, um beispielsweise den Zusammenhang eines Begriffs zu erläutern, und wo kann darauf verzichtet werden?

Beim Vergleich und bei der Übertragung von Daten tauchen die gleichen methodischen Probleme auf, die bei der Übersetzung von Begriffen berücksichtigt werden müssen. Statistische Daten geben zunächst einmal Ausschnitte gesellschaftlicher Wirklichkeit wieder. In die Datenerhebung und in ihre Interpretation gehen Interpretationen ein, die gesellschaftlich bedingt sind.

Ein bekanntes Beispiel für die Bedeutung von Erhebungsrastern ist die Auszählung von Arbeitslosen. Die Höhe der Arbeitslosenquote hängt eng mit den Indikatoren der Datenerhebung zusammen. In der Regel werden diejenigen als arbeitslos gezählt, die sich bei den dafür zuständigen Stellen arbeitslos gemeldet haben. Wie hoch die Dunkelziffer derjenigen ist, die diesen Schritt gar nicht erst gehen, sei es, weil sie ohnehin weder Leistungen beziehen noch vermittelt würden, sei es, weil sie innerhalb der sogenannten Schattenwirtschaft[18] beschäftigt sind, darüber gibt es vielfältige Kontroversen. Selbst innerhalb des direkten Geltungsbereichs sind also die Zahlenangaben über Arbeitslosigkeit nicht unangefochten. Verläßt man den Rahmen eines Staates, potenzieren sich diese Probleme, weil beispielsweise

---

17 Zu "Variablen für eine Typologie fachsprachlicher Textsorten" vgl. den Überblick bei *Beier* 1982, S.17 ff.

18 Zu dieser in Spanien breit diskutierten Frage vgl. *Miguel* 1988.

die Erhebungsmethoden unterschiedlich sind, der Zugriff auf Unterstützungsleistungen und damit der Anreiz zur Registrierung verschieden ist, die Absorptionskraft von Beschäftigungsfeldern jenseits des regulären Arbeitsmarktes (Haushalt, Familie, Schattenwirtschaft) stärker oder schwächer ist usw.. Gerade hinsichtlich der Arbeitslosenzahlen sind die Probleme, die internationale Vergleiche aufwerfen, relativ breit dokumentiert[19].

Die Vergleichbarkeit von Daten wird in den Sozialwissenschaften bereits seit langem diskutiert[20]. Das Ausmaß der Probleme, die dabei auftreten, kann schon daran abgelesen werden, daß in früheren Etappen der Geschichte der Sozialwissenschaften auf internationale Vergleiche völlig verzichtet wurde, um die angestrebte Profilierung als exakte Wissenschaft nicht zu gefährden[21].

Beim Vergleich von Daten tauchen also die gleichen Differenzierungsprobleme wie bei der Übersetzung von Begriffen auf. Wie bei der Übersetzung muß nicht nur das, was benannt bzw. beziffert wird, berücksichtigt werden, sondern auch derjenige Mechanismus, der zur Quantifizierung führt.

1.6 Der Aufbau der Untersuchung

Die Untersuchung besteht aus drei Teilen.

Im *zweiten Kapitel* werden zunächst Theorien der Modernisierung vorgestellt und diskutiert. Danach werden die Funktionen von Sozialpolitik und Sozialpolitik im Zusammenhang von Modernisierungsprozessen behandelt. Dies führt zur Konstruktion eines Modells, das als Bezugsrahmen für die folgende Analyse dient.

Im dritten und vierten Kapitel wird die Entwicklung von Sozialpolitik und Wohlfahrtspflege von 1939 bis zum Ende der achtziger Jahre behandelt. Das dritte Kapitel ist der Zeit des Franquismus, das vierte den Jahren des Übergangs und der Demokratie gewidmet.

Zu Beginn des *dritten Kapitels* wird zunächst ein kurzer historischer Überblick über die Franco-Zeit gegeben. Dabei wird zunächst diskutiert, inwieweit es sinnvoll ist, vom 'Franquismus' zu sprechen oder ob es nicht

---

19 Speziell zur Bundesrepublik und zu Spanien vgl. *Wallenborn* 1987, S.16 ff.

20 Einen knappen Überblick gibt *Berstecher* 1970.

21 Vgl. *Rokkan* 1972, S.29 ff.

präziser wäre, andere Termini wie 'Faschismus' oder 'Totalitarismus' zu benutzen. Der historische Überblick gliedert sich in die Darstellung der sogenannten Autarkiephase, die vom Ende des Bürgerkriegs bis zur zweiten Hälfte der fünfziger Jahre dauerte, und die der sogenannten Entwicklungsphase, die mit dem Tode Francos und dem Übergang zur Demokratie endete.

An die historische Darstellung schließt sich ein Überblick über Modernisierungsprozesse während der Franco-Zeit an. Die Entwicklung von Sozialpolitik und Wohlfahrtspflege während jener Zeit wird danach behandelt. Dabei wird insbesondere auf die Rolle der Kirche und die Bedeutung der kirchlichen Wohlfahrtspflege sowie auf die Wohlfahrtspflege von seiten der franquistischen Staatspartei eingegangen.

Das *vierte Kapitel* behandelt die Sozialpolitik und die Wohlfahrtspflege nach 1975. Zunächst wird die Phase des Übergangs zur Demokratie behandelt. Die Verfassung von 1978 kann als Endpunkt dieses Übergangs betrachtet werden. Die Bedeutung dieser Verfassung für Sozialpolitik und Wohlfahrtspflege wird im Hinblick auf sozialstaatliche Forderungen, staatliche Dezentralisierung und die Trennung von Staat und Kirche untersucht. Daran anschließend wird die Entwicklung von Sozialpolitik und Wohlfahrtspflege ab 1975 behandelt. Dabei stehen vor allem die staatliche Dezentralisierung und das Verhältnis Staat - Freie Träger im Mittelpunkt.

Das *fünfte Kapitel* bietet einen Überblick über die Entwicklung der Sozialarbeit als Beruf. Dazu werden zunächst die Veränderungen der Ausbildung seit den Anfängen in den dreißiger Jahren behandelt. Im zweiten Teil dieses Kapitels wird die berufliche Situation von Sozialarbeitern und Sozialarbeiterinnen und deren Veränderung dargestellt.

Im *sechsten Kapitel* werden die Ergebnisse der Untersuchung zusammengefaßt und interpretiert. Dabei wird insbesondere auf den Zusammenhang von gesellschaftlicher Modernisierung und sozialarbeiterischer Professionalisierung und die damit verbundenen Widersprüche eingegangen.

2. Zum Zusammenhang von Modernisierung und Sozialarbeit

Wenn wir in der Alltagssprache vom 'modernisieren' sprechen, drücken wir damit aus, daß etwas auf den neuesten Stand gebracht wird. Häuser, Maschinen oder Konzepte werden solange 'modernisiert', bis sie dem heutigen Standard entsprechen, also 'modern' sind[1]. Die Gegenwart in ihrer 'modernsten' Version gibt jeweils die Meßlatte ab, an der ein Aufholbedarf abgelesen werden kann. Da diese Meßlatte weiterwächst, bleiben Modernisierungserfolge, also Annäherungen an die Grenzwerte des 'Modernen', stets nur episodisch. Das heute modernisierte Haus wird künftigen Anforderungen an Wohnkomfort, Wärmedämmung etc. schon bald nicht mehr entsprechen, so daß bereits jetzt ein erneuter Modernisierungsrückstand vorhergesagt werden kann. Letztlich kann es nur Etappensiege und kurze Verschnaufpausen geben. Dann wird die Zielschnur weitergetragen und der Wettlauf beginnt erneut.

2.1 'Modernisierung' in den Sozialwissenschaften

Der Gebrauch, den die Sozialwissenschaften vom Begriff 'Modernisierung' machen, ähnelt zum Teil dem der Alltagssprache. In einer Art Wettlauf markieren 'moderne' Gesellschaften eine mobile Ziellinie. Ihr technologischer Standard, ihre wirtschaftliche Struktur, ihr Wertesystem etc. dienen anderen Gesellschaften als Orientierung. Der Wettlauf ist unendlich. In den letzten Jahren ist der Modernisierungsbegriff in diesem Sinne häufig benutzt worden, um den Nachholbedarf der ehemals sozialistischen Länder gegenüber denjenigen des Westens zu bezeichnen[2].

---

1 Zur Begriffsgeschichte von "modern" vgl. den Überblick bei *Gumbrecht* 1978, S.96 ff.

2 Vgl. bspw. *Srubar* (1991) der modernisierende und antimoderne Effekte des Sozialismus untersucht. *Hradil* (1992) behandelt die sozialstrukturelle Entwicklung West- und Ostdeutschlands bis zur Vereini-

Zu diesem eher alltagssprachlichen Verständnis von 'Modernisierung' tritt in den Sozialwissenschaften ein zweites. Modernisierung wird zwar als letztlich endloses Vorhaben betrachtet, dessen Anfang sich jedoch ausmachen läßt. Dementsprechend gibt es nicht nur im Laufe der Zeit 'unmodern' gewordene Gesellschaftsbereiche, sondern auch 'vor-moderne' Gesellschaften. Sie haben gewissermaßen die Wettkampfarena weder betreten noch sich die Regeln zu eigen gemacht, die in dieser Arena herrschen.

'Modernisierung' bedeutet in diesem Zusammenhang, daß sich Gesellschaften vom Stand der 'Tradition' aus auf den Weg machen, um zu modernen Gesellschaften zu werden. Bevor die Kategorie 'modern' im relativen Sinne von 'zeitgemäß' Bedeutung gewinnt, müssen Gesellschaften 'modern' im absoluten Sinne von 'nicht-traditionell' werden.

Diesen Übergang von der Tradition zur Moderne kann man in Anlehnung an Marx' Begriff der "ursprünglichen Akkumulation", mit dem er den Übergang von vorkapitalistischen Produktions- und Besitzverhältnissen zu kapitalistischen bezeichnete[3], als 'ursprüngliche Modernisierung' bezeichnen.

Von diesen beiden Bedeutungen des Begriffs 'Modernisierung' läßt sich eine dritte unterscheiden, die in den letzten Jahren in den Sozialwissenschaften vermehrt verwandt wird. Hier wird der Begriff auf Gesellschaften angewandt, die die 'ursprüngliche Modernisierung' bereits hinter sich haben. Die "Modernisierung moderner Gesellschaften"[4] wird dabei nicht als eine Art Renovierung und Aktualisierung betrachtet, sondern als ein weitreichender Veränderungsprozeß, der in seiner Richtung und Dynamik mit dem Übergang von der Agrar- zur Industriegesellschaft vergleichbar ist. Er führt zur Erosion noch vorhandener traditioneller Strukturen und Merkmale, so daß "Veränderlichkeit als Formprinzip der Moderne"[5] erst jetzt zum wirklich durchgängigen Leitmotiv wird.

---

gung aus der Modernisierungsperspektive und betont die "sozialstrukturellen Modernisierungsvorsprünge Westdeutschlands gegenüber der ostdeutschen Sozialstruktur" (S.13).

3 Vgl. dazu *Marx* 1972, S.741 ff.

4 Dies war das Thema des 25.Deutschen Soziologentages im Jahre 1990. Vgl. dazu die Beiträge in *Glatzer* 1991.

5 *Kaufmann* 1989, S.98.

2.1.1 Die Modernisierung traditioneller Gesellschaften

Seit Beginn der sechziger Jahre gewinnt der Begriff der 'Modernisierung' in der sozialwissenschaftlichen Diskussion an Bedeutung[6]. Dabei wird er zunächst vor allem in der Bedeutung von 'ursprünglicher Modernisierung' benutzt, um mit ihm den Übergang von traditionellen zu modernen Gesellschaften zu bezeichnen. Er verbreitet sich von den Vereinigten Staaten aus und wird zum Sammelbegriff für Veränderungen, von denen Gesellschaften auf dem Weg von der Agrar- zur Industriegesellschaft betroffen sind.

Der Grundgedanke von Modernisierungstheorien besteht darin, daß dieser Übergang nicht schlicht als 'Industrialisierung', also als Veränderung von Technik und Wirtschaftsorganisation, betrachtet werden kann, sondern weitergehende Veränderungen der Gesellschaft und des menschlichen Verhaltens beinhaltet.

Damit wird an Traditionslinien eines evolutionären Verständnisses von Geschichte und Gesellschaft angeknüpft, bei denen davon ausgegangen wird, daß sich Gesellschaften in einer angebbaren Richtung verändern und dabei mit einer gewissen Gesetzmäßigkeit verschiedene Etappen durchlaufen, die sich vor allem dadurch unterscheiden, daß die jeweils späteren den vorangehenden qualitativ überlegen sind. In diesem Sinne können zu den Vorläufern[7] der Modernisierungstheoretiker *Karl Marx*[8], *Ferdinand Tönnies*[9], *Max Weber*[10] und *Emile Durkheim*[11] gezählt werden.

Mit den modernisierungstheoretischen Ansätzen sollen im wesentlichen drei Ziele verfolgt werden :

- Der Blick zurück in die Vergangenheit der entwickelten Industrieländer soll Gesetzmäßigkeiten aufdecken, denen die Transformation unterlag. Aus der historischen Analyse des Zusammenwirkens verschiedener Umwälzungen -von der Urbanisierung bis zum Mentalitätswandel- soll ge-

---

6 Vgl. den Überblick bei *Lepsius* 1977b, S.10 f.

7 Zum folgenden vgl. *Wehler* 1975, S.14, *Loo/Reijen* 1992, S.14 und *Flora* 1974, S.23 f.

8 So bspw. im Vorwort zum Kapital : "Das industriell entwickelte Land zeigt dem minder entwickelten nur das Bild der eignen Zukunft." (*Marx* 1972, S.12). Vgl. hierzu *Wehler* 1975, S. 51 ff.

9 Vgl. *Tönnies* 1972.

10 Vgl. dazu bspw. *Weber* 1980, S.21 ff.

11 Zum Wandel sozialer Kohäsion und der Herausbildung gesellschaftlicher Arbeitsteilung vgl. bspw. *Durkheim* 1977.

wissermaßen eine 'Rezeptur' für gelingende Modernisierung gewonnen werden.

- Ein zweites Ziel besteht darin, die bis dahin mißlungene oder unvollständige Modernisierung von Ländern der Dritten Welt damit zu erklären, daß ihnen wichtige, im Rezept vorgesehene 'Zutaten' bisher fehlen.
- Daraus ergibt sich das dritte Ziel, das man Modernisierungsberatung oder 'tätige Prognose' nennen kann. Aus der Ermittlung des bislang nicht gedeckten Modernisierungsbedarfs ergeben sich Anforderungen an die künftige Gestaltung von Politik und Gesellschaft.

Die Verbreitung dieses Verständnisses von Modernisierung in den sechziger Jahren ist mit den gleichzeitigen Veränderungen der Entwicklungspolitik wie auch des Begriffs der Entwicklung verbunden[12]. Zu Beginn der internationalen Entwicklungspolitik in den fünfziger Jahren hatte man Entwicklung noch mit wirtschaftlichem Wachstum gleichgesetzt[13]. Das Wachstum, meßbar als Steigerung des Pro-Kopf-Einkommens, sollte andere gesellschaftliche Wandlungsprozesse nach sich ziehen.

Zehn Jahre später begann man den Entwicklungsbegriff auszuweiten, weil sich zeigte, daß die Fokussierung der Entwicklungsstrategie auf die wirtschaftliche Entwicklung nicht den gewünschten Erfolg gehabt hatte. Nun sollte der gesellschaftliche Wandel durch parallele Interventionen in unterschiedlichen Gesellschaftsbereichen herbeigeführt werden. Diese veränderte Strategie der Entwicklungspolitik wurde begleitet von der Verbreitung modernisierungstheoretischer Ansätze, mit denen ein komplexes Modell sozialen Wandels entworfen wurde, das nicht nur die Industrialisierung einschloß[14].

2.1.2 Elemente und Merkmale des Modernisierungsprozesses

Vergleicht man 'traditionelle' und 'moderne' Gesellschaften miteinander, lassen sich folgende Einzelprozesse der Modernisierung unterscheiden[15] :

---

12 Zum folgenden vgl. den Überblick bei *Nohlen* 1989, S.196 ff.

13 Vgl. bspw. die Stufentheorie bei *Rostow* 1960.

14 Zur Bedeutung des Modernisierungsparadigmas für die Entwicklungssoziologie vgl. den Überblick bei *Goetze* 1991. Vgl. auch die Übersicht und Bibliographie bei *Menzel* 1991, S.23 ff. bzw. S.147 ff.

15 Vgl. zum folgenden den schematischen Überblick bei *Lepsius* 1977b, S.16 f. und *Wehler* 1975, S.14 f.

- Das wirtschaftliche Leben traditioneller Gesellschaften wird von der Landwirtschaft bestimmt. Der Großteil der Bevölkerung arbeitet im Agrarbereich. Mit dem Übergang zu modernen Gesellschaften gewinnt die Industrie an Bedeutung und wird zum dominanten Sektor. Gleichzeitig nimmt die Arbeitsproduktivität zu. Mit der *Industrialisierung* verschieben sich nicht nur die Proportionen zwischen den verschiedenen Sektoren, sondern es wird auch die landwirtschaftliche Produktion selbst umgestaltet und rationalisiert.
- Während in traditionellen Gesellschaften die Mehrzahl der Menschen auf dem Land bzw. in kleinen Gemeinden lebt, wird in modernen Gesellschaften die Stadt zur dominanten Siedlungsform[16] (*Urbanisierung*).
- Der demographische Aufbau von Gesellschaften verändert sich. Die Lebenserwartung erhöht sich und das generative Verhalten wird rationalisiert (Familienplanung). Beides führt dazu, daß das Durchschnittsalter der Bevölkerung ansteigt, die Alterspyramide sich also nach unten verjüngt und nach oben breiter wird (*Demographischer Wandel*)[17].
- An die Stelle einer homogenen und stabilen Sozialstruktur tritt eine heterogene Struktur, deren wesentliches Merkmal eine gesteigerte Mobilität ist[18] (*Mobilisierung*).
- Direkte soziale Kontrolle wird durch indirekte abgelöst. Personale Formen der Kommunikation werden zunehmend durch vermittelte ersetzt[19] (*Mediatisierung*).
- Sowohl die Beteiligung an politischen Entscheidungen als auch die Konfliktaustragung werden durch feste Verfahrensregeln formalisiert[20] (*Formalisierung*).
- Die Bildungsbeteiligung erhöht sich. Während Alphabetismus in traditionellen Gesellschaften eher die Ausnahme bzw. das Privileg kleiner Gruppen ist, wird er in modernen Gesellschaften zur Regel[21] (*Alphabetisierung*).
- Mit diesen Veränderungen der wirtschaftlichen, sozialen und politischen Ordnung ist ein Mentalitätswandel verbunden. Menschen in modernen

---

16 Zur Urbanisierung vgl. den Überblick bei *Flora* 1975, S.27 ff.

17 Vgl. dazu den Überblick bei *Köllmann* 1977.

18 Vgl. hierzu *Eisenstadt* 1979, S.145 ff. und *Deutsch* 1969.

19 Vgl. dazu *Lerner* 1979, S.366 ff. und *Flora* 1975, S.175 ff.

20 Zum Zusammenhang von Formalisierung und Institutionenbildung vgl. den Überblick bei *Lepsius* 1977a.

21 Vgl. hierzu den Überblick bei *Flora* 1975, S.57 ff.

Gesellschaften scheinen ein höheres Maß an Offenheit, Neugier und Empathie zu besitzen. Die soziale Mobilität wird ergänzt durch "psychische Mobilität"[22] (*Mentalitätswandel*).

- Die Religion verliert durch die zunehmende Trennung von Staat und Kirche, durch die Formalisierung des Rechtswesens und durch den Mentalitätswandel an Einfluß und Bedeutung[23] (*Säkularisierung*).

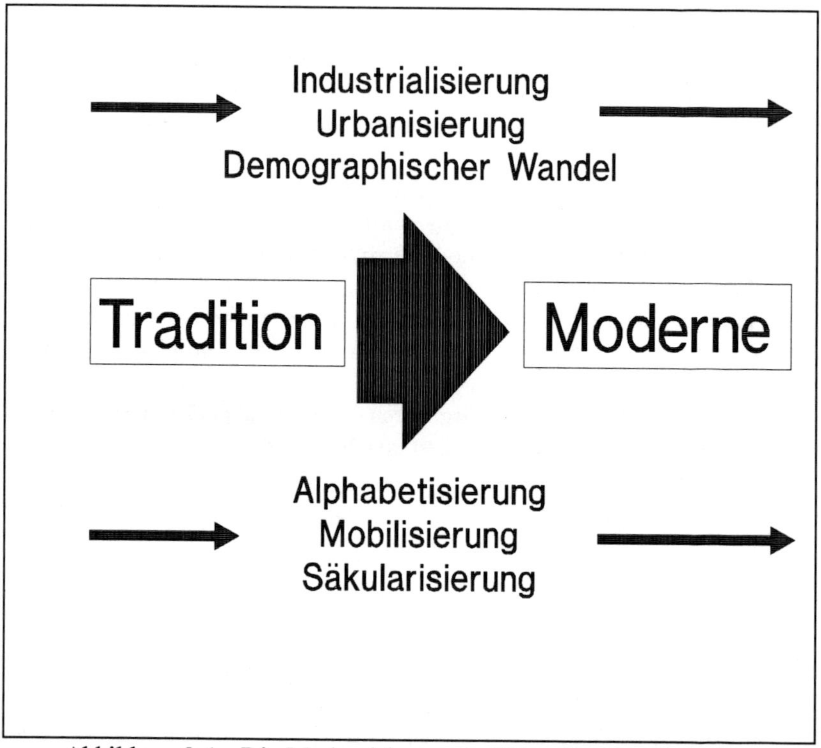

Abbildung 2.1 : Die Modernisierung traditioneller Gesellschaften

Der Übergang von der traditionellen zur modernen Gesellschaft ist dadurch gekennzeichnet, daß diese Umwandlungsprozesse auf unterschiedliche Art zusammenwirken. So ist die Industrialisierung nicht denkbar ohne Urbanisierung, also die Entstehung von Ballungsräumen, in denen Arbeitskräfte

---

22 *Lerner* 1979, S.365.

23 Vgl. dazu *Kaufmann* 1989, S.32 ff.

wie Abnehmer für die industrielle Produktion konzentriert sind. Beide Prozesse sind wiederum mit sozialer und geographischer Mobilisierung verknüpft, die die Mediatisierung sozialer Kommunikation und Kontrolle vorantreibt usw.

In der Regel konzentrieren sich die Modernisierungstheoretiker auf einen Ausschnitt aus diesen Umwandlungsprozessen. Welche Veränderungen jeweils als einander bedingend betrachtet und daher isoliert untersucht werden, und welche davon wiederum als entscheidende Impulsgeber für gesellschaftliche Veränderungen betrachtet werden, unterscheidet die einzelnen Ansätze voneinander.

So hat bspw. *Lerner* den Zusammenhang von Urbanisierung, Alphabetisierung und Mentalitätswandel untersucht und die Urbanisierung dabei als die "Schlüsselvariable des Systems"[24] betrachtet. *Barrington Moore* untersuchte in seiner Studie "Soziale Ursprünge von Diktatur und Demokratie"[25] die Kommerzialisierung, also die Ausbreitung marktvermittelten Wirtschaftens, und die Rationalisierung der politischen Ordnung als Hauptkomponenten des Modernisierungsprozesses. Andere Autoren halten die Interdependenz zwischen Industrialisierung und politischer Demokratisierung für den Kernbereich der Modernisierung[26].

In Anlehnung an *Parsons*[27] haben *van der Loo* und *van Reijen* ein "konzeptionelles Schema von Modernisierung"[28] entworfen, in dem die verschiedenen Modernisierungsprozesse zusammengefaßt und unter verschiedenen Perspektiven betrachtet werden. Sie unterscheiden dabei zwischen den Dimensionen Differenzierung, Rationalisierung, Individualisierung und Domestizierung.

- Im Hinblick auf die *Struktur* des sozialen Lebens, also das Muster von Rollen, Rollenerwartungen und darauf aufbauenden Interaktionen[29], läßt sich Modernisierung als *Differenzierung* verstehen. "Es kennzeichnet die moderne Gesellschaft, daß viele Funktionen, die früher auf der Ebene des gesamtgesellschaftlichen Systems erfüllt wurden, auf Organisationen

---

24 *Lerner* 1979, S.369.

25 *Moore* 1974.

26 Vgl. dazu *Lepsius* 1977b, S.13 f.

27 *Parsons* 1971.

28 *Loo/Reijen* 1992, S.29. Zum folgenden vgl. ebd., S.29 ff.

29 Parsons spricht von "sozialen Beziehungsmustern zwischen Handelnden" (*Parsons* 1973, S.54).

verlagert werden um der Vorteile willen, die mit funktionaler Differenzierung und Leistungsspezialisierung verbunden sind."[30]

- Betrachtet man die *Kultur*, hier verstanden als "Wirklichkeit von Auffassungen, Ideen, Symbolen, Werten, Normen und Bedeutungen, die unserem Handeln Richtung geben und ihm Sinn verleihen"[31], so ist *Rationalisierung* das hervorstechende Merkmal von Modernisierung. Die Wirklichkeit wird geordnet und systematisiert mit dem Ziel, das menschliche Handeln zu effektivieren.
- Stellt man die *Person* in den Mittelpunkt der Betrachtung, läßt sich Modernisierung als *Individualisierung* kennzeichnen. Der einzelne gehört einer wachsenden Zahl sozialer Gruppen an. Dadurch wird er aus dem Zusammenhang der unmittelbaren Umgebung immer stärker herausgelöst und wird gegenüber den verschiedenen sozialen Einheiten unabhängiger.
- Das sich verändernde Verhältnis zur *Natur* kann als *Domestizierung*, als wachsende Beherrschung der Natur, beschrieben werden.

Van der Loo und *van Reijen* betonen, daß es sich hierbei um "eng miteinander verwobene"[32] Dimensionen der Modernisierung handelt. So bedingen sich beispielsweise Individualisierung und strukturelle Differenzierung. Durch die Zugehörigkeit zu einer wachsenden Zahl sozialer Einheiten gewinnt das Individuum Entscheidungsspielraum. Umgekehrt ist *Differenzierung* ohne angemessen handlungs- und entscheidungsfähige einzelne, also ohne *Individualisierung*, nicht möglich. Die in der *Rationalisierung* angelegte Generalisierung kultureller Muster bremst zugleich die zentrifugale Dynamik der strukturellen Differenzierung und garantiert, daß "die verschiedenen Einheiten in gegenseitiger Abstimmung gehalten werden"[33]. Je weiter Differenzierung, Individualisierung und Rationalisierung fortschreiten, desto stärker verändert sich auch das Verhältnis zur Natur (*Domestizierung*).

Daß sich diese unterschiedlichen Dimensionen von Modernisierung gegenseitig ergänzen und bedingen, bedeutet nicht, daß der Modernisierungsprozeß widerspruchsfrei verläuft. Spannungen und Widersprüche können sich nicht nur aus 'verspäteten' Entwicklungen ergeben, sondern sind bereits Bestandteil der verschiedenen Dimensionen des Modernisie-

---

30 *Luhmann* 1975, S.31.

31 *Loo/Reijen* 1992, S.29.

32 Ebd., S.33.

33 *Loo/Reijen* 1992, S.33.

rungsprozesses. *Van der Loo* und *van Reijen* sprechen von den "vier Paradoxen der Modernisierung"[34] :

- Das *Differenzierungsparadox* ergibt sich aus gegenläufigen Auswirkungen der strukturellen Differenzierung. Diese führt auf der einen Seite zur Parzellierung von Gesellschaften, also zu "Maßstabsverkleinerungen"[35]. Auf der anderen Seite wächst mit der funktionellen Differenzierung die wechselseitige Abhängigkeit der einzelnen sozialen Einheiten. Es läßt sich also eine "Maßstabsvergrößerung"[36] feststellen.
- Eine ähnlich gegenläufige Dynamik läßt sich bei kulturellen Veränderungen beobachten. Das *Rationalisierungparadox* ist gekennzeichnet durch kulturelle Pluralisierung auf der einen und kulturelle Homogenisierung, also die Generalisierung von Werten, Normen und Bedeutungen, auf der anderen Seite.
- Das *Individualisierungsparadox* resultiert daraus, daß die Individualisierung den einzelnen zwar dem Zugriff unmittelbarer sozialer Zusammenhänge entzieht und ihm so Entscheidungsspielräume öffnet, ihn aber gleichzeitig dem Einfluß anonymer Großorganisationen unterwirft.
- Die wachsende Beherrschung der Natur vermindert die Abhängigkeit von natürlichen Gegebenheiten. An deren Stelle tritt die wachsende Abhängigkeit von technischen Hilfsmitteln und sozialen Zusammenhängen. Das *Domestizierungsparadox* wird durch die Gegenläufigkeit von "physischer Dekonditionierung" und "sozialer und psychischer Konditionierung" konstituiert[37]. "Die Menschen bezahlen die Vermehrung ihrer Macht mit der Entfremdung von dem, worüber sie die Macht ausüben."[38]

Van der Loo und *van Reijen* versuchen, mit diesem Modernisierungsschema die verschiedenen Einzelprozesse Urbanisierung, Industrialisierung etc. zusammenzufassen sowie deren gemeinsame Merkmale und Widersprüche aufzudecken.

---

34 *Loo/Reijen* 1992, S.34.

35 Ebd., S.35.

36 Ebd.

37 Vgl. *Loo/Reijen* 1992, S.39 f.

38 *Horkheimer/Adorno* 1980, S.12.

2.1.3 Forschungsperspektive und -instrumentarium in modernisierungstheoretischen Ansätzen

Wendet man sich der Vergangenheit der Industrieländer zu, stellt sich die Frage, wann deren Übergang von traditionellen zu modernen Gesellschaften begonnen hat, seit wann also von 'Modernisierung' gesprochen werden kann.

Die Antworten, die in Beiträgen zur Modernisierungstheorie auf diese Frage zu finden sind, liegen zum Teil erheblich auseinander. So schreibt etwa *Flora* : "'Modernisierung' bezeichnet primär den großen historischen Transformationsprozeß, der mit der Industriellen Revolution in England zwischen 1760 und 1830 und mit der politischen Französischen Revolution von 1789 bis 1794 einsetzte und der heute die gesamte Welt erfaßt hat."[39] Demgegenüber betrachten *van der Loo* und *van Reijen* "Modernisierung als eine Entwicklung, die im Spätmittelalter langsam einsetzte und sich im Laufe des letzten und dieses Jahrhunderts beschleunigt fortsetzte"[40]. *Hradil* liegt zeitlich zwischen diesen Angaben. Für ihn begann "Modernisierung hierzulande spätestens im 16.Jahrhundert"[41].

Eine Erklärung dafür, daß die Angaben zum Teil um mehrere hundert Jahre auseinanderliegen, ist darin zu finden, daß "Modernisierung (...) nicht nur auf eine spezifische Veränderung, sondern auf ein ganzes Knäuel miteinander verwobener Umwandlungsprozesse."[42] verweist. Diese verschiedenen Prozesse werden zwar als 'Modernisierung' zusammengefaßt, doch begannen sie zu verschiedenen Zeiten und folgten unterschiedlichen Rhythmen.

Sieht man den Industrialisierungsprozeß oder die Eroberung politischer Macht durch das Bügertum als wichtigste Umwandlungsprozesse, wird man zu ähnlichen Zeitangaben wie *Flora* kommen. Hält man aber die geistigen Umbrüche für entscheidender, die den wirtschaftlichen und politischen Umwälzungen den Boden bereiteten, wird man *van der Loo* und *van Reijen* folgend den Beginn der Modernisierung erheblich früher ansetzen.

Die Datierung des Modernisierungsbeginns hängt zudem mit forschungsmethodischen Entscheidungen zusammen. Je größer das Gewicht ist, das man 'harten', empirisch überprüfbaren, Fakten beimißt, desto später

39 *Flora* 1974, S.13.

40 *Loo/Reijen* 1992, S.11.

41 *Hradil* 1992a, S.3.

42 *Loo/Reijen* 1992, S.12.

wird man den Beginn der Modernisierung ansetzen. Um Modernisierungsverläufe empirisch zu überprüfen, müssen für die einzelnen Umwandlungsprozesse Indikatoren gefunden werden, die 'Industrialisierung', 'Urbanisierung', 'Alphabetisierung' etc. quantifizierbar werden lassen[43]. Gesucht wird damit eine "'Meßlatte', mit der Wandlungsvorgänge erst als solche erkennbar werden"[44].

Die von *Flora* vorgelegte Datenübersicht[45] stellt einen sehr komplexen Versuch dar, Modernisierungsprozesse empirisch zu untersuchen. Würde man den Beginn der Modernisierung früher datieren als *Flora*, etwa auf die Zeit des Spätmittelalters, wäre es nahezu unmöglich, vergleichbare Daten zusammenzutragen. Die Menge und die Dichte der verfügbaren Daten nehmen mit dem Grad der Modernisierung zu. Je 'moderner' eine Gesellschaft, desto umfassender ist der Entwicklungsstand ihrer Subsysteme dokumentiert. Umgekehrt : je 'traditioneller' eine Gesellschaft ist, desto unsicherer sind die Daten, die Aussagen über ihre Struktur erlauben[46].

Dies hängt mit verschiedenen Dimensionen von Modernisierung zusammen und ist nicht allein auf den Entwicklungsstand der Technik von Datenerfassung, -lagerung und -auswertung zurückzuführen. Daß die Erfassung von Daten überhaupt erwogen wird, setzt beispielsweise voraus, daß ihnen eine Bedeutung beigemessen wird, was wiederum ohne entsprechende Mentalitätsvoraussetzungen (Verwissenschaftlichung) kaum denkbar ist[47].

In vielen Fällen stellt sich dieses Problem der Vergleichbarkeit und Zugänglichkeit nicht erst hinsichtlich der Datenlage, sondern bereits bei der Auswahl von Indikatoren. So werden beispielsweise die Wirtschaftskraft und die sektorale Struktur eines Landes in der Regel anhand des Bruttosozialproduktes bestimmt, in das der neugeschaffene Wert aller Produkte und Dienstleistungen eingeht. Damit werden aber nur die über den Markt ausgetauschten Güter und Dienstleistungen erfaßt, während alle anderen unbe-

---

43 Vgl. dazu *Lepsius* 1977a, S.17.

44 *Hradil* 1992a, S.3.

45 *Flora* 1975. Einen Überblick über andere Datensammlungen gibt *Flora* 1974, S.115 ff.

46 Vgl. dazu *Wehler* 1975, S.21 ff. und am Beispiel "Modernisierung und Nahrungsmittelversorgung" *Teuteberg* 1977, S.79.

47 Zur Herausbildung und Verbreitung des Wahrheitsbegriffs heutigen Verständnisses und den Veränderungen des Urkundenwesens im Übergang vom Mittelalter zur Neuzeit vgl. *Radbruch/Gwinner* 1990, S.93 ff.

rücksichtigt bleiben. Der Anteil der Subsistenzwirtschaft ist in traditionellen Gesellschaften größer als in modernen, so daß Angaben über die Wirtschaftskraft traditioneller Gesellschaften in höherem Maße auf Schätzungen beruhen, als dies bei modernen der Fall ist[48].

2.1.4 Die Modernisierung moderner Gesellschaften

Während modernisierungstheoretische Erklärungsmuster in den sechziger Jahren vor allem auf die sogenannten Entwicklungsländer und die Vergangenheit der Industrieländer angewandt wurden, ist in den letzten Jahren ein erweitertes Verständnis von Modernisierung zu beobachten. In der Bundesrepublik hat sich insbesondere *Ulrich Beck* mit der "Modernisierung moderner Gesellschaften" auseinandergesetzt. "Ähnlich wie im 19.Jahrhundert Modernisierung die ständisch verknöcherte Agrargesellschaft aufgelöst und das Strukturbild der Industriegesellschaft herausgeschält hat, löst Modernisierung heute die Konturen der Industriegesellschaft auf, und in der Kontinuität der Moderne entsteht eine andere gesellschaftliche Gestalt."[49]

Diese "Auflösung der Industriegesellschaft" beobachtet *Beck* in verschiedenen gesellschaftlichen Bereichen. So bestehe soziale Ungleichheit zwar weiter, werde aber individualisiert[50]. Soziale Klassen und Schichten verlören an Bedeutung, Geschlechterverhältnisse und Familienstrukturen würden vielgestaltiger und unübersichtlicher[51], für stabil gehaltene Wertorientierungen ständen zur Disposition[52] usw..

Dieser moderne Modernisierungsprozeß kann als Fortsetzung des ursprünglichen interpretiert werden. Auch die Ergebnisse der ursprünglichen Modernisierung sind nicht dagegen gefeit, zu veralten und von rastloser Neuerung hinweggespült zu werden. Zugleich zeigt sich, so *Beck*, wie stark die Industriegesellschaften bislang von traditionellen, vor-modernen Elementen durchsetzt waren, daß gerade die Mischung von traditionellen und modernen Elementen charakteristisch für diese Gesellschaften war.

---

48 Vgl. dazu bspw. *Seers* 1974, S.228 ff.

49 *Beck* 1986, S.14.

50 Vgl. dazu ebd., S.121 ff.

51 Vgl. dazu ebd., S.161 ff.

52 Bezogen auf die Veränderungen der Erwerbsarbeit und der damit verbundenen Wertorientierungen vgl. Beck 1986, S.121 ff.

Entscheidend für das Bild dieser Gesellschaften ist nicht, so *Beck*, *daß* sie modernisiert worden sind, sondern daß sie *unvollständig* modernisiert wurden. Traditionsbestände, die nicht marginale Reste vorindustrieller, sondern konstitutive Bestandteile industriegesellschaftlicher Verhältnisse sind, geraten erst heute in den Zugriff der Modernisierung. Dies gilt für die "letztlich ständisch geprägten, vom 19. ins 20.Jahrhundert hineinreichenden Klassen"[53] ebenso wie für die "Zuweisung zu den Geschlechtscharakteren", die "*Basis* der Industriegesellschaft und nicht etwa ein traditionales Relikt [ist], auf das zu verzichten ein leichtes wäre"[54].

Dem Verhältnis von Wissenschaft und Gesellschaft widmet *Beck* besondere Aufmerksamkeit. Hier entdeckt er eine ähnliche Veränderungsdynamik, die er "reflexive Modernisierung" nennt[55] : Im Stadium "primärer Verwissenschaftlichung"[56] erkämpft sich die Wissenschaft gesellschaftlichen Einfluß. Die Wissenschaft selbst bleibt auf dieser ersten Stufe noch von der Entzauberung durch Verwissenschaftlichung ausgenommen. Erst in der "reflexiven Verwissenschaftlichung"[57] der Gegenwart wird Wissenschaft selbst zum Objekt wissenschaftlicher Analyse und Kritik und "im Zuge der Verwissenschaftlichung des Protestes gegen Wissenschaft läuft die Wissenschaft selbst Spießruten"[58].

Der Aufbruch in eine neue Moderne trägt für *Beck* widersprüchliche Züge, eröffnet gleichermaßen Möglichkeiten wie Gefahren. Dies wird besonders an Individualisierungstendenzen deutlich. Individualisierung als Veränderung von Siedlungsverhalten kann beispielsweise bedeuten "'Nicht-Beziehungen', soziale Isolation; aber auch : selbstgewählte und selbstgebaute *Netzwerke* von Bekanntschafts-, Nachbarschafts- und Freundschaftsbeziehungen"[59].

---

53 *Beck* 1986, S.134.

54 Ebd., S.174, Hervorh. dort.

55 Zum folgenden vgl. ebd., S.254 ff.

56 Ebd., S.259.

57 Ebd.

58 *Beck* 1982, S.13.

59 *Beck* 1986, S.138. Hervorh. dort.

2.1.5 Zur Kritik an modernisierungstheoretischen Ansätzen

Mit modernisierungstheoretischen Ansätzen können gesellschaftliche Veränderungen längs- wie querschnittartig erklärt werden. Dies trägt vermutlich auch zur Verbreitung dieser Ansätze bei, mit deren Hilfe sowohl recht große Zeiträume wie auch unterschiedliche Gesellschaftsbereiche behandelt werden können. Die im zeitlichen Verlauf wirkende Dynamik und die Interdependenz verschiedener Veränderungen werden zu einem Gesamtmodell der 'Modernisierung' verknüpft. Der Zeitrahmen, auf den man sich dabei jeweils bezieht, wie auch die Bereiche, die man berücksichtigt, können durchaus differieren, doch bleibt der Bezug auf das modernisierungstheoretische Denken davon unberührt.

Die Kategorie 'Modernisierung' ist ein soziologischer Begriff; die verschiedenen darauf basierenden Modelle sind im wesentlichen soziologische Modelle. Die in der Soziologie gebotene Abstraktion bedingt nach *Max Weber*, "daß ihre Begriffe gegenüber der konkreten Realität des Historischen relativ inhalts*leer* sein müssen. Was sie dafür zu bieten hat, ist gesteigerte *Eindeutigkeit* der Begriffe."[60] Dies erklärt die Skepsis, die Historiker modernisierungstheoretischen Ansätzen entgegenbringen. Dabei wird insbesondere kritisiert, daß Geschichte nur noch als zwangsläufige Abfolge gesetzmäßiger Modernisierungsprozesse verstanden werde, die eigentlich auch ohne Akteure stattfinden könne[61]. Dies "läßt sich manchmal schon anhand des Sprachgebrauchs ablesen : Entwicklungen werden 'in Gang gesetzt', Ereignisse 'vollziehen sich', Prozesse 'setzen sich fort' oder Phänomene 'bieten sich dar'"[62]. Letztlich sind, so die Kritik, weder Entscheidungen noch Aktivitäten notwendig, um 'Modernisierung' voranzutreiben, ja sie könnte, einmal in Gang gekommen, nicht mehr gestoppt, sondern allenfalls verlangsamt werden.

Flora[63] hat verschiedene Modelle diskutiert, mit denen versucht wird, 'Modernisierungspfade' zu erfassen. In ihnen soll Modernisierung nicht als Faktum, sondern als Prozeß enthalten sein, der durch Entscheidungen bestimmt wird und nicht nur einer linear einwirkenden Mechanik unterliegt.

Einige dieser Modelle betrachtet er als in ihren Grundannahmen zu unrealistisch , so bspw. das "*one outcome, one path model*", in dem nur ein

---

60 *Weber* 1980, S.9 f., Hervorh. dort.

61 Vgl. dazu *Wehler* 1975, S.18 ff.

62 *Loo/Reijen* 1992, S.25.

63 *Flora* 1974, S.21 ff.

Weg zu nur einem Ziel gesellschaftlicher Modernisierung oder das "*one outcome, many paths model*", in dem viele Wege zu einem Ziel führen. Das "*many outcomes, many paths model*" hält er "gerade wegen seiner Wirklichkeitsnähe [für] theoretisch wenig ergiebig"[64]. Bei den beiden erstgenannten Modellen wird die "Eindeutigkeit der Begriffe" mit Inhaltsleere bzw. Realitätsferne bezahlt, beim letztgenannten die Realitätsnähe mit einer dürren begrifflichen und theoretischen Ausbeute.

In weiteren Modellen ordnet man verschiedenen gesellschaftlichen Systemen verschiedene Wege zu ("*many outcomes, many paths to each outcome*"), bzw. betrachtet man das Erreichen eines bestimmten Entwicklungsstadiums als notwendige, allerdings noch nicht hinreichende Bedingung für das nächste Stadium.

Das "*branching tree model*" hält *Flora* für das anregendste dieser Modelle. Hier bestehen Modernisierungsprozesse aus einer Abfolge von Entscheidungssituationen, wobei jede Entscheidung die Wahlmöglichkeiten in der nächsten Phase auf die von diesem Punkt ausgehenden 'Äste' beschränkt. Der Vorzug dieses Modells liegt darin, daß man mit ihm keinen quasi-mechanischen Selbstlauf gesellschaftlicher Entwicklung konstruiert und die Grenzen betont, die Entscheidungen durch vorhergehende Schritte gesetzt sind[65]. Der Modernisierungsprozeß behält allerdings auch in diesem Modell seine grundsätzliche Richtung bei und bleibt ein evolutionärer Prozeß.

Gegen die vom Evolutionsgedanken geprägten Grundannahmen der Modernisierungstheorien wurde eine Reihe von Einwänden vorgebracht : So plädiert *Bühl* "für eine *nichtlineare Sozialwissenschaft*"[66] und wendet sich dabei gegen modernisierungstheoretische Ansätze, in denen gesellschaftliche Veränderungen als lineare Entwicklungen betrachtet werden. Einige Aussagen der Modernisierungstheoretiker seien zwar zutreffend, insoweit sie auf "quantitative Trends"[67], wie zunehmende internationale Verflechtung, Urbanisierung, Beschleunigung des sozialen Wandels usw. verwiesen, darüber hinausgehende Aussagen, etwa über zunehmende Säkularisierung, Rationalisierung usw., könnten aber nur dann geteilt werden, wenn man die begrifflichen Grundannahmen der Modernisierungstheorien und deren

---

64 *Flora* 1974, S.23.

65 Vgl. dazu auch *Loo/Reijen* 1992, S.25 f.

66 *Bühl* 1990, S. 1, vgl. ebd., S.1 ff.

67 *Bühl* 1990, S.228.

Interpretationsmuster für richtig halte[68]. *Bühl* betont demgegenüber die Bedeutung zyklischer und nichtlinearer gesellschaftlicher Veränderungen.

Während *Bühl* die lineare Ausrichtung der Modernisierungstheorien kritisiert, werfen andere Kritiker diesen Theorien vor, mit ihnen würde ein verengtes Bild gesellschaftlicher Veränderungen entworfen. Sie akzeptieren den Evolutionsgedanken, plädieren aber für *Theorien multilinearer statt unilinearer Entwicklungen*[69].

Vor allem in den Anfängen der Modernisierungsdebatte in den sechziger Jahren wird die US-amerikanische Gesellschaft häufig als Modell für 'moderne Gesellschaften' betrachtet[70]. Sie stellt gleichsam das -vorläufige- Ziel der sozialen Evolution dar, ihre Entwicklung wird als Regelfall der Modernisierung, die anderer Länder als Abweichung oder Sonderfall betrachtet. Dies entspricht im wesentlichen dem "one outcome - many paths"-Modell. Letztlich, so die Kritiker, handelt es sich dabei um eine Neuauflage traditioneller ethnozentrischer Muster von 'kultiviert - primitiv', 'zivilisiert - unzivilisiert', nicht aber um ein tragfähiges Erklärungsmodell[71].

Dies ist nicht nur eine theoretische Kontroverse. Indem die nordamerikanische oder allgemeiner die westliche Gesellschaft als Vorbild für Modernisierung betrachtet wird, konzipiert man "Entwicklung als Nachahmung"[72]. Bei der Zuordnung der 'unterentwickelten' Länder zur 'Tradition' ignoriert man, daß unter dieser "Residualkategorie"[73] Länder mit sehr unterschiedlichen wirtschaftlichen, sozialen und kulturellen Gegebenheiten zusammengefaßt werden.

Die Vertreter der *Dependencia-Theorie*[74] sehen in Modernisierungstheorien nicht nur das Ergebnis ethnozentrischer Selbstgefälligkeit der westlichen Industrieländer, sondern kritisieren darüber hinaus, daß Modernisierungs- wie Entwicklungskonzepte nur den Binnenbereich von Gesellschaften und dessen Entwicklungspotenzen bzw. -hemmnisse berücksichtigen, den Einfluß äußerer Abhängigkeit (*dependencia*) aber systematisch ausblen-

---

68 Vgl. dazu ebd., S.227 ff.

69 Vgl. *Loo/Reijen* 1992, S.18 ff.

70 Vgl. dazu *Lepsius* 1977b, S.13 f.

71 Vgl. dazu zusammenfassend *Wehler* 1975, S.18 ff., *Loo/Reijen* 1992, S.18 ff. und *Nuscheler* 1974a, S.197 ff.

72 So der Titel der Kritik von *Mansilla* (1978) an dieser Orientierung.

73 *Nohlen/Mansilla* 1991, S.464.

74 Vgl. hierzu *Menzel* 1991, S.28 ff. und die Bibliographie ebd., S.186 ff.

den[75]. Die seit der Kolonialzeit gewachsene Abhängigkeit der sogenannten unterentwickelten Länder von den industrialisierten Metropolen verhindert aus der Sicht der Dependencia-Theorie aber den Erfolg westlicher Modernisierungsmodelle. Die Entwicklungshemmnisse und -rückstände unter dem Terminus 'Tradition' zusammenzufassen, bedeutet aus dieser Perspektive, den Zusammenhang von Ausbeutung und Unterentwicklung zu unterschlagen.

Gegen modernisierungstheoretische Ansätze wird darüber hinaus eingewandt, daß in ihnen ein geglättetes Bild gesellschaftlicher Entwicklung gezeichnet werde. Man kritisiert, daß Modernisierungstheoretiker Veränderungen als harmonischen und gleichmäßigen Prozeß betrachten, statt auf Widersprüche und Umbrüche einzugehen[76]. Demgegenüber betonen *van der Loo* und *van Reijen*, daß "das Werk der klassischen Modernisierungsdenker geradezu durchdrungen [war] von dem Bewußtsein, daß Modernisierung viele interne Widersprüche aufweist"[77]. Sie gestehen allerdings ein, daß es naheliege, Modernisierung als umfassenden Prozeß, als "totale Entwicklung"[78] zu betrachten, obwohl man "die Möglichkeit selektiver oder partieller Modernisierung nicht ausschließen"[79] dürfe.

Die Kritik an Modernisierungstheorien läßt deren Erklärungsmöglichkeiten und -grenzen deutlicher hervortreten. Wenn im Rahmen dieser Untersuchung von 'Modernisierung' gesprochen wird, geschieht dies im Sinne eines *Modells gesellschaftlicher Entwicklung*, das von der Annahme bestimmt ist, daß sich verschiedene gesellschaftliche Bereiche in einer gemeinsamen Richtung entwickeln und daß sich diese Veränderungen gegenseitig bedingen. Daraus muß sich kein harmonisches Zusammenspiel ergeben, sondern es können durchaus paradoxe bzw. widersprüchliche Erscheinungen zustandekommen. Mit diesem Modell wird der Anspruch erhoben, evolutionäre Universalien[80] gesellschaftlicher Entwicklung zu erfassen, da Modernisierung sich weltweit durchzusetzen scheint.

---

75 In dieser Richtung auch *Wehler* 1975, S.18 f.

76 In dieser Richtung vgl. etwa *Bernitt* 1981 in ihrer Untersuchung der spanischen Arbeitsmigration (S.75 ff.).

77 *Loo/Reijen* 1992, S.23.

78 Ebd., S.21.

79 Ebd., S.22.

80 Vgl. hierzu *Parsons* 1969.

Auch dieses Modell kann, wie jedes andere, nur Interpretationsmuster liefern, mit denen wir uns der Realität nähern. Daß sich die Realität diesen Mustern nicht immer fügt, kann eigentlich nicht überraschen.

Man kann versuchen, dieses Modell gegen Einwände zu immunisieren. Wird beispielsweise darauf verwiesen, daß in einer Nationalgesellschaft traditionelle kulturelle Muster das Zusammenleben bestimmen, obwohl das wirtschaftliche Leben moderne Züge trägt, könnte man dies als selektive oder partielle Modernisierung erklären. Damit ließe sich das Modell verteidigen. Die tragende Grundannahme, daß sich verschiedene gesellschaftliche Bereiche interdependent entwickeln, die kulturelle und die ökonomische Entwicklung dementsprechend aufeinander verweisen, wäre damit aber aufgegeben.

Auf historische Prozesse bezogen kann man mit 'Modernisierung' zwar Bedingungen und Auswirkungen von Entscheidungen erklären, nicht aber die Entscheidungen selbst. Das von *Flora* skizzierte "*many outcomes - many paths*"-Modell[81] ist ein Beispiel dafür, daß wachsende Realitätsnähe mit einem Verlust an modellhafter Klarheit einhergeht.

Ähnliches gilt für national oder regional determinierte kulturelle Phänomene. Sie können auf der Modellebene selbst nicht berücksichtigt werden, da es hier ja um generelle Prozesse und Zusammenhänge geht.

Nun ließe sich zugunsten des Modernisierungsansatzes einwenden, daß Modernisierung gerade in kultureller Hinsicht Nivellierungs- und Angleichungsprozesse mit sich bringt. Die weltweite Verbreitung westlicher kultureller Standards und die kontinuierliche Absorption regionaler Kulturen, die der 'Weltkultur' als mehr oder minder exotische Zutat dienen, kann als Beleg dafür dienen, daß man von nationalen und regionalen kulturellen Bedingungen immer mehr absehen kann. Die Prozesse der kulturellen Generalisierung werden allerdings von Pluralisierungsprozessen innerhalb wie außerhalb nationaler Grenzen begleitet. *Van der Loo* und *van Reijen* haben dies als 'Rationalisierungsparadox' bezeichnet[82]. Von der Sache her also unentschieden, liegt die Abstraktion von spezifischen kulturellen Gegebenheiten im Modellcharakter von 'Modernisierung' begründet.

Wir werden sehen, wie sinnvoll es ist, sich der Entwicklung von Gesellschaft und Sozialarbeit in Spanien mit dem Modell 'Modernisierung' zu nähern, wo das Modell hilfreiche Bezugspunkte liefert und wo es angemessener scheint, auf andere Ansätze zurückzugreifen.

---

81 Vgl. *Flora* 1974, S.23.

82 Vgl. *Loo/Reijen* 1992, S.36 f.

2.2 Modernisierung und Sozialarbeit

Die Sozialarbeit kann grundsätzlich als Organisation, als "zweckorientiertes soziales Gebilde"[83], betrachtet werden, deren Ziel der "helfende Bedarfsausgleich"[84] ist. In diesem allgemeinen Sinne läßt sich die Sozialarbeit auf drei historische Vorformen zurückführen[85] :

- Die *religiös bestimmte Armenpflege* wurde in Klöstern, Hospizen und anderen Einrichtungen betrieben.
- Die *Armenpolizei* war vor allem ein Instrument der städtischen Ordnungspolitik.
- Aus der *Laienarmenpflege* entwickelten sich die organisatorischen Netze der Wohlfahrtspflege.

Die Herausbildung der Sozialarbeit oder Wohlfahrtspflege im heutigen Sinne war Teil der sozialpolitischen Entwicklung insgesamt.

2.2.1 Zur Entwicklung der Sozialpolitik

"Staatliche Sozialpolitik ist ein Produkt des gesellschaftlichen Übergangs zur Moderne und hat - insbesondere in Deutschland - diesen Übergang selbst mit vorangebracht."[86] So faßt *Vobruba* die Interdependenz von Modernisierung und Sozialpolitik zusammen.

In den europäischen Ländern entstand als einer der Vorläufer staatlicher Sozialpolitik seit dem 16.Jahrhundert die staatliche Armenpflege[87]. Bis dahin hatten vor allem Kirchengemeinden und Klöster die Armenpflege betrieben, während sich der Staat auf die Regulierung des Bettelwesens und der Mildtätigkeit beschränkte. Seit dem 16.Jahrhundert wurden staatliche Unterstützungsleistungen und zu deren Finanzierung Armensteuern eingeführt.

Weitere Vorläufer staatlicher Sozialpolitik waren unter anderem die Verpflichtung des Arbeitgebers/Lehnsherren/Handwerksmeisters zum Schutz der Beschäftigten im Feudalismus und genossenschaftliche Formen der

---

83 *Mayntz* 1969, S.7.

84 *Luhmann* 1973, S.36.

85 Vgl. *Mühlum* 1982, S.65 ff. und *Skiba* 1969.

86 *Vobruba* 1991, S.314.

87 Vgl. zum folgenden *Alber* 1982, S.24 ff.

Hilfe und des Schutzes, wie sie von den Gilden und Zünften des Mittelalters praktiziert wurden.

Ab dem 19.Jahrhundert wurden diese sozialen Organisationsformen in erste Ansätze einer staatlichen Sozialpolitik überführt. Mit diesen neuen Formen sozialer Sicherung reagierte man auf die 'soziale Frage', d.h. die sozialen Probleme, die sich aus den Lebens- und Arbeitsbedingungen der neu entstandenen Industriearbeiterklasse ergaben.

Im groben lassen sich in Deutschland folgende Entwicklungsstufen unterscheiden :

- Den Anfang staatlicher Sozialpolitik bildeten Schutzgesetze, mit denen zunächst einzelne Bevölkerungsgruppen (Kinder, Frauen), dann die Industriearbeiterschaft insgesamt vor Auswüchsen der Ausbeutung geschützt wurden.
- Die nächste Stufe der sozialpolitischen Entwicklung bestand im Aufbau der Sozialversicherung. Dabei stellte nicht die Versicherung gegen Risiken wie Berufsunfähigkeit und Krankheit das Neue dar, neuartig war vielmehr der staatliche Zwang, diesen Versicherungen beitreten zu müssen, der sich allerdings zunächst auf die Industrie bzw. einzelne Industriezweige beschränkte.
  In Deutschland begann diese Entwicklung mit dem Aufbau der Knappschaftsversicherung in der Mitte des letzten Jahrhunderts. Die Einführung der gesetzlichen Krankenversicherung im Jahre 1883 stellte den Beginn der Sozialversicherung im heutigen Sinne dar. Ergänzt durch die Unfallversicherung (1884) und die Invaliditäts- und Altersversicherung (1889) waren die sogenannten Bismarckschen Sozialgesetze das Vorbild für ähnliche Gesetze in anderen Ländern[88].
- Durch die Regulierung der Arbeitsbeziehungen und des Arbeitsmarktes wurde die nächste Etappe der sozialpolitischen Entwicklung eingeleitet. In Deutschland wurde durch das Gesetz über die Arbeitsvermittlung und Arbeitslosenversicherung 1927 das Arbeitsamt als die Institution eingeführt, die den Arbeitsmarkt regulieren sollte.
- Für die nächste Etappe war die "Ausdehnung des sozialen Schutzes auf Kategorien von Personen, die früher nicht -oder noch nicht oder noch nicht genügend- erfaßt waren"[89] kennzeichnend.

Diese Stufenfolge kann man, mit Einschränkungen, auch in anderen Ländern beobachten. Dabei wäre die Abfolge beispielsweise für Großbritannien

---

88 Vgl. dazu genauer *Alber* 1982, S.142 ff.

89 *Schulte* 1980, S.327.

insoweit zu modifizieren, als sich dort nicht das Bismarcksche 'kontinentale' Modell der Sozialversicherung durchsetzte, in dem Leistung an vorherige Beitragszahlung gebunden ist, sondern das universalistische Modell sozialer Sicherung, das durch Steuern finanziert wird.

Die beiden in unserem Zusammenhang wesentlichen Merkmale der Stufenfolge sind die quantitative Ausdehnung auf der einen und die qualitative Ausdifferenzierung auf der anderen Seite. Daraus ließe sich als Evolutionsgesetz ableiten : Je moderner Gesellschaften werden, desto umfassender und ausdifferenzierter wird ihr System sozialer Sicherung. Auf die Sozialarbeit bezogen ließe sich im Sinne dieses Evolutionsgesetzes die quantitative Ausdehnung als Wachstum der Ressourcen und die qualitative Ausdifferenzierung als institutionelle Auffächerung, Profilierung des Berufsbildes etc. bestimmen.

2.2.2 Die Sozialarbeit und die Modernisierung traditioneller Gesellschaften

Mit dem Übergang zur modernen Gesellschaft verändern sich soziale Sicherung und Hilfe. Diese Veränderungen stehen in Verbindung mit den verschiedenen Teilprozessen der Modernisierung.

- Im Zuge der *Industrialisierung* entstehen neue soziale Probleme und Problemgruppen, die als 'soziale Frage' Eingang in die öffentliche Diskussion und staatliche Politik finden. Der industrielle Entwicklungsprozeß erschließt aber auch Ressourcen, die den Aufbau wachsender sozialer Sicherungssysteme ermöglichen.
- Im Zuge der *Urbanisierung* häufen sich in den wachsenden Städten soziale Probleme in einem Ausmaß, das bis dahin weitgehend unbekannt war. Das quantitative Wachstum von Bevölkerung und Problemen wird ergänzt durch den Zerfall traditioneller Sicherung, die ihre Grundlage in nachbarschaftlichen und verwandtschaftlichen Beziehungen besessen hatte[90].

---

90 Die Dichte sozialer Sicherung und Einbettung in traditionellen Gesellschaften wird allerdings zuweilen ebenso über-, wie diejenige moderner Gesellschaften unterschätzt. Vgl. dazu *Alber* 1982, S.29 f. Zu in dieser Hinsicht entmystifizierenden Ergebnissen der historischen Familienforschung vgl. den kurzen Überblick bei *Beck-Gernsheim* 1982, S.254 ff.

- In der zweiten Hälfte des 17.Jahrhunderts beginnt die Bevölkerung der meisten europäischen Länder beschleunigt zu wachsen. Dieses Wachstum erreicht in der zweiten Hälfte des 19.Jahrhunderts seinen Höhepunkt. Der *demographische Wandel* macht sich zunächst in dieser 'Bevölkerungsexplosion' bemerkbar. Während die medizinische Forschung und deren Umsetzung in Hygiene und Gesundheitspflege sowie die Verbesserung der Versorgung[91] zu einem Anstieg der Lebenserwartung beitragen, bleibt die Rationalisierung des generativen Verhaltens, ablesbar an einem Rückgang der durchschnittlichen Kinderzahl, zunächst aus. *Köllmann* unterscheidet vier Phasen des demographischen Übergangs :
"1. eine Phase relativen Gleichstands der Ziffern [von Geburten und Sterbefällen] auf hohem Niveau,
2. eine Phase sinkender Sterblichkeit bei annähernd gleichbleibender Geburtlichkeit,
3. eine Phase sinkender Geburtlichkeit bei weiterhin geringerer Verminderung der Sterblichkeit,
4. eine Phase erneuten Gleichstands auf niedrigem Niveau."[92]
Die daraus resultierende relative Überbevölkerung läßt soziale Probleme in unvergleichbaren quantitativen Ausmaßen entstehen.
- Die Prozesse der sozialen und regionalen *Mobilisierung* führen zum Zerfall herkömmlicher Hilfs- und Unterstützungssysteme, wie zum Beispiel der traditionellen Netze von Verwandtschaft und Nachbarschaft und der Versorgungsverpflichtungen des Zunft- und Feudalsystems.
- Traditionelle Institutionen wie Familie, Nachbarschaft usw. verlieren auch hier an Bedeutung und treten einen Teil ihrer Funktionen an organisierte Institutionen ab. Dies gilt zunächst vor allem für soziale Kontrolle als Verhinderung von Regelverletzungen und Abweichungen.
- Die Steigerung der Mobilität bedingt einen *Mentalitätswandel*. Modernisierung wird als Befreiung von Zwängen, aber auch von Schutz erlebt. *Karl Marx* hat den Doppelcharakter der Freisetzung aus feudalen bzw. zünftigen Verhältnissen als "Befreiung von Dienstbarkeit und Zunftzwang" und zugleich als "Raub von Garantien ihrer Existenz" analy-

---

91 *Teuteberg* 1977 spricht in diesem Zusammenhang von der Agrar-, Transport- und Konservierungsrevolution als drei Faktoren, die zur Verbesserung der Volksernährung im Zuge der Industrialisierung Deutschlands beitrugen (S.91).

92 *Köllmann* 1977, S.70 f.

siert[93]. Sozialpolitik flankiert, zumindest nach Beendigung des liberalen Bruchs im 19. Jahrhundert[94], diesen Freisetzungsprozeß, sie "baut existentielle einseitige Abhängigkeiten ab und eröffnet damit den Subjekten gesellschaftliche Freiräume"[95].

- Die *Säkularisierung* führt zum Rückgang religiöser Orientierungen. "Die Religion, die früher dazu motivierte, Almosen zu verteilen, wurde abgelöst von der Staatsräson, die im Namen von philanthropischen, ökonomischen oder normativen Prinzipien sozialer Gerechtigkeit die Wohlfahrtspflege organisierte."[96] An die Stelle 'multifunktionaler' religiöser Institutionen treten weltliche Einrichtungen, die sich jeweils auf Teilbereiche der vormals kirchlich bearbeiteten Aufgaben spezialisieren und sich im Laufe der Zeit weiter auffächern. Dies gilt für das Bildungswesen ebenso wie für die Sozialpolitik[97].

Die unterschiedlichen Modernisierungsprozesse bedingen sich wechselseitig. Erst ihr Zusammenwirken läßt die Sozialarbeit heutigen Verständnisses entstehen.

Bereits die mittelalterliche Armenpflege war vorrangig in den städtischen Gebieten konzentriert. "Was an Stiftungen und Anstalten vorhanden war, beschränkte sich fast ganz auf die Städte oder einzelne kirchliche Mittelpunkte (...)"[98]. Als sich später die ersten staatlichen Versuche zur Organisation und Kontrolle des Armenwesens entwickelten, geschah auch dies in den Städten.

In Deutschland begannen "schon seit der Mitte des 15. Jahrhunderts (...) die Städte, mit deren eigentlicher Blütezeit die Überhandnahme des gewerbsmäßigen Bettlertums zusammenhängt, die in ihnen seßhaften, wirklich unterstützungsbedürftigen Bettler fast nach Art einer Zunft zu konzessionieren, ihnen einen Platz an der Kirchentüre zu sichern und sie vor der Konkurrenz der nicht privilegierten Wanderbettler zu schützen, denen das Be-

---

93 *Marx* 1972, S.743.

94 Vgl. *Alber* 1982, S.106 ff.

95 *Vobruba* 1991, S.315.

96 *Dubiel* 1991, S.319.

97 Dies gilt auch für andere Bereiche. Auf den Zusammenhang von Alphabetisierung, Expansion des Pressewesens und Verdrängung der Priester als primäre Nachrichtenmedien weist *Alber* 1982, S.34 hin, zur Pressestatistik vgl. *Flora* 1974, S.280.

98 *Uhlhorn/Münsterberg* 1909, S.10.

treten der Stadt verboten wurde"[99]. Zu diesem Zweck wurden Bettelverbote und Armenordnungen erlassen. *Urbanisierung*, von *Radbruch* und *Gwinner* hier als "Blütezeit der Städte" bezeichnet, führte zu sozialen Problemen, die neue Reaktionsweisen erforderlich machten.

Sachße und *Tennstedt* haben darauf hingewiesen, daß die Reform der städtischen Armenfürsorge im Deutschland des 15. und beginnenden 16. Jahrhunderts allerdings nicht nur als Reflex auf eine Zunahme des Massenelends interpretiert werden kann[100]. Die in den Quellen dieser Zeit verstärkt auftretende Klage über das Betteln könne auch als das Ergebnis einer veränderten Wahrnehmung des Bettelns betrachtet werden. Diese veränderte Wahrnehmung wiederum läßt sich als Dimension des *Mentalitätswandels* interpretieren. Hatte man im Mittelalter "in der Armut nicht einen Mißstand, sondern einen Stand, die notwendige Voraussetzung zu Werken christlicher Barmherzigkeit der Begüterten"[101] gesehen, so wurde sie jetzt als störendes soziales Problem empfunden.

Unter den von *van der Loo* und *van Reijen* in Anlehnung an *Parsons* eingeführten Dimensionen von Modernisierung wird der Zusammenhang von Modernisierung und Entwicklung der Sozialarbeit noch deutlicher :

- In struktureller Hinsicht ist Sozialarbeit selbst ein Ergebnis von *Differenzierung*. Im Zuge wachsender Arbeitsteilung werden ihr Aufgaben übertragen, die zuvor in anderen Zusammenhängen (Familie, Nachbarschaft, Gemeinde) erfüllt wurden. Der Differenzierungsprozeß setzt sich weiter fort, so daß sich beispielsweise aus relativ wenigen Wohlfahrtseinrichtungen mit breitem Spektrum an Aufgaben und Zielgruppen spezialisierte Institutionen entwickeln[102].

  Der Differenzierungsprozeß läßt sich auch in der beruflichen Entwicklung der Sozialarbeit beobachten. Häufig wird diese in Anlehnung an den angelsächsischen Sprachgebrauch als 'Professionalisierung' bezeichnet[103]. Damit ist eine Entwicklung von Berufen hin zu dem gemeint, was

---

99 *Radbruch/Gwinner* 1990, S.109. Zu diesem Wandel vgl. ebd., S.106 ff. Zur Vergleichbarkeit der Entwicklung in verschiedenen europäischen Ländern vgl. *Carmona* 1986, S.70.

100 Vgl. *Sachße/Tennstedt* 1980, S.36.

101 *Radbruch/Gwinner* 1990, S.106. Vgl. dazu auch *Sachße/Tennstedt* 1980, S.28 ff.

102 Vgl. hierzu *Loo/Reijen* 1992, S.31. Zu den spanischen *Hospitales* vgl. am Beispiel Sevillas und Valladolids *Carmona* 1986, S.76 ff.

103 Vgl. als Beispiele *Höffer-Mehlmer* 1991, *Münchmeier* 1981, S.124 ff.

im Englischen als '*profession*' bezeichnet wird. Die wesentlichen Merkmale vollständig professionalisierter Berufe sind demnach "systematisiertes und spezialisiertes Wissen, Techniken und Methoden, gesellschaftlich anerkannte Kompetenz für die Bewältigung wichtiger gesellschaftlicher Aufgaben, Autonomie in der Anwendung und Kontrolle spezifischer Standards sowie einer spezifischen Ethik der Berufsausübung, Organisation der Berufsinteressen und ihre Durchsetzung in entsprechenden Berufsverbänden"[104]. Häufig werden die Berufsgruppen der Ärzte[105], Richter, Rechtsanwälte und Priester als Beispiele für in diesem Sinne 'vollständig' professionalisierte Berufe genannt[106]. Dabei ist allerdings fraglich, ob diese Berufe in heutiger Zeit noch alle genannten Kriterien erfüllen[107]. "Besonders wichtig ist, daß wir darauf aufmerksam gemacht werden, daß Professionalization ein typisch angelsächsisches Phänomen zu sein scheint, was die Selbstverständlichkeit, mit der in der berufswissenschaftlichen wie berufspolitischen Diskussion in der Bundesrepublik von 'Professionalisierung' gesprochen wird, als problematisch erscheinen läßt."[108] So wird insbesondere die Autonomie von Berufsgruppen durch die "Tradition des 'starken Staates' in Kontinentaleuropa"[109] beschränkt. Daher kann 'Professionalisierung' eher als "ein Projekt der Berufsaufwertung durch mehr Ausbildung"[110] verstanden werden.

Diese Aufwertung beginnt im Bereich der Sozialarbeit in der Regel mit der Schulung von ehrenamtlichen Helferinnen in der Armen- oder Wohlfahrtspflege. Mit dem Übergang von der Ehrenamtlichenschulung zur Berufsausbildung setzt die eigentliche berufliche Entwicklung ein. In deren Verlauf wird die Ausbildung verlängert, formalisiert und staatlich anerkannt. Das Qualifikationsniveau der Ausbildung wie auch die

---

104 *Bohle/Grunow* 1981, S.151. Vgl. auch *Llovet/Usieto* 1990, S.15 ff. und *Daheim* 1970, S.34 ff.

105 Vgl. dazu *Larson* 1977, S.19 ff. Zur 'Entwicklung eines professionellen Selbstbildes bei Medizinern vgl. *Cornish* 1982.

106 Vgl. *Bock* 1980, S.591.

107 Vgl. dazu *Rüschemeyer* 1982, *Olk* 1986, S.34 ff. und *Münchmeier* 1981, S.126 ff.

108 *Daheim* 1982, S.377. Zur Professionalisierungsdiskussion in den USA vgl. *Goode* 1982.

109 *Daheim* 1982, S.378.

110 Ebd.

Zugangsbedingungen zur Ausbildung werden immer mehr angehoben, bis man schließlich von *Semi-Professionen* sprechen kann, die nur noch durch ihren zu niedrigen sozialen Status und die zu große berufliche Abhängigkeit von der vollen Professionalisierung im skizzierten Sinne getrennt sind.

- Diese Ausdifferenzierung wird begleitet von kulturellen Prozessen der *Rationalisierung*, die sich in einem veränderten Verständnis von Armut und Armenpflege bemerkbar machen. So folgte die mittelalterliche Armenpflege "keineswegs der uns heute geläufigen Logik rationaler Mittelverwendung, sondern der religiös (...) [motivierten] Mildtätigkeit"[111]. Erst als sich dies änderte, konnte sich die Differenzierung auf der einen und die damit notwendige Koordination des Fürsorgewesens auf der anderen Seite entwickeln.
  Neben der Differenzierung ist die Rationalisierung eine weitere Facette der beruflichen Entwicklung der Sozialarbeit. So geht der in der beruflichen Entwicklung wachsende Anteil wissenschaftlicher Analyse an der beruflichen Grundausstattung auf Rationalisierungsbestrebungen zurück.
- Die strukturelle Auffächerung und die kulturelle Pluralisierung der Gesellschaft fördern Prozesse der *Individualisierung*. Gegenüber dem einzelnen übernimmt neben anderen Institutionen die Sozialarbeit die doppelte Funktion, sowohl Hilfe anzubieten als auch Kontrolle auszuüben.
- Die *Domestizierung* der Natur führt dazu, daß Prozessen der physischen Dekonditionierung "eine Entwicklung in Richtung auf soziale und psychische Konditionierung"[112] gegenübersteht. Die Sozialarbeit kann als Beitrag zur sozialen und psychischen Konditionierung betrachtet werden.

Wenn in all diesen Dimensionen die Sozialarbeit in Modernisierungsprozesse eingebunden ist, dann profitiert sie als Institution und Berufsgruppe auf der einen Seite von Entwicklungen, deren Folgen auf der anderen Seite in ihren Arbeitsbereichen besonders deutlich zutage treten.

2.2.3 Zum Zusammenhang von Modernisierung, Internationalisierung und Sozialpolitik

Modernisierung führt in kultureller, wie in sozialpolitischer Hinsicht zu wachsender internationaler Verflechtung und Generalisierung :

---

111 *Sachße/Tennstedt* 1980, S.29.
112 *Loo/Reijen* 1992, S.40.

- Einzelne Länder übernehmen eine Vorreiterrolle in der Entwicklung sozialer Sicherung. Die dort entwickelten Konzepte wirken in die Diskussion und Entwicklung anderer Länder hinein. *Alber* hat dies als Diffusionsprozesse behandelt[113].
  Bekannte Beispiele für derartige Vorreiter-Konzepte sind die im letzten Jahrhundert unter *Bismarck* eingeführten Sozialversicherungen und der 1942 vorgelegte *Beveridge*-Plan, der die britische Sozialpolitik der Nachkriegszeit prägte, darüber hinaus aber als Modell für universalistische soziale Sicherung (an Stelle des Beitragsmodells Bismarckscher Provenienz) bekannt wurde.
- Der Modernisierungsprozeß intensiviert den wirtschaftlichen Austausch zwischen Staaten und damit auch den Konkurrenzdruck, der auf den nationalen Wirtschafts- und Finanzsystemen lastet. Aus diesem Grund müssen stärker als bislang die wirtschaftlichen Rahmenbedingungen anderer Länder in das Kalkül der nationalen Ökonomien einbezogen werden. Die Sozialpolitik insgesamt, wie auch die Sozialarbeit werden unter diesen Bedingungen einer Kosten-Nutzen-Analyse unterworfen, bei der die soziale Absicherung in anderen Ländern jeweils mit berechnet wird[114].
  Die im Zusammenhang mit der Schaffung des EG-Binnenmarktes neu aufgenommene 'Standort-Debatte' ist ein Beispiel für Kosten-Nutzen-Kalkulationen mit Blick auf internationale Verflechtungen[115].
- Die Verstärkung des internationalen Austauschs beschränkt sich von Anfang an nicht nur auf den Güterverkehr, sondern manifestiert sich auch in der Zunahme der Mobilität innerhalb nationaler Grenzen und darüber hinaus. Grenzüberschreitende Wanderungsbewegungen erfordern auf verschiedenen Ebenen adäquate Reaktionsformen. So müssen Ansprüche an die Systeme sozialer Sicherung trans- bzw. international abgeklärt werden, wie dies beispielsweise auf der Grundlage von Abkommen über die Anrechnung von Beitragszeiten und -zahlungen der Sozialversicherung

---

113 Vgl. *Alber* 1982, S.134 ff.

114 *Kramer* (1986) spricht in diesem Zusammenhang vom "Konkurrenzkampfmotiv" (S.244), das zu den ersten Formen internationaler Sozialpolitik geführt habe. Vgl. dazu auch *Hamburger* 1992, S.2087 f.

115 Vgl. dazu *Weber/Leienbach* 1989, S.156 ff. und *Däubler* 1989b, S.62 ff.

geschieht[116]. Außerdem nimmt mit internationaler Verflechtung und Migration die Zahl der Fälle zu, in denen Nationalstaaten in die Rechte anderer Staatsangehöriger eingreifen. Das *Haager Minderjährigenschutzabkommen* ist ein Beispiel für den Versuch, staatliche Eingriffe in Eltern- und Kindesrechte international zu regeln[117].

Aus diesen Tendenzen resultiert nicht notwendig eine umfassende sozialpolitische Angleichung. Dieser steht schon die "Zählebigkeit der einmal geschaffenen Institutionen"[118] gegenüber.

2.2.4 Zu den Grenzen funktionalistischer Erklärungsansätze

Der Zusammenhang von Sozialpolitik und Modernisierung wurde hier bislang im wesentlichen als funktionale Verbindung dargestellt. Die Einsicht, daß zwischen verschiedenen gesellschaftlichen Strukturen und Prozessen funktionale Zusammenhänge bestehen, reicht allerdings nicht aus, diesen Zusammenhang begründen zu können.

In seiner Untersuchung der Entstehung der Sozialversicherungen in Europa hat *Alber* verschiedene Ansätze unterschieden, mit denen die Bedingungen für die Entstehung moderner Sozialpolitik erklärt werden sollen[119]. Neben funktionalistischen Ansätzen behandelt er herrschafts- bzw. pluralismustheoretische Versionen, nach denen sozialpolitische Entwicklungen auf Machterhaltungsstrategien sozialer und politischer Eliten (herrschaftstheoretische Ansätze) oder auf das Zusammenspiel bzw. die Konfrontation unterschiedlicher Interessengruppen zurückgeführt werden.

Nach den funktionalistischen Ansätzen wäre zu erwarten, daß das Niveau sozialpolitischer Absicherung in den Ländern Westeuropas mehr oder minder direkt dem Grad ihrer wirtschaftlichen Entwicklung bzw. ihrer Modernisierung entsprach. Daß hier keine direkte Abhängigkeit bestand, zeigt sich, wenn man die Proportionen der Erwerbsstruktur mit dem Entwicklungsstand der Sozialversicherung vergleicht. "Während manche Nationen ihr erstes Versicherungsprogramm schon einführten, als noch 90 Prozent der Erwerbsbevölkerung in der Landwirtschaft tätig waren, schufen andere

---

116 Vgl. hierzu den historischen Überblick bei *Kaupper* 1982, S.39 ff. und *Hauff* 1982b, S.5 ff.

117 Vgl. dazu *Kropholler* 1977.

118 *Alber* 1982, S.199.

119 Zum folgenden vgl. *Alber* 1982, S.73 ff.

Länder ihre ersten Schutzsysteme, als schon 90 Prozent ihrer Erwerbsbevölkerung außerhalb des Agrarsektors arbeiteten."[120]

Alber weist darauf hin, daß "ohne die Vermittlung durch politische Mobilisierungs- und Definitionsprozesse (...) sozio-ökonomische Probleme sozialpolitisch nicht wirksam"[121] wurden. Zur Erklärung dieser Vermittlungsprozesse greift Alber auf pluralismustheoretische Ansätze zurück und unterscheidet verschiedene Phasen in der Entwicklung sozialer Sicherung in Westeuropa :

- Für die Zeit vor dem Ersten Weltkrieg spricht er von einer "Sozialpolitik von oben"[122]. Die westeuropäischen Länder mit monarchistischer Regierungsform besaßen um die Jahrhundertwende umfassendere soziale Sicherungssysteme als die demokratischen. Die Einführung dieser Systeme führt *Alber* vor allem auf die "Legitimierungsbestrebungen der nationalen Eliten"[123] zurück.
- In der Zeit zwischen den Weltkriegen wurde dagegen das Sicherungssystem vor allem in denjenigen Ländern ausgebaut, in denen die Arbeiterparteien ihren Stimmenanteil deutlich erhöhten. *Alber* beobachtet in diesem Zeitabschnitt eine "Sozialpolitik von unten"[124].
- Nach dem Zweiten Weltkrieg verringerten sich die Unterschiede im Ausmaß der sozialen Sicherung, die bis dahin zwischen den westeuropäischen Ländern bestanden hatten. Die Stärke der Arbeiterbewegungen und -parteien in den einzelnen Ländern hatte keinen Einfluß auf den jeweiligen Ausbau der sozialen Sicherung[125].

Die sozialen Probleme, die mit dem gesellschaftlichen Entwicklungsstand zusammenhängen, bewirken nicht automatisch sozialpolitische Maßnahmen, sondern müssen in Forderungen führen, die in praktische Politik umgesetzt (Sozialpolitik von unten) bzw. hinsichtlich möglicher politischer Folgen antizipiert werden (Sozialpolitik von oben).

Während aus funktionalistischer Sicht recht allgemein Bedingungen und Wirkungen sozialpolitischer Entscheidungen und Strukturen behandelt wer-

---

120 *Alber* 1982, S.100. Zu den Problemen funktionalistischer Theorien über den Zusammenhang von Modernisierung und Sozialpolitik vgl. auch ebd., S.100 ff. und S.197.

121 *Alber* 1982, S.195.

122 Ebd., S.196.

123 *Alber* 1982, S.195.

124 Ebd., S.197.

125 Vgl. ebd.

den können, läßt sich die Frage nach dem historischen Verlauf mit diesem Ansatz nicht beantworten. Die Modernisierungsperspektive, in der die sozialpolitische Entwicklung als funktionales Element gesellschaftlicher Veränderungen erscheint, wird im folgenden auf die spanische Entwicklung hin zu konkretisieren sein. Dabei sollen die Möglichkeiten wie auch die Grenzen dieses Erklärungsansatzes deutlich werden.

3. Sozialpolitik und Sozialarbeit im Franquismus

Der Aufstand konservativer Militärs gegen die demokratisch gewählte Volksfrontregierung führte 1936 zum Bürgerkrieg. 1939 siegten die Putschtruppen unter General Franco, die vom nationalsozialistischen Deutschland und dem faschistischen Italien unterstützt worden waren. Das schon vor 1939 in den eroberten Gebieten aufgebaute Herrschaftssystem wurde auf ganz Spanien ausgedehnt.

Die im Bürgerkrieg unterlegenen republikanischen Kräfte sahen sich, soweit sie im Lande geblieben waren, scharfem Terror ausgesetzt[1]. Während der Zweiten Republik eingeführte oder begonnene Reformen wurden vom Franco-Regime rückgängig gemacht. Dabei berücksichtigte die Regierung besonders die Interessen der verbündeten gesellschaftlichen Gruppen : die begonnene Agrarreform wurde aufgehoben, Großgrundbesitzer erhielten verlorene Ländereien zurück[2]. Der Kirche wurde - insbesondere im Bildungsbereich - wieder bestimmender Einfluß eingeräumt. Jede Form gewerkschaftlicher oder parteipolitischer Interessenvertretung wurde verboten Alle Medien wurden zensiert[3]. Die während der Republik erkämpfte größere Selbständigkeit der verschiedenen Regionen Spaniens wurde aufgehoben. An ihre Stelle trat ein politischer und kultureller Zentralismus, der Madrid zum machtpolitischen Monopol und der kastilischen Sprache und Kultur zur ausschließlichen Dominanz verhelfen sollte[4].

---

1 Vgl. *Tusell* 1988, S.225 ff., *Bernecker* 1988, S.54 ff., *Hermet* 1986, S.188 ff. und *Beyme* 1971, S.100 ff.

2 Vgl. *Barciela* 1987, S.260 ff.

3 Zur Pressezensur vgl. *Bischoff* 1991, S.452 ff. Zum Film vgl. *Eichenlaub* 1991, S.492 ff.

4 Vgl. dazu *Waldmann* 1984, S.158 ff. und *Koppelberg* 1991, S.388 ff.

3.1 Zur Typologie des Franquismus als politisches System

Die auf den Bürgerkrieg folgenden Jahrzehnte bis zum Tode Francos im Jahre 1975 werden häufig als *Franquismus* bezeichnet[5]. Das politische System der Jahre 1939 bis 1975 war in hohem Maße auf die Person Francos hin zentriert. Der *Caudillo* war sowohl Staatsoberhaupt und Regierungschef[6] als auch Führer der *Falange* bzw. der Nationalen Bewegung (*Movimiento Nacional*)[7] und Oberbefehlshaber der Streitkräfte. Er ernannte alle wichtigen Amtsträger bis hin zu den Gouverneuren der 50 Provinzen. Da weder ein allgemeines Wahlrecht noch Gewaltenteilung existierten, war *Franco* in seiner Amtsausübung keiner formalisierten Kontrolle unterworfen. Seine Bedeutung für das politische System wurde auch daran deutlich, daß erst sein Tod den Weg in die Demokratie frei machte. Für *Tusell* war die Franco-Diktatur "so eng mit demjenigen verbunden, der sie verkörperte, daß es unmöglich wäre, eine Bezeichnung für sie zu finden, ohne seinen Namen zu erwähnen"[8].

Über die Frage, wie das Franco-System typologisch einzuordnen sei, gab es in der Vergangenheit einige Kontroversen[9]. Durch die Bezeichnung '*Franquismus*' wird der singuläre Charakter des Regimes betont. Erst eine allgemeinere typologische Zuordnung erlaubt einen Vergleich mit anderen politischen Systemen.

Insbesondere für die ersten Jahre der Franco-Zeit, die nach den Uniformhemden der Staatspartei Falange auch die 'blauen' Jahre genannt werden, spräche einiges dafür, den Begriff '*Faschismus*' anzuwenden[10]. Das Regime war erst durch die Unterstützung des nationalsozialistischen Deutschlands und des faschistischen Italiens an die Macht gekommen und blieb diesen Ländern bis zum Ende des Zweiten Weltkrieges verbunden. Die Staatspartei

5 Vgl. z.B. *Miguel* 1975, *Vilar* 1977, *Beneyto* 1979, *Tusell* 1977.

6 Das Amt des Regierungschefs wurde 1973 von Carrero Blanco und nach dessen Ermordung im gleichen Jahr von Carlos Arias Navarro übernommen.

7 Ab 1958 (*Ley de Principios del Movimiento Nacional*) wurde die Partei *Movimiento Nacional* genannt.

8 *Tusell* 1988, S.162.

9 Zum folgenden vgl. *Bernecker* 1988, S.74 ff., *Tusell* 1988, S.86 ff.

10 In letzter Zeit hat *Däubler* 1982b ihn noch einmal zur Kennzeichnung des franquistischen Systems benutzt. Zur spanischen Faschismus-Diskussion vgl. *Tusell* 1988, S.91 ff.

Falange orientierte sich bis in ihre politische Symbolik hinein am italienischen Faschismus und strebte die Alleinherrschaft sowie eine umfassende Mobilisierung der Bevölkerung an. Wie in Deutschland und Italien wurden die Arbeiterbewegung und jede politische Opposition verboten und unterdrückt.

Gegen die Verwendung des Begriffs Faschismus spricht, daß die *Falange* nie zur alle gesellschaftlichen Bereiche durchdringenden Massenpartei wurde[11]. Außerdem gab es, abgesehen von der Frontstellung gegen die Republik und alles, was mit ihr verbunden war, keine einheitliche Ideologie. Dies war schon deshalb nicht möglich, weil das auf Franco zugeschnittene politische System von mehreren gesellschaftlichen Gruppen getragen wurde, die bereits im Bürgerkrieg gegen die Demokratie Partei ergriffen hatten und deren Vorstellungen und Interessen keineswegs identisch waren. Im wesentlichen lassen sich vier Hauptgruppen unterscheiden, die den Franquismus unterstützten[12].

- Die Staatspartei *Falange* (*Falange Española Tradicionalista y de las Juntas de Ofensiva Nacional Sindicalista, FET y de las JONS*) war während des Bürgerkriegs 1937 aus der per Dekret erzwungenen Vereinigung nationalsyndikalistischer und traditionalistischer Kräfte[13] hervorgegangen. Nach der Vereinigung und insbesondere nach dem Bürgerkrieg traten die vorher dominierenden, vom italienischen Faschismus inspirierten, antimonarchistischen[14] und nationalrevolutionären (Forderungen nach Nationalisierung der Banken und Agrarreform etc.) Elemente zurück.
- Das *Militär* war "die wichtigste Stütze Francos"[15]. Der Bürgerkrieg wurde durch den Putsch wichtiger Teile der Streitkräfte eingeleitet[16].

---

11 1963 hatten die Falange und alle ihre Teilorganisationen offiziellen Angaben zufolge fast zwei Millionen Mitglieder, "doch besaß diese Zahl keine praktischen Relevanz, denn in Wirklichkeit bezog sie sich auf Personen, die der politischen oder Syndikats-Bürokratie angehörten" (*Tusell* 1988, S.212).

12 Zum folgenden vgl. *Bernecker* 1988, S.62 ff.

13 Vgl. *Broué/Témime* 1982, S.536 ff.

14 Vor der Vereinigung mit den traditionalistischen, darunter vor allem den carlistischen, Kräften hatte die *Falange* die Staatsführung für sich beansprucht.

15 *Bernecker* 1988, S.66.

Nach dem Ende des Bürgerkriegs war das im Sinne des Regimes 'gesäuberte'[17] Militär an der politischen und administrativen Organisation, vor allem auch an der Unterdrückung jeglicher Opposition, entscheidend beteiligt[18].

- Bereits kurz nach Beginn des Bürgerkriegs hatte sich die Spitze der *katholischen Kirche* an die Seite der putschenden Franco-Truppen gestellt und deren Kampf als "Kreuzzug" (*Cruzada*) gegen den Atheismus unterstützt[19]. Nach der Beendigung des Bürgerkriegs wurde die Kirche für ihr Engagement damit belohnt, daß sie ihre Privilegien und ihren Einfluß zurückerhielt. 1941 wurde die katholische Kirche im Grundgesetz *Fuero de los Españoles* zur Staatskirche und im gleichen Jahr legten die spanischen Bischöfe einen Eid auf Franco ab.
- *Großgrundbesitzer* und *Finanzbourgeosie* bildeten die vierte Stütze des Franquismus. Sie hatten die Reformversuche der Zweiten Republik bekämpft und den Putsch von Anfang an unterstützt.

Die Zahl der politischen Interessengruppen, der sogenannten *familias políticas*, ging noch darüber hinaus, da die einzelnen Gruppen, insbesondere die *Falange*[20], in sich heterogen zusammengesetzt waren. Die verschiedenen *familias políticas* konnten vor allem deshalb integriert werden, weil die Einflußbereiche zwischen ihnen aufgeteilt wurden. Dies ließ sich bis in die sechziger Jahre hinein auch an der Verteilung der Kabinettsposten beobachten. "Landwirtschaft, Arbeits- und Syndikatsangelegenheiten waren Felder, die den Falangisten vorbehalten waren. Das Wirtschaftsministerium ging an die Monarchisten. Justiz und Präsidentschaft des Ständeparlaments Cortes (in den Zeiten, in denen es das Parlament gab) erhielten die Traditionalisten, und das Erziehungsministerium lag in den Händen der Katholiken (als es später darum ging, dem Regime ein weniger faschistisches Erscheinungsbild zu verschaffen, kam dazu noch das Außenministe-

---

16 *Tuñón* 1982b gibt einen Überblick über den Umfang der Parteinahme der Streitkräfte für die Putschisten zu Beginn des Bürgerkriegs (S.11 ff.). Vgl. dazu auch *Bernecker* 1988, S.40 f.

17 Vgl. *Tusell* 1988, S.174 f.

18 Vgl. *Boyd/Boyden* 1985, S.95 f., *Beyme* 1971, S.140 ff.

19 Vgl. dazu *Cuenca* 1985, S.66 ff.

20 "Die eklektische Genesis der Partei und die Heterogenität der in ihr zusammengeschlossenen Elemente äußert sich bereits im Namen der Staatspartei" (*Beyme* 1971, S.32).

rium)."[21] Die Vertreter des Militärs besetzten in den Kabinetten der Franco-Zeit wichtige Posten wie etwa den des Innenministers[22].

Die einzelnen Gruppierungen unterschieden sich, was ihre Interessen wie auch ihre Vorstellungen über die politische und soziale Entwicklung Spaniens anging, zum Teil erheblich[23]. *Tusell* spricht in Anbetracht der Differenzen und der Integration der Interessengruppen von einem "Pluralismus der 'politischen Familien' des Regimes"[24].

In Anbetracht der Heterogenität hält *Tusell* es nicht für zutreffend, die Franco-Diktatur als '*Totalitarismus*' zu bezeichnen, also als "Modell der völligen Zentralisierung und uniformen Reglementierung aller Bereiche des politischen, sozialen und intellektuellen Lebens"[25]. In Anlehnung an *Linz*[26] bezeichnet er den Franquismus als "*autoritäres Regime*"[27] mit "begrenztem Pluralismus oder (...) aus anderer Perspektive : begrenztem Monismus"[28]. Dieser Pluralismus beschränkte sich allerdings auf die herrschende Elite, "nicht eingebettet werden konnten in diesen Spielraum jedoch Organisationen und Bewegungen der Arbeiterschaft"[29], wie *Bernecker* kritisch zu *Linz*' Klassifizierung des Franco-Regimes anmerkt.

Ein zentrales Problem jeder typologischen Klassifizierung des Franco-Regimes besteht darin, daß sich in den Jahrzehnten seiner Existenz die spanische Gesellschaft wie auch das Regime selbst erheblich veränderten. Charakterisierungen, die für die Anfangszeit zutreffen -wie totalitäre Gleichschaltung, faschistische Massenmobilisierung usw.- gehen an der Realität späterer Jahre vorbei. Umgekehrt kann auch die partielle Lockerung der politischen Unterdrückung in den letzten Jahren des Franquismus nicht darüber hinwegtäuschen, daß man auf seiten des Regimes nicht zuletzt aufgrund der vorherigen Ausmerzung jeglicher Opposition glaubte sich dies erlauben zu können.

---

21 *Tusell* 1988, S.199.

22 Vgl. *Bernecker* 1988, S.66 f.

23 Vgl. dazu auch *Beyme* 1971, S.123 ff., *Carr/Fusi* 1979, S.221 ff.

24 *Tusell* 1988, S.199.

25 *Bracher* 1976, S.36.

26 Vgl. *Linz* 1974.

27 *Tusell* 1988, S.69. Vgl. dazu auch *Bernecker* 1988, S.76 ff.

28 *Tusell* 1988, S.70.

29 *Bernecker* 1988, S.78.

3.2 Von der Autarkie zur Modernisierung

Als der Bürgerkrieg im Jahre 1939 endete, war Spanien verwüstet[30]. Das Pro-Kopf-Einkommen belief sich während der vierziger Jahre auf ein Fünftel desjenigen von 1936. Lebensmittel waren rationiert und blieben dies bis Anfang der fünfziger Jahre. Die Dauerkrise in der Lebensmittelversorgung wurde zeitweise durch Mißernten verschärft, so daß von den ersten Jahren des Franquismus als den "Hungerjahren"[31] gesprochen wird.

Hinsichtlich der Wirtschaftsstruktur war Spanien am Ende des Bürgerkriegs und während der folgenden Jahre ein Agrarland mit international nicht konkurrenzfähiger Industrie, die zudem an wenigen Stellen, vor allem im Norden des Landes, konzentriert war.

Die Wirtschaftspolitik war durch intensiven staatlichen Eingriff in das Wirtschaftsleben gekennzeichnet[32]. Damit sollte unter anderem eine Umstellung der Inlandproduktion auf Importsubstitution erreicht werden. Das Ziel bestand darin, Spanien wirtschaftlich und politisch autark werden zu lassen. Die ersten Jahre der Franco-Zeit werden mit Blick auf diese wirtschaftspolitische Ausrichtung häufig '*Autarkiephase*' genannt[33].

Die Autarkiebestrebungen gingen nicht zuletzt auf außenpolitische Zwänge zurück. Während des Zweiten Weltkrieges war Spanien mit den Achsenmächten verbündet, beteiligte sich aber nur in geringem Umfang am direkten Kriegsgeschehen. Die Niederlage der Achsenmächte führte zur nahezu völligen außenpolitischen Isolierung Spaniens nach dem Zweiten Weltkrieg. Mit dem Beginn des Kalten Krieges wich die internationale Ächtung und Isolierung Franco-Spaniens zwar einer schrittweisen Anerkennung vor allem durch die USA[34], die wirtschaftliche und kulturelle Abschottung gegenüber dem Ausland blieb aber über den Beginn der fünfziger Jahre hinaus zunächst weiterhin bestehen.

Das franquistische Spanien nahm für sich in Anspruch, einen Sonderweg zu beschreiten, um 'christlich-abendländische' Werte zu sichern. In seiner 1952 erschienen 'Theorie der Restauration' brachte dies *Rafael Calvo Se-*

---

30 Zum folgenden s. *Carr/Fusi* 1979, S.70 ff., *Tuñon* 1982c, *Biescas* 1990, S.21 ff. und *Viñas* 1982d.

31 *Carr/Fusi* 1979, S.72.

32 Zum folgenden vgl. *García Delgado* 1987, S.165 ff.

33 Vgl. bspw. *Tuñón* 1990a, *Viñas* 1982d, *Bernecker* 1988.

34 Hierzu und zum folgenden vgl. *Biescas* 1990, S.47 f., *Hermet* 1986, S.221 ff. und *Bernecker* 1988, S.98 ff.

rer[35] zum Ausdruck : "Der triumphale Sieg im Krieg hat auf der einen Seite die Ausrottung zerstörerischen Gedankenguts, auf der anderen Seite ein kulturelles Klima ermöglicht, das von der zersetzenden Atmosphäre Europas isoliert war, was die Weiterentwicklung traditionellen Gedankenguts erlaubt hat."[36]

Der staatliche Eingriff in das wirtschaftliche Leben sollte neben der Stärkung der wirtschaftlichen Unabhängigkeit zur Stillegung von Klassenkonflikten beitragen. Die Arbeiterbewegung als wichtiger Akteur in der sozialpolitischen Auseinandersetzung der Vor-Franco-Zeit wurde während des Franquismus massiv unterdrückt. Eigenständige Organisationen und Formen der Interessendurchsetzung wurden verboten, die Löhne lange Zeit staatlich festgelegt. Dies entsprach der Ideologie des Regimes, daß der Sieg im Bürgerkrieg zum "Verschwinden des Klassenkampfes" geführt habe, der "nicht mit der sozialen Ökonomie vereinbar" sei[37].

An die Stelle der verbotenen Gewerkschaften traten die *Vertikalen Syndikate* (1956 in "*Nationale Syndikate*" umbenannt), in denen Unternehmer und Arbeiter unter staatlicher Leitung gemeinsam organisiert wurden. Der Aufbau der *Vertikalen Syndikate* wurde schon 1938 mit dem "Grundgesetz der Arbeit" (*Fuero del Trabajo*)[38] eingeleitet, nach dem "die nationalsyndikalistische Organisation des Staates (...) von den Prinzipien der Einheit, Totalität und Hierarchie geleitet werden"[39] sollte. Die Zusammenfassung von Arbeitgebern und Arbeitnehmern aller Wirtschaftszweige in einer gemeinsamen Organisation (*Einheit*), neben der keine anderen geduldet wurden (*Totalität*) und die durch eine vertikale Befehls- und Gehorsams-Struktur gekennzeichnet war (*Hierarchie*), fand im *Gesetz über die Syndikale Einheit* von 1940 ihren Abschluß.

Die Wirtschaftspolitik der Autarkiephase führte auch nach den 'Hungerjahren' zu chronischer Unterversorgung, Schwarzhandel, Korrup-

---

35 *Calvo Serer* galt als einer der einflußreichsten Vertreter der katholischen Laienorganisation Opus Dei (s.dazu unten). In späteren Jahren gehörte er zur Opposition gegen das Franco-Regime (Vgl. dazu bspw. *Tuñon* 1990a, S.401).

36 *Calvo* 1952, S.127.

37 *Barrachino* 1941, S.5 im Vorwort zu einem Leitfaden durch die Sozialversicherung.

38 Eine deutsche Übersetzung des Fuero del Trabajo in der 1967 revidierten Form findet sich in *Bernecker* 1985, S.38 ff.

39 Art. XIII, 1 des Fuero del Trabajo, zit. nach *Bernecker* 1985, S.44.

tion und Inflation und einem schnell wachsenden Defizit der Außenhandelsbilanzen, so daß "Spanien 1957-58 am Rande des Staatsbankrotts und der Zahlungsunfähigkeit stand"[40]. 1957 fand ein Regierungswechsel statt, bei dem Wirtschaftsliberale, die dem Laienorden *Opus Dei*[41] entstammten, einflußreiche Ministerien erhielten. 1959 wurde ein *Stabilisierungsplan* erlassen, mit dem die "Stabilisierung der Wirtschaft im Inneren bei gleichzeitiger Liberalisierung der Außenwirtschaftsbeziehungen"[42] angestrebt wurde. Die damit verbundene Abkehr von der Autarkiepolitik kann als "'kopernikanische Wende' des Franquismus"[43] betrachtet werden.

Mit dem Stabilisierungplan begann eine Zeit rascher wirtschaftlicher und sozialer Veränderungen. Die '*Autarkiephase*' wurde von der '*Entwicklungsphase*', der Zeit des '*desarrollismo*', abgelöst. Während Spanien zuvor hinsichtlich seiner wirtschaftlichen und sozialen Struktur als Entwicklungsland betrachtet worden war[44], begann nun ein Prozeß der Industrialisierung und Modernisierung der spanischen Gesellschaft, den die Regierung durch verschiedene Entwicklungspläne ab 1963 zu forcieren und zu steuern versuchte.

Die Wirtschaft des Landes erlebte während der sechziger Jahre einen enormen Aufschwung und wuchs in einem Maße, das zu jener Zeit weltweit nur noch von Japan übertroffen wurde. Das spanische 'Wirtschaftswunder' hatte vor allem folgende Ursachen : Mit der außenwirtschaftlichen Öffnung begann ein starker Zustrom von ausländischem Kapital[45], der auf die komparativen Kostenvorteile Spaniens, also unter anderem niedrige Löhne, Verbot von Gewerkschaften, zurückging. Die staatliche Entwicklungsplanung begünstigte den Auf- und Ausbau vor allem relativ neuer Industriezweige (Metallverarbeitung, Chemie und Lebensmittel)[46]. Die Disparitäten zwischen schon traditionell industrialisierten Regionen (Baskenland, Kata-

---

40 *Fusi* 1983b, S.12.

41 Zum Opus Dei vgl. den Überblick bei *Beyme* 1971, S.146 ff.

42 *Zelinsky* 1984, S.295. Hierzu und zum folgenden vgl. *Tamames* 1985, S.679 ff., *García Delgado* 1987, S.177 ff. und *Biescas* 1990, S.55 ff.

43 *Zelinsky* 1984, S.279.

44 Vgl. *Lorenz* 1968, S.52.

45 Zur Entwicklung der Netto-Auslandsinvestitionen in Spanien vgl. den Überblick bei *Haubrich/Moser* 1976, S.304.

46 Für einen Überblick über Entwicklungspole und -achsen vgl. die Karte in *Klein* 1988, S.20.

lonien, Teile Zentralkastiliens) und agrarisch geprägten Gebieten (Andalusien und Extremadura) gingen dabei nur in geringem Ausmaß zurück[47].

Die den Modernisierungsweg unterentwickelter Länder sonst begleitenden Handelsbilanzprobleme traten vor allem aus zwei Gründen nicht auf :

- Die rapide wachsende Zahl ausländischer Touristen brachte entsprechende Deviseneinnahmen mit sich. Während 1951 noch 676.000 Ausländer Spanien besuchten, waren es 1960 schon über vier Millionen. Ihre Zahl stieg bis zum Jahr 1970 auf über 21 Millionen an[48].
- Eine weitere wichtige Devisenquelle waren die Rücküberweisungen der Arbeitsemigranten, die sich seit Beginn der sechziger Jahre vor allem in der Bundesrepublik Deutschland, der Schweiz und in Frankreich verdingten[49].

  Neben dem Ausgleich der Handelsbilanz sorgte die Arbeitsemigration auch für eine Entlastung des spanischen Arbeitsmarktes. Dies milderte die Folgen der wirtschaftlichen Umstrukturierung, da der Abbau bislang schützender Außenhandelsbarrieren die spanische Wirtschaft einem Konkurrenzdruck aussetzte, der zunächst zu einem Anstieg der Arbeitslosenzahlen führte[50].

Während der Entwicklungsphase stieg Spanien "innerhalb von 15 Jahren (...) vom Niveau eines Entwicklungslandes auf den 10.Platz der Industrienationen auf"[51]. Daraus resultierten Modernisierungsprozesse in einer Reihe gesellschaftlicher Bereiche.

---

47 Vgl. dazu die Übersicht über das Pro-Kopf-Einkommen in den jeweils drei ärmsten und drei reichsten Provinzen bei *Haubrich/Moser* 1976, S.305.

48 1989 wurden fast 50 Millionen Ausländer gezählt. Angaben nach *Anuario* 1990, S.364. Vgl. auch *Rodríguez Osuna* 1985, S.75 ff.

49 Die Gesamtzahl der Arbeitsmigranten betrug während der sechziger Jahre fast 1,5 Millionen Menschen (*Bernecker* 1988, S.128). Vgl. dazu auch *Tezanos* 1989b.

50 Vgl. Tamames 1985, S.688 ff.

51 *Bernecker* 1988, S.125.

3.3 Dimensionen der Modernisierung Spaniens unter Franco

Am deutlichsten läßt sich der Modernisierungsprozeß an der Veränderung der Wirtschaftsstruktur ablesen, die im Prozeß der *Industrialisierung* eintrat.

Begonnen hatte der Industrialisierungsprozeß zwar im letzten Jahrhundert, doch blieb er lange Zeit auf wenige Gebiete beschränkt. Die regionalen Schwerpunkte der industriellen Entwicklung lagen in Katalonien, wo vor allem in den dreißiger und vierziger Jahren des 19.Jahrhunderts die Textilindustrie einen enormen Aufschwung erlebte, sowie in Asturien, Vizcaya und im Baskenland, wo hauptsächlich die schwerindustrielle Produktion auf- und ausgebaut wurde. Außerhalb dieser Gebiete blieb die Industrie aber weitgehend ohne Bedeutung oder es fand sogar ein Deindustrialisierungsprozeß statt (Andalusien). Daher wird von einem "Fehlschlag der Industriellen Revolution"[52] oder dem "verspäteten Beginn der Industrialisierung"[53] gesprochen.

Es gibt eine Reihe von Versuchen, die 'Verspätung' Spaniens zu erklären[54]. *Ramón Tamames* hat fünf Bedingungen für eine gelingende Industrialisierung unterschieden, die Spanien lange Zeit nicht oder nicht in genügendem Maß erfüllt hat[55] : Geschäftsgeist, Bildung und Technik, Bodenschätze und Energie, investierbares Kapital sowie eine ausreichende Nachfrage seien notwendig, damit Industrialisierung stattfinden könne.

- In Spanien habe sich das Interesse bis in das 18.Jahrhundert hinein vorwiegend auf "militärische und religiöse Aktivitäten, aber fast nie auf wirtschaftliche Belange" gerichtet[56].

---

52 *Bernecker* 1990b, S.181, Vgl. auch S.181 ff.

53 *Tamames* 1985, S.201, Vgl. auch S.201 ff..

54 Vgl. verschiedene Beiträge in dem Sammelband von *Bennassar* 1985a, die sich unter anderem mit Mentalitätshindernissen für die wirtschaftliche Entwicklung (*Bennassar* 1985b), der Bedeutung der Inquisition für die Verspätung Spaniens (*Dedieu* 1985) und dem Einfluß der Zensur auf die wirtschaftliche und soziale Entwicklung (*Domergue* 1985) auseinandersetzen. *Bernecker* 1990b gibt einen Überblick über die wirtschaftliche, soziale und politische Entwicklung Spaniens im letzten Jahrhundert und die Ursachen der verspäteten Industrialisierung (S.181 ff.).

55 Vgl. *Tamames* 1985, S.201 ff.

56 *Tamames* 1985, S.202. Vgl. dazu auch *Schmidt* 1975.

- Das wissenschaftliche und Bildungs-Niveau sei dementsprechend niedrig[57] und die Zahl technischer Neuerungen gering gewesen.
- Das Land sei zwar nicht arm an Bodenschätzen, doch habe es an einheimischen Energiequellen gemangelt, die den Abbau von Bodenschätzen und den Aufbau industrieller Produktion hätten ermöglichen können.
- Bis zur Mitte des letzten Jahrhunderts habe es nicht genügend verfügbares Kapital gegeben, das in den Industrieaufbau hätte investiert werden können[58].
- Schließlich sei der spanische Binnenmarkt im Vergleich zu Großbritannien oder Frankreich von der Bevölkerungszahl und vom verfügbaren Einkommen her zu klein gewesen, um eine ausreichende Nachfrage nach industriell produzierten Gütern möglich werden zu lassen.

Die auf ganz Spanien bezogen geringe Bedeutung der Industrie zeigt sich, wenn man die Verteilung der Beschäftigten auf verschiedene Wirtschaftssektoren betrachtet. Noch in den achtziger Jahren des 19. Jahrhunderts betrug der Anteil der in der Landwirtschaft Beschäftigten über 72 %. Nur 14,6 % arbeiteten in der Industrie[59]. Zur gleichen Zeit arbeiteten in Deutschland noch 43 % in der Landwirtschaft[60]. Bis zur Jahrhundertwende ging der Anteil in Spanien auf 63,6 % zurück[61] und sank bis zum Beginn des Bürgerkriegs weiter auf 45 %[62]. Die folgende Grafik zeigt die Veränderung der Beschäftigungsstruktur zwischen 1930 und 1975.

57 Vgl. dazu auch *Bennassar* 1985b, S.149 ff.

58 Vgl. dazu auch *Bernecker* 1990b, S.196.

59 Vgl. *Bernecker* 1990b, S.182.

60 Vgl. dazu *Böhme* 1978, S.85 f.

61 Vgl. *Tamames* 1985, S.32.

62 Vgl. ebd.

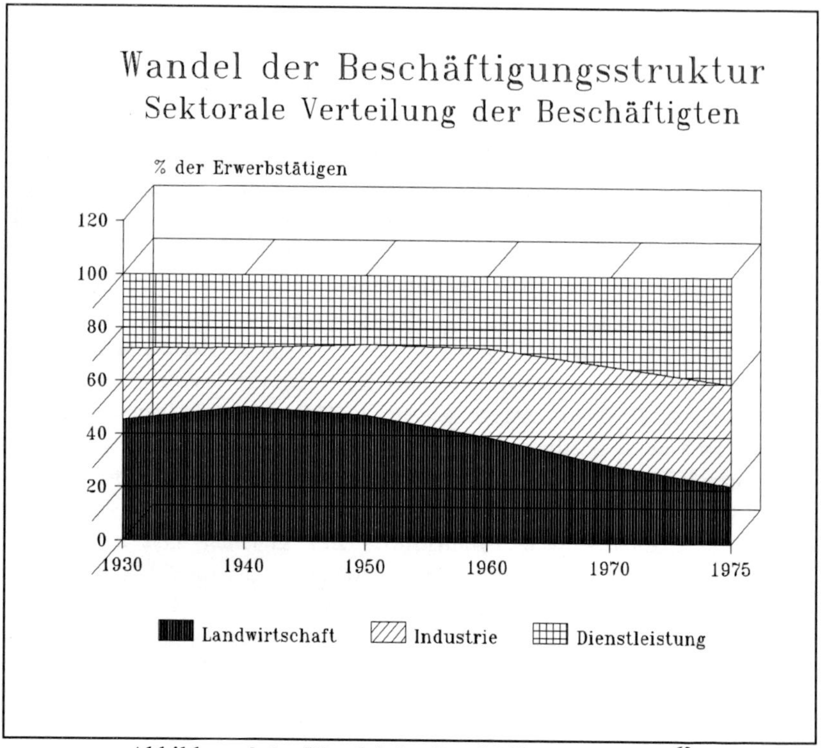

Abbildung 3.1 : Wandel der Beschäftigungsstruktur[63]

Nach dem Ende des Bürgerkriegs wuchs zunächst die Bedeutung des Agrarsektors. Zu Beginn der fünfziger Jahre war der Vorkriegsstand annähernd wieder erreicht. Mit dem Beginn der Entwicklungsphase ging eine enorme Verschiebung zuungunsten des landwirtschaftlichen Bereichs einher. Am Ende der Franco-Ära arbeitete noch etwa ein Fünftel der Erwerbstätigen in der Landwirtschaft, während es zu Beginn noch die Hälfte gewesen war. Legt man den Anteil der in der Landwirtschaft Beschäftigten als Indikator zugrunde, war Spanien innerhalb dieser Zeit vom "prä-industriellen" zum "industriellen" Land geworden[64].

---

63 Zahlen nach *Tamames* 1985, S.32.

64 Zu den Kategorien prä-, sub- und semi-industriell sowie industriell vgl. *FOESSA* 1972, S.49 f.

Ein wesentliches Merkmal des Entwicklungsprozesses war, daß die bereits vorher bestehenden regionalen Disparitäten bestehen blieben. Dies führte innerhalb Spaniens zu Migrationsbewegungen, die weit über die Migration ins Ausland hinausgingen. Von den sich entwickelnden Gebieten ging eine enorme Sogwirkung aus, während die agrarisch geprägten Gebiete deutliche Bevölkerungsabwanderungen erfuhren[65]. Viele Landarbeiter[66] verließen die ländlichen Teile Kastiliens, der Extremadura und Andalusiens und suchten vor allem in Madrid und Barcelona sowie - mit deutlichem Abstand - im Baskenland Beschäftigung in Industrie oder Dienstleistung. Die Bevölkerung Madrids beispielsweise wuchs demzufolge von 1951 bis 1960 um 35,3% und von 1961 bis 1970 um 45,5%[67]. Auf der anderen Seite führte die Landflucht, der *éxodo rural*, zur "Entvölkerung nahezu ganzer Regionen"[68]. Allein in den Jahren 1961 bis 1969 verließen mehr als drei Millionen Spanier die Gemeinden, in denen sie bisher gelebt hatten[69].

Die bereits seit der Jahrhundertwende zu beobachtende *Urbanisierung* beschleunigte sich in den sechziger und siebziger Jahren. Die folgende Grafik zeigt, daß insbesondere die großen Städte mit mehr als 100.000 Einwohnern schnell wuchsen, während Orte mit 2.000 und weniger Einwohnern immer mehr an Bedeutung verloren.

---

65 Zum folgenden vgl. *Rodríguez Osuna 1985*, S.93 ff., *Tuñón* 1990a, S.337 ff. und *Tamames* 1985, S.27 f.

66 "Der wirklich signifikative Wandel bestand in Spanien nicht so sehr darin, daß die Agrarbevölkerung zurückging, sondern darin, daß die Zahl der Landarbeiter deutlich sank." (FOESSA 1972, S.60)

67 *Bernecker* 1988, S.129.

68 *Tamames* 1985, S.28.

69 Vgl. *Tuñón* 1990a, S.337.

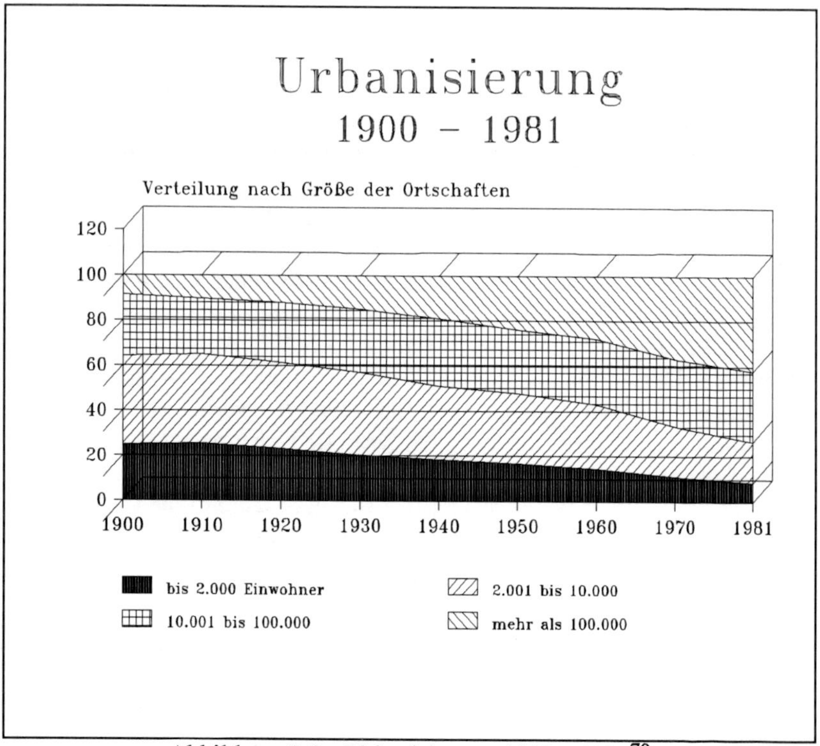

Abbildung 3.2 : Urbanisierung 1900 - 1981[70]

Wenn es gilt, städtische und ländliche Siedlungen zu unterscheiden, wird häufig die Grenze zwischen beiden bei einer Einwohnerzahl von 10.000 Menschen gezogen[71]. Lebte zu Beginn dieses Jahrhunderts etwa ein Drittel der spanischen Bevölkerung (32,2 %) in Städten, stieg die Urbanisierungs-

---

70 Angaben nach *Tezanos 1989b*, S.84, Zahlen für 1900 gerundet. Vgl. dazu auch *Klein* 1988, S.85 ff. Die Angaben für das Jahr 1981 gehen auf die Volkszählung zurück, die in diesem Jahr nach 11 Jahren wieder durchgeführt wurde.

71 Vgl. *Statistisches Bundesamt* 1991, S.31, *Klein* 1988, S.85 und *Tezanos 1989b*, S.85. *Flora* 1974 setzt in seiner historischen Datenübersicht den Grenzwert bei 20.000 Einwohnern an, um eine "größtmögliche historische und internationale Vergleichbarkeit" gewährleisten zu können (S.164).

rate bis zum Jahr 1981 auf fast drei Viertel (73,2 %)[72]. In den sechziger und siebziger Jahren stiegen die Zuwachsraten der Verstädterung, die seit der Jahrhundertwende drei bis sechs Prozent pro Dekade betragen hatten, auf zehn bzw. sieben Prozent[73].

Der *demographische Wandel* als Teil der Modernisierung entwickelte sich über einen längeren Zeitraum. Die durchschnittliche Lebenserwartung stieg seit der Jahrhundertwende von 35 Jahren auf 73 Jahre (1980)[74]. Dies ist nicht zuletzt darauf zurückzuführen, daß die Kindersterblichkeit im gleichen Zeitraum um 90% sank[75]. Die folgende Grafik zeigt die Entwicklung von Geburten und Sterbefällen sowie das sich aus deren Differenz ergebende Saldo seit der Jahrhundertwende, das dazu führte, daß sich die Einwohnerzahl in diesem Zeitraum verdoppelte.

---

72 Vgl. *Tezanos 1989b*, S.85 und *Klein* 1988, S.85.

73 Vgl. *Klein* 1988, S.85.

74 Vgl. *Arango* 1987, S.202.

75 Vgl. ebd., S.213.

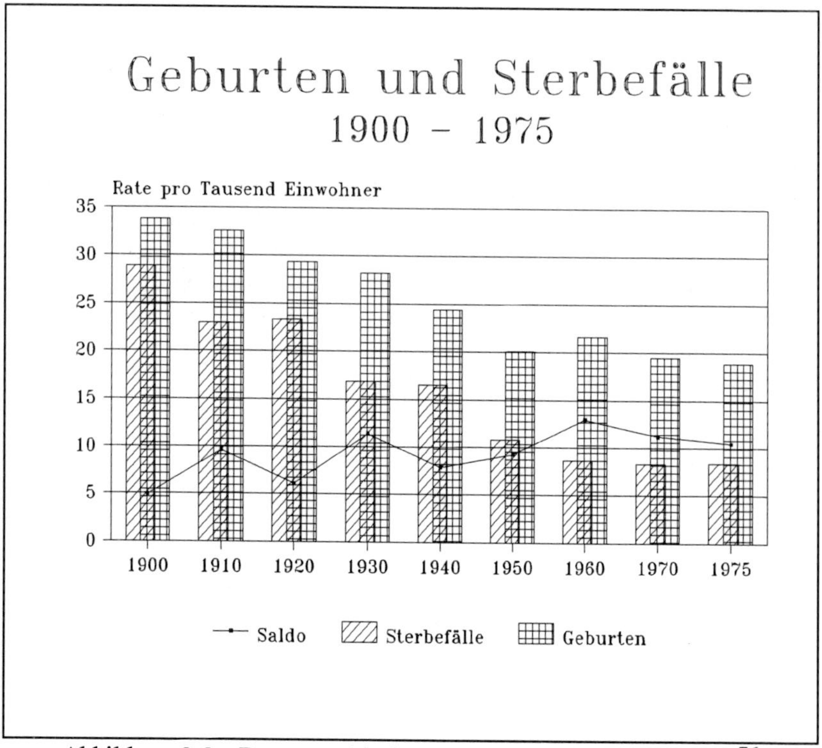

Abbildung 3.3 : Demographische Veränderungen 1900 bis 1975[76]

In Anbetracht dieser Veränderungen spricht *Arango* von einer "demographischen Revolution"[77], die Spanien im 20. Jahrhundert erfaßt habe. Die Bevölkerungsstruktur zu Beginn des Jahrhunderts wies mehr Ähnlichkeiten mit derjenigen des 17. oder 18.Jahrhunderts auf als mit der heutigen[78]. Hinsichtlich der Verlängerung der Lebenserwartung, der sinkenden Geburtenrate und der Zunahme des Anteils alter Menschen an der Gesamtbevölkerung schloß Spanien während der Entwicklungsphase zu den entwickelten Industrieländern auf[79].

---

76 Angaben nach *Tezanos 1989b*, S.71.

77 *Arango* 1987, S.201.

78 Ebd., S.203.

79 Detailliert dazu s. *Tezanos 1989b*, *Arango* 1987 und *Tamames* 1985, S.18 ff.

Gleichzeitig veränderte sich die Bildungssituation grundlegend. In den fünfziger Jahre war ein deutlicher Modernisierungsrückstand gegenüber den mitteleuropäischen Staaten zu beobachten. So lag der Anteil der Analphabeten an der Gesamtbevölkerung 1950 noch bei 17,3 %, während er zur gleichen Zeit in Ländern wie Deutschland, Frankreich oder den Benelux-Staaten zwischen einem und vier Prozent betrug[80]. Im Zusammenhang mit dem ersten Entwicklungsplan wurde eine Kampagne zur *Alphabetisierung* organisiert[81]. Die folgende Grafik zeigt den Rückgang des Anteils der Analphabeten an der spanischen Bevölkerung im Laufe dieses Jahrhunderts.

80 Vgl. *Flora* 1974, S.170.

81 Vgl. dazu *Schick-Wagner* 1975, S.21 f.

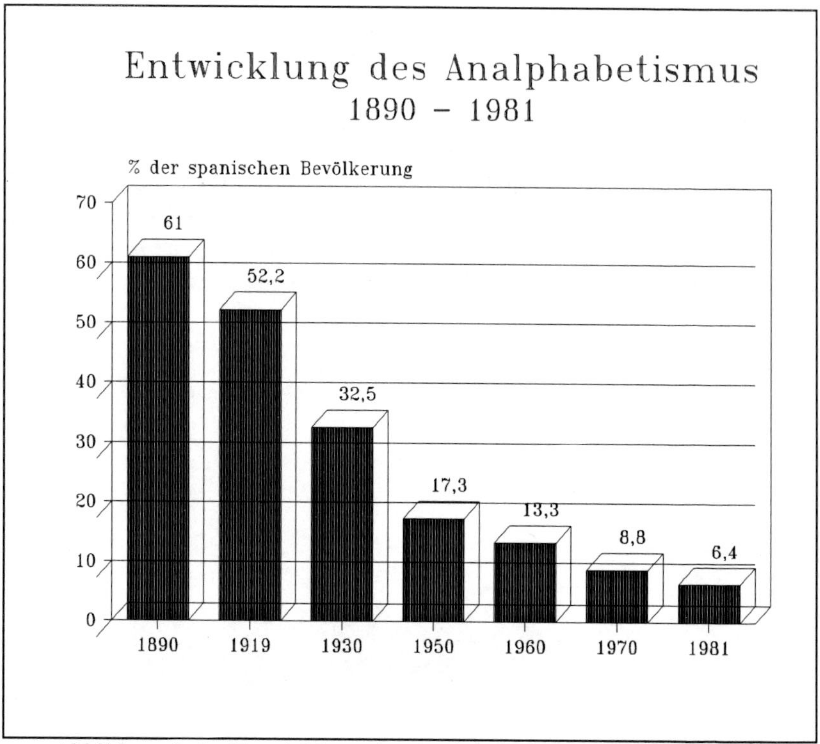

Abbildung 3.4 : Entwicklung des Analphabetismus 1890 bis 1981[82]

Die sich während der Entwicklungsphase verstärkenden Bildungsaktivitäten führten dazu, daß sich der Anteil des Bildungsetats am Staatshaushalt zwischen 1958 und 1975 mehr als verdoppelte[83]. Die Schulpflicht wurde verlängert und die Zahl der Studenten vervierfachte sich zwischen 1960 und 1975[84]. Eine längst überfällige[85] Neustrukturierung des Bildungswesens wurde allerdings erst mit dem Gesetz über die Bildungsreform (*Ley General*

---

82 Angaben nach *Flora* 1974, S.170, *Engell/López* 1981, S.50 und *Statistisches Bundesamt* 1988, S.28.

83 Er stieg von 8 % im Jahre 1958 auf 17,8 % 1975 (Vgl. *Gunter* 1980, S.50).

84 Vgl. dazu *Anuario* 1990, S.149.

85 Vgl. *Tamames* 1985, S.654 ff. und *Miclescu* 1982, S.12.

de Educación) von 1970 eingeleitet[86]. Dem Ausbau und der Modernisierung des Bildungswesens lag vor allem ein ökonomisches Kalkül zugrunde. Bildung wurde hauptsächlich als "Produktionsfaktor"[87] betrachtet.

Während der Entwicklungsphase fand also insgesamt ein radikaler Wandel der spanischen Gesellschaft statt, den *Gilmour* eine "nicht-politische Revolution"[88] genannt hat. "Der Immobilismus der ersten Nachkriegsjahre war mit dem wirtschaftlichen Aufschwung, den sozialen und demographischen Veränderungen, der stärkeren Durchlässigkeit der Grenzen für Menschen und Ideen einer zunehmenden Mobilisierung der Bevölkerung, einem bewußteren politischen und sozialen Auftreten gewichen."[89]

Dies führte aber nicht dazu, daß das Konfliktpotential geringer wurde, vielmehr nahm es auch im sozialen Leben Spaniens während der Entwicklungsphase zu. Dies zeigte schon die erste große Streikwelle, die 1962 die bedeutenden Industriezentren Spaniens erfaßte[90].

3.4 Die Entwicklung der Sozialpolitik

In der Geschichte sozialer Sicherung während der Franco-Zeit lassen sich zwei Etappen unterscheiden[91]. Anknüpfend an bereits bestehende Sicherungssysteme erfolgte zunächst eine schrittweise Erweiterung und Ausdehnung, allerdings auf ökonomisch niedrigem Niveau. Nach dem Beginn der Entwicklungsphase wurde das Gesamtsystem 1963 durch das Grundlagengesetz über Soziale Sicherheit (*Ley de Bases de Seguridad Social*) umgestaltet.

---

86 Vgl. dazu *Miclescu* 1991, S.272 ff., *Ullrich* 1987, S.59 ff. und den Überblick in Kapitel fünf.

87 *Miclescu* 1991, S.265.

88 *Gilmour* 1985, S.34, vgl. dazu auch ebd. S.34 ff.

89 *Bernecker* 1988, S.143.

90 Vgl. dazu *Bernecker* 1982, S.129 ff. und *Tuñón* 1990a, S.337 ff.

91 Zum folgenden s. *Alarcón/González* 1988, S. 41 ff. und *Perpiño* 1972, S.143 ff.

3.4.1 Die Aufbauphase bis 1963

In Artikel 10 des Grundgesetzes der Arbeit (*Fuero del Trabajo*) von 1938, das zusammen mit anderen Grundgesetzen die Verfassung des franquistischen Spaniens bildete[92], wurde der Aufbau eines umfassenden Systems sozialer Sicherung gefordert. Es sollte sowohl eine Altersversorgung wie auch Invalidenrenten, Mutterschutz, Arbeitsunfall- und Berufskrankheitenversicherung gewährleisten. Arbeitslosigkeit und Tuberkulose, für die in der Verfassung der Zweiten Republik von 1931 ebenfalls Versicherungen gefordert worden waren, tauchten in diesem Forderungskatalog zunächst nicht auf[93].

Prieto sieht im *Fuero de Trabajo* den Beginn eines stärkeren staatlichen Engagements in der Sozialpolitik[94]. Obwohl der sozialpolitische Forderungskatalog schon allein aufgrund der materiellen Bedingungen der Hungerjahre nach dem Bürgerkrieg zunächst konstitutionelle Rhetorik blieb, wurden in einigen Bereichen neue Instrumente sozialer Sicherung entwickelt.

Die Leistungen, die dabei erbracht wurden, lagen ökonomisch auf niedrigem Niveau. Ihre Höhe, wie auch die der Beiträge und die Gesamtstruktur sozialer Sicherung wurden von staatlicher Seite festgelegt, ohne daß den Arbeitnehmern eine Beteiligung an diesen Entscheidungen zugestanden wurde. Nur die Zwangsvereinigungen *Vertikale Syndikate* wurden an der Leitung und Verwaltung der Sicherungsinstitutionen beteiligt, doch gehörten sie vor allem zum Einflußbereich der *Falange*. *García Padilla* sieht die Sozialpolitik der ersten Jahre der Franco-Zeit durch staatlichen Paternalismus geprägt. Dieser sei erst später durch geplante Interventionen abgelöst worden[95].

In der politischen Struktur des Systems nahm das schon 1908 gegründete und mehrfach umgeformte Nationale Vorsorgeinstitut (*INP : Instituto Nacional de Previsión*)[96] eine zentrale Position ein. Es gehörte als eigen-

---

92 Einen Überblick über das Rechtssystem des Franquismus gibt in deutscher Sprache *Sánchez* 1975.

93 Vgl. *García Padilla* 1990, S. 407. Eine deutsche Übersetzung des Fuero del Trabajo in der 1967 zuletzt revidierten Fassung findet sich in *Bernecker* 1985, S. 38 ff.

94 Vgl. *Prieto* 1980, S.260.

95 Vgl. *García Padilla* 1990, S.402.

96 Zu seiner Geschichte vgl. den Überblick bei *Prieto* 1980, S.252 f.und *Martínez Quintero* 1990, S.254 ff.

ständiges Institut zum Arbeitsministerium (*Ministerio de Trabajo*) und war für einige Bereiche sozialer Sicherheit direkt zuständig, während es andere nur überwachte und koordinierte. In den direkten Zuständigkeitsbereich des *INP* fielen unter anderem die folgenden neu aufgebauten bzw. umgestalteten Versicherungszweige :

- Die Alters- und Invaliditätsrenten-Pflichtversicherung (*SOVI : Seguro Obligatorio de Vejez e Invalidez*) von 1947 sah erstmals eine Invalidenrente vor. Die dazu notwendige Versicherung wurde mit der 1939 umgestalteten Rentenversicherung zusammengeführt. Dieser Versicherungszweig wurde 1955 durch eine Hinterbliebenenrentenversicherung ergänzt.

  Die Unternehmer leisteten die Beiträge zu dieser Versicherung entsprechend den von ihnen gezahlten Löhnen. Die Beitragsfinanzierung wurde durch staatliche Zahlungen (aus den "*Fondos de bonificación*") ergänzt. Bestimmte Berufsgruppen (Hausangestellte, Beamte und Angestellte der öffentlichen Verwaltung) waren von dieser Versicherung ausgenommen. Die Renten, die aus dieser Versicherung bezahlt wurden[97], waren außerordentlich niedrig. So betrug die Alters- oder Invaliditätsrente noch im Jahre 1962 nur 400 Peseten, was einer Kaufkraft von etwa 100 DM in heutigen Preisen entspricht[98].
- Die Krankenpflichtversicherung (*Seguro Obligatorio de Enfermedad*) von 1942[99] sollte die medizinisch-pharmazeutische Versorgung wie auch die Lohnfortzahlung (in Höhe von 50% des Arbeitslohnes) im Krankheitsfall sicherstellen. Dazu wurden von Arbeitgebern wie Arbeitnehmern Beiträge erhoben, die durch staatliche Unterstützungen ergänzt wurden.

  Da die Versicherungspflicht auch außerhalb der staatlichen Krankenversicherung erfüllt werden konnte, entwickelte sich die staatliche Krankenversicherung zum Auffangbecken für diejenigen, die niedrige Löhne erhielten, während die einkommens- und beitragsstärkeren Gruppen vor allem in den privaten und genossenschaftlich organisierten Versicherun-

---

97 Bzw. bei entsprechender Anspruchsberechtigung noch werden.

98 Nach *García Padilla* 1990, S. 409 umgerechnet auf der Grundlage der Tabelle "Kaufkraft der Pesete 1942-1989" in *Anuario* 1990, S. 356 f.

99 Hierzu vgl. *Alberti* 1986, S.303 ff. und *Ordeig* 1972.

gen anzutreffen waren[100]. Andere Gruppen, wie etwa formell selbständige Arbeitnehmer, waren weder durch die staatliche noch durch die privaten Versicherungen abgesichert. 1950 waren nur 29% der Bevölkerung in der staatlichen Krankenversicherung versichert[101].

- Völlig neu eingeführt wurde 1945 eine Versicherung zur Familienunterstützung, die die seit 1938 bestehende staatliche Familienhilfe ergänzte. Während die Gesamtleistungen aus dieser Versicherung zwar beachtliche Höhen erreichten, war deren Verteilung sehr ungleich[102].

Neben diesen Zweigen der Sozialversicherung, die direkt staatlich verwaltet wurden, gab es Risiken, denen gegenüber zwar eine Versicherungspflicht bestand, die aber nur in nichtstaatlichen Versicherungen abgedeckt werden konnte.

Bei der Arbeitsunfallversicherung blieb das Regime "dem alten Prinzip der 'direkten Verantwortung des Arbeitgebers' treu"[103]. 1947 verpflichtete das Gesetz über die Arbeitsunfallversicherung alle Arbeitgeber in Industrie, Landwirtschaft und Schiffahrt zum Abschluß von Unfallversicherungen. Zu diesem Zweck wurden von Arbeitgeberseite Versicherungsgesellschaften (*Mutuas Patronales*) gegründet, die auf dem Prinzip gegenseitiger Risikoabsicherung basierten und mit denen an die aus dem mittelalterlichen Zunftwesen stammende Tradition des *Mutualismo*[104] angeknüpft wurde.

Wenige Monate vorher, im Januar 1947, war die Versicherungspflicht gegen Berufskrankheiten eingeführt worden. Die schon seit 1941 bestehende Silikose-Versicherung stand dabei Pate, die dort entwickelten Regeln wurden auf weitere Berufskrankheiten ausgeweitet[105]. Auch die Verwaltung dieser Versicherung lag in den Händen der *Mutuas Patronales*.

Eine Arbeitslosenversicherung wurde zunächst nicht eingeführt. Der 1931 von der Regierung *Manuel Azañas* gegründete Fonds gegen Arbeitslosigkeit (*Caja Nacional contra el Paro Forzoso*)[106] wurde aufgelöst. Im *Fuero del Trabajo* war 1938 das Recht auf Arbeit deklariert worden. Zur

---

100 Vgl. dazu *Alberti* 1986, S. 306, der auch detailliert die weitere Entwicklung der Krankenversicherung behandelt.

101 *Spanien-Lexikon* 1990, S. 382.

102 *Alarcón/Gonzalez* 1988, S.42.

103 *García Padilla* 1990, S. 408. Zur Struktur zu Beginn des Franquismus vgl. den Überblick bei *Barrachino* 1941, S.11 ff.

104 Vgl. dazu *Rumeu* 1981.

105 Vgl. dazu *García Padilla* 1990, S. 408.

106 Detailliert dazu *Benjumea* 1986, S. 375 ff.

Realisierung dieses Rechts bediente sich das Regime zunächst "traditioneller Lösungen"[107] wie Heranziehung zu öffentlichen Arbeiten und zum Wohnungsbau, Hilfen für Saisonarbeiter usw.. Zu diesem Zweck wurde innerhalb der *Vertikalen Syndikate* das "*Obra sindical Lucha contra el Paro*" und 1944 dann auf staatlicher Ebene der Nationale Rat zur Bekämpfung der Arbeitslosigkeit (*Junta Nacional del Paro*) gegründet. Erst 1961 wurde eine Nationale Arbeitslosenversicherung (*Seguro Nacional de Desempleo*) eingeführt, nachdem vorher nur Einzelmaßnahmen, etwa zur Linderung der Folgen von Mißernten, Elektrizitätsmangel oder Entlassungen aufgrund technischer Neuerungen das Bild bestimmt hatten[108].

Die späte Einführung der Arbeitslosenversicherung ist vermutlich auch darauf zurückzuführen, daß die Arbeitslosigkeit während der gesamten Franco-Zeit recht gering war[109]. "Die Kehrseite des Verbots freier Gewerkschaften und der faschistischen Unterdrückung jeglicher politischer Opposition war ein relativ weitgehender Kündigungsschutz für 'normale', also nicht-oppositionelle Arbeitnehmer."[110]

Neben der staatlichen Regulierung der Arbeitsbeziehungen war auch der Einfluß der in der Industrieholding INI (*Instituto Nacional de Industria*)[111] zusammengefaßten Staatsbetriebe ein wichtiger Faktor zur Begrenzung des Problems der Arbeitslosigkeit während des Franquismus. In der Entwicklungsphase schließlich entlastete die Arbeitsemigration den spanischen Arbeitsmarkt.

Schon in den vierziger Jahren wurde parallel zum hier skizzierten System von Pflichtversicherungen eine Vielzahl von Zusatzversicherungen entwickelt, was vor allem auf die "Unzulänglichkeiten der Sozialversicherung"[112] zurückzuführen ist. In der Namensgebung eines großen Teils dieser Zusatzversicherungen wurde auf eine Tradition der Arbeiterbewegung, die genossenschaftlichen Versicherungsvereine auf Gegenseitigkeit (*Mutualismo laboral*), Bezug genommen. Diese hatten sich in der Vergan-

---

107 *García Padilla* 1990, S. 409.

108 Vgl. dazu *Benjumea* 1986, S. 379 ff.

109 Die Arbeitslosenquote betrug, auch nachdem sie in den letzten Jahren des Franquismus angestiegen war, 1975, also im Todesjahr Francos, nur 3,78% (nach *Tamames* 1985, S. 32).

110 *Pries* 1991, S. 20.

111 Zur Staatsholding INI vgl. genauer *Biescas* 1990, S.34 ff.

112 *García Padilla* 1990, S. 406. Vgl. hierzu und zum folgenden auch *Tamames* 1985, S. 651.

genheit als Vorsorgeinstitutionen der Arbeiterbewegung entwickelt. Sie hatten dazu gedient, ein Mindestmaß an Versorgung in den Fällen sicher zu stellen, in denen durch Krankheit[113] aber auch durch politisch motivierte Entlassung und ähnliches der Lebensunterhalt gefährdet war[114].

Da eigenständige Organisationen der Arbeiterbewegung verboten waren, hatten diese Institutionen mit ihren Vorgängern der Vor-Franco-Zeit allerdings nur noch den Namen gemeinsam. Unter dem Oberbegriff des "*Mutualismo Laboral*" wurden verschiedene Versicherungsinstitutionen zusammengefaßt.

Die nichtstaatlichen Versicherungen durften bis zur Umgestaltung im Jahre 1963 gewinnorientiert arbeiten. Besonders lukrativ waren für private Versicherungen die Risiken Arbeitsunfälle und Berufskrankheiten[115].

3.4.2 Neustrukturierung und Expansion : Die Zeit ab 1963

Während der fünfziger Jahre war der Wirkungsbereich der verschiedenen Sozialversicherungszweige und damit auch ihr Finanzvolumen derart ausgeweitet worden, daß diese nicht mehr, wie bisher, überwiegend durch Beiträge von Arbeitnehmern und Arbeitgebern finanziert werden konnten. Gleichzeitig wies der staatliche Teil der Sozialversicherung große Mängel auf, die durch das Parallelsystem privater Versicherungen oder den *Mutualismo laboral* kompensiert werden mußten.

Nach einigen Vorstudien und heftigen Kontroversen trat 1963 das Grundlagengesetz für Soziale Sicherheit (*Ley de Bases de la Seguridad Social*) in Kraft, mit dem diese Probleme bewältigt werden sollten. Es leitete eine neue Etappe in der franquistischen Sozialpolitik ein.

In diesem Gesetz wurde dem *Mutualismo laboral* eine wichtige Rolle, vor allem in der Alters- und Invaliditätsversicherung, eingeräumt. Darüberhinaus markierte dieses Gesetz den Wandel vom Beitragsmodell der Sozialversicherung, in dem Leistungen von vorheriger Beitragszahlung abhängen,

---

113 Nach *Martínez Quintero* ist die Tatsache, daß der Aufbau der Sozialversicherung in Spanien nicht, wie in Deutschland, mit der Krankenversicherung begann, im wesentlichen darauf zurückzuführen, daß die Mutualidades diesen Bereich bereits abdeckten (Vgl. *Martínez Quintero* 1990, S.260).

114 Vgl. dazu *Trinidad* 1990, S.104 ff.

115 Vgl. *Tamames* 1985, S. 652.

hin zum, teilweise durch Steuern finanzierten, Universalismus, der Öffnung des Sicherungssystems für alle Bürger[116].

In der Planungsphase des Gesetzes war das geplante und später auch darin enthaltene Verbot der Gewinnorientierung besonders umstritten gewesen. Mit diesem Verbot wurden die privaten Gesellschaften verdrängt, die vor allem in der Versicherung gegen Arbeitsunfälle und Berufskrankheiten engagiert gewesen waren. An ihre Stelle trat der *Mutualismo laboral*, der in der Folgezeit den Status einer Körperschaft des Öffentlichen Rechts erhielt, und der durch die *Vertikalen Syndikate* mitverwaltet und staatlich kontrolliert wurde.

Mit dem Grundlagengesetz sollte unter anderem das zunehmend disparatere System der Versicherung verschiedener Berufsgruppen zusammengeführt und vereinheitlicht werden. Dies gelang jedoch nur zum Teil[117].

Insgesamt leitete das Gesetz einen tiefgreifenden Wandel im System sozialer Sicherung ein. Die Bürger erhielten unabhängig von Beitragszahlungen einen Anspruch auf Sozialleistungen, und der Staat verpflichtete sich zur Mitfinanzierung des Sicherungssystems. In den folgenden Jahren vervielfachten sich die Haushaltsmittel für die soziale Sicherheit. Gleichzeitig nahm der Anteil staatlicher Zahlungen deutlich zu. Die folgende Grafik verdeutlicht diese Entwicklung.

---

116 Zu ähnlichen, wenn auch früheren Entwicklungen in anderen europäischen Ländern vgl. *Alber* 1982, S.197.

117 Vgl. dazu *García Padilla* 1990, S. 411 ff.

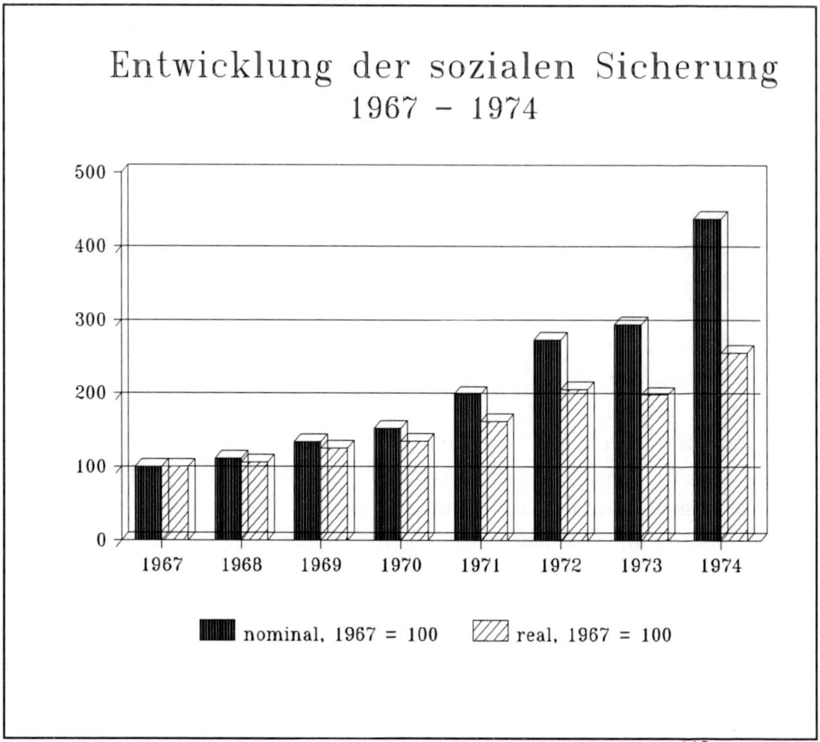

Abbildung 3.5 : Haushaltsmittel für soziale Sicherung[118]

Die 1963 begonnene Entwicklung kann nicht nur als Reform des unzulänglichen und zersplitterten Systems sozialer Sicherung verstanden werden, da sie darüber hinausging und nur im Kontext der gesellschaftlichen Modernisierung Spaniens erklärbar ist. Insbesondere der Zerfall traditioneller Unterstützungsnetze und die durch Landflucht, Industrialisierung und Wertewandel bewirkte Kumulierung von Konfliktpotential[119] erforderten neue und adäquate Reaktionsformen.

Darüberhinaus hatte schon nach dem Zweiten Weltkrieg in den kapitalistischen Industrieländern eine Neubestimmung von Sozialpolitik und staatlicher Intervention an Bedeutung gewonnen. Der staatlichen Haushalts- und

---

118 Angaben nach *García Padilla* 1990, S.415 ff., eigene Berechnung aufgrund der Tabelle in *Anuario* 1990, S.356 f.

119 Vgl. dazu *Bernecker* 1988, S.143 ff.

Finanzpolitik wuchs in diesem Zusammenhang ein größeres Gewicht zu. Die Umverteilung von Ressourcen durch Steuererhebung auf der einen und staatliche Unterstützungsleistungen auf der anderen Seite wurde zum wichtigen Instrument staatlicher Sozialpolitik. Die spanische Sozialpolitik folgte ab 1963 dieser Tendenz, auch wenn der Anteil staatlicher Finanzierung deutlich hinter dem der damaligen EG-Länder zurückblieb[120].

Zwar beanspruchten die Sozialausgaben einen wachsenden Teil des Staatshaushaltes[121], doch blieben die überhaupt verteilbaren staatlichen Haushaltsmittel während der gesamten Franco-Zeit sehr gering. So betrug noch im Jahre 1971 der Anteil der öffentlichen Mittel am Bruttosozialprodukt nur 20 %. Zieht man die Ausgaben für die Sozialversicherung ab, waren es sogar nur 12 %[122]. Zur gleichen Zeit betrugen die entsprechenden Anteile in der Bundesrepublik 34,5 % *mit* und 22,8 % *ohne* Sozialversicherung[123]. In einem historischen Vergleich Spaniens mit anderen europäischen Ländern hat *Tedde de Lorca* auf den Zusammenhang von relativ geringer Industrialisierung und geringem Anteil der Staatsausgaben in Spanien hingewiesen[124].

Die staatliche Finanzierung sozialer Sicherung ermöglicht prinzipiell eine vertikale Umverteilung von Teilen des Volkseinkommens. Für Umverteilungseffekte ist allerdings ein adäquates Steuersystem notwendig. Das spanische Steuersystem war traditionell durch den Vorrang indirekter gegenüber direkter Besteuerung bestimmt. Die direkte Besteuerung, insbesondere die Erhebung von Vermögens- und Einkommenssteuern, wurde zusätzlich häufig durch Steuerbetrug unterlaufen. Während der ersten Jahre des Franquismus versuchte das Regime diese Praxis durch wiederholte Mo-

---

120 Vgl. dazu die Angaben bei *Cruz u.a.* 1985, S.136.

121 Der Budgetanteil für Soziales (Transferleistungen an verschiedene Fonds, Haushalte des Arbeitsministeriums sowie der Generaldirektionen für Wohlfahrts- und Gesundheitspflege im Innenministerium) stieg von 3,8 % im Jahre 1953 auf 8,7 % 1975 (Vgl. *Gunter* 1980, S.50). Vgl. dazu auch die Übersicht bei *García Padilla* 1990, S. 418.

122 Vgl. *Gunter* 1980, S.48. Hierzu und zum folgenden s. auch *García Padilla* 1990, S. 413 ff., *Spanien-Lexikon* 1990, S. 246 ff., *López-Casero* 1975, S. 158 f., *Gunter* 1980, S.260 ff. und *Tamames* 1985, S. 610 ff.

123 Vgl. *Gunter* 1980, S.48.

124 Vgl. *Tedde* 1985, S.234 ff.

ratorien und Amnestien mit der Legalität in Einklang zu bringen[125]. Spätere Reformen (1957, 1964 und 1973) sollten den Anteil der indirekten Steuern reduzieren und die Erhebung der direkten Steuern sicherstellen.

Die generelle Linie der Entlastung einkommensstarker Gruppen zu Ungunsten ärmerer Bevölkerungsteile wurde dabei aber nicht grundlegend geändert. Auf die historischen und politischen Wurzeln dieser Steuerpolitik hat *Tamames* hingewiesen : "Nachdem in einem Bürgerkrieg die konservativste Partei triumphiert hatte, wäre es historisch nicht kohärent gewesen, wenn diese sich selbst einen größeren Steuerdruck als zuvor auferlegt hätte."[126] Obwohl insgesamt ein stärkeres finanzielles Engagement des Staates zu beobachten war, sind Ansätze zu der im Sozialstaatsmodell angelegten vertikalen Umverteilung von Ressourcen nicht erkennbar.

3.5 Sozialarbeit im Franquismus

Die ersten Jahre des Franquismus waren durch extreme Armut breiter Bevölkerungskreise gekennzeichnet. Auch die schrittweise eingeführten sozialen Sicherungen konnten allenfalls einen Grundsockel sozialer Absicherung unterhalb des Existenzminimums garantieren und dies auch nur für Teile der Bevölkerung. Der Rückgriff auf die 'klassischen' Instrumente der Armutspolitik : Kontrolle des Bettelwesens und Organisation von Almosen bzw. unentgeltlicher Hilfe, lag angesichts dieser Situation recht nahe. Während die Kontrolle des Bettelwesens Aufgabe der Kommunalverwaltungen war[127], wurden Almosen und ehrenamtliche Arbeit weniger von staatlichen Stellen als von nichtstaatlichen Wohlfahrtsträgern wie der Kirche oder parastaatlichen wie der *Falange* organisiert.

Der bis 1942 durchgeführte Sammeltag *Día del Plato único* (wohl vergleichbar dem 'Eintopftag' im nationalsozialistischen Deutschland) dürfte eines der wenigen Beispiele für staatliche Almosenmobilisierung sein. Ansonsten beschränkte sich der Staat zunächst darauf, nichtstaatliche Organisationen in ihren Aktivitäten zu unterstützen. Koordiniert wurden diese Aktivitäten mittels der, mit Unterbrechungen, seit dem Inkrafttreten des All-

---

125 Vgl. dazu *Biescas* 1990, S.41 f.

126 *Tamames* 1985, S. 613.

127 Zur Tradition städtischer Armenpflege und -polizei vgl. den Überblick bei *Carmona* 1986, S.70 ff.

gemeinen Wohlfahrtsgesetzes (*Ley General de Beneficencia*)[128] im Jahre 1849 bestehenden Wohlfahrtsausschüsse (*Juntas de Beneficencia*)[129], die auf nationaler sowie auf Provinz- und Kommunalebene bestanden. Ihnen wurde allerdings nur beratende Funktion zugestanden[130].

Zu der katholischen Kirche, dem traditionell bedeutendsten Wohlfahrtsträger, trat die *Falange*, die eine Reihe von Wohlfahrtseinrichtungen aufbaute[131].

Das spanische Rote Kreuz (*Cruz Roja*)[132] widmete sich nach dem Bürgerkrieg zunächst der Suche nach Vermißten, später der Flüchtlingshilfe und dann hauptsächlich dem Gesundheitsbereich.

Schon im Oktober 1939 wurde der spanische Blindenverband *ONCE* (*Organización Nacional de Ciegos Españoles*) gegründet[133]. Sein Ziel bestand darin, die Situation von Blinden durch den Verkauf von Lotterielosen zu verbessern, zum einen direkt, indem den (blinden) Losverkäufern eine bezahlte Arbeit vermittelt wurde, darüberhinaus aber auch indirekt, indem die Überschüsse aus den Lotterieeinnahmen zum Aufbau einer blindengerechten Infrastruktur (Heime, Werkstätten etc.) verwendet wurden. *Casado* betrachtet die *ONCE* trotz staatlicher Initiierung per Dekret als Selbsthilfeorganisation[134], doch stand der Beitritt zu dieser Organisation nur Parteigängern der Franco-Truppen, insbesondere Kriegsblinden, offen[135]. Das Regime rächte sich also auch hier an den Verlierern des Bürgerkriegs.

Die im November 1958 gegründete Nationale Invaliden Organisation (*Asociación Nacional de Inválidos Civiles*) sollte die zunehmend lukrativen Arbeitsansätze der *ONCE* für andere Gruppen von Behinderten kopieren, doch war dieser Organisation weitaus weniger Erfolg beschieden[136].

---

128 Vgl. dazu *Cabra* 1987, S.90.

129 Zu Aufgaben und Arbeitsweisen der *Juntas de Beneficencia* vgl. *Krause* 1986, S.272 f.

130 Vgl. *López Alonso* 1986a, S. 20.

131 Vgl. dazu unten.

132 Zum folgenden vgl. *Blanco* 1989, S.56 ff.

133 Zum folgenden vgl. *Lorenzo* 1988, *Gayoso* 1987 und *Casado* 1988, S.121. Einen Überblick in deutscher Sprache gibt das *Spanien-Lexikon* 1990, S.304 f.

134 *Casado* 1988, S.121.

135 *Spanien-Lexikon* 1990, S.304.

136 *Casado* 1988, S.121.

Innerhalb der zentralen Staatsverwaltung nahm das *Ministerio de Gobernación*, dem Aufsichts- und Koordinationsaufgaben übertragen wurden, eine Schlüsselstellung gegenüber den nichtstaatlichen Wohlfahrtsträgern ein. In der weiteren Entwicklung wurde auch die staatliche Unterstützung der verschiedenen Träger mittels aufgabengebundener Fonds vorwiegend über das *Ministerio de Gobernación* abgewickelt[137].

3.5.1 Das Obra de Auxilio Social und die Wohlfahrtspflege der Falange

Das Soziale Hilfswerk (*Obra Nacional de Auxilio Social*) wurde auf Initiative von *Falange*-Kräften hin 1936 im Herrschaftsbereich der nationalistischen Truppen gegründet[138]. Anfänglich wurden von ehrenamtlich arbeitenden Frauen Aufnahmeheime für Kriegswaise betrieben. Dazu kamen Notküchen als Teil der Kriegsflüchtlingshilfe. Von seiten der Putschtruppen wurde das *Obra* 1937 per Dekret anerkannt. Seine Zentrale befand sich zunächst in Vallodolid. Es sollte, so das Dekret, der "Verwirklichung des Programms der Falange" dienen[139]. 1940 wurde das *Obra* zu einer Institution Öffentlichen Rechts und unter staatlichen Schutz gestellt.

Der wichtigste Arbeitsbereich des Obra war zunächst das spanische Winterhilfswerk (*Auxilio de Invierno*), das hinsichtlich der Namensgebung, der Embleme, der Sammeldosen und im Organisationskonzept dem Winterhilfswerk des nationalsozialistischen Deutschlands nachempfunden war[140]. In diesem Bereich wurde hauptsächlich die Verpflegung von Kindern organisiert. In den 'Küchen der Brüderlichkeit' wurden Gerichte angeboten, die mit nach Hause genommen und dort verzehrt werden sollten, "um das Familienleben zu fördern"[141].

---

137 Zu den verschiedenen Fonds vgl. *Cabra/Cañon* 1987, S.85 und *Zaragozà* 1991, S.17.

138 Die Stifterin war die Witwe des in den ersten Bürgerkriegskämpfen gefallenen Fanlange-Ideologen Onésimo Redondo y Ortega (Vgl. dazu *Broué/Témime* 1982, S.571 u. 528).

139 Boletín Oficial del Estado vom 7.10.1937, zit. nach *Broué/Témime* 1982, S.571.

140 Vgl. *García Padilla* 1990, S. 431.

141 *Auxilio Social* 1940, S.49, zit. nach *Aleman* 1991, S.157.

Im Rahmen des *Servicio de Información Social*[142] wurden Hausbesuche bei Bedürftigen organisiert, um das, was dem Obra an Kleidung, Verpflegung und Medikamenten zur Verfügung stand, zu verteilen.

Der dritte Arbeitsbereich, die 'Abteilung zum Schutz von Mutter und Kind' (*Departamento de protección a la madre y al niño*), untergliederte sich in die medizinische Betreuung von Schwangeren, eine Abteilung für Ernährunghilfen für schwangere oder stillende Frauen und in den Bereich der Kinderheime[143] und Kindertagesstätten.

Mit den verschiedenen Arbeiten waren zunächst ehrenamtlich tätige Frauen beschäftigt. Als während des Krieges der Sozialdienst (*servicio social*) für Frauen eingeführt wurde, war das Hilfswerk diejenige Institution, die die meisten Frauen beschäftigte. Dieser Sozialdienst war "theoretisch (...) freiwillig; er wurde dennoch zur Dienstpflicht : fortan wurden zu Prüfungen jeder Art und zum öffentlichen Dienst nur Frauen zugelassen, die einen Sozialdienst von sechs Monaten (...) nachweisen konnten"[144]. Von den fast 300.000 Frauen, die 1941 diesen Dienst ableisteten, arbeiteten zwei Drittel im Hilfswerk[145]. Der Sozialdienst sollte die Frauen auf ihre spätere Tätigkeit als Mütter und Hausfrauen vorbereiten, sie aber auch in die Lage versetzen, im Bedarfsfall 'typische' Frauentätigkeiten wie Krankenpflege, Hauswirtschaft oder ähnliches zu übernehmen. Dies entsprach dem Frauenbild des franquistischen Spaniens, dem folgend man in allen Bereichen des gesellschaftlichen Lebens die Rückkehr zu traditionellen Mustern der Geschlechtsrollenverteilung und der Unterdrückung der Frau betrieb[146]. Eine Konsequenz daraus war, daß die Leitungspositionen des *Obra* überwiegend von Männern besetzt wurden[147].

Eine wichtige Ressourcenquelle des *Obra* waren die von Anfang an durchgeführten Sammlungen von Kleidern und Geld (Straßensammlungen, das Spendenabonnement '*ficha azul*' usw.). Große Bedeutung erhielt daneben aber der 1938 eingerichtete Wohlfahrtsfonds (*Fondo de Protección Benéfico Social*), der vor allem durch Luxussteuern (Restaurants, Stierkämpfe,

---

142 Hierzu und zum folgenden vgl. *Aleman* 1991, S.156 f.

143 Zur Heimerziehung in der Franco-Zeit vgl. den Überblick bei *Palacios* 1988.

144 *Broué/Témime* 1982, S.572.

145 Vgl. *Gallego* 1984, S.54 ff. und *García Padilla* 1990, S.434.

146 Vgl. den Überblick bei *Gallego* 1984 und *Kreis* 1991.

147 Vgl. *García Padilla* 1990, S.434.

Tabak etc.) finanziert wurde, und dessen Mittel zu großen Teilen dem Hilfswerk zufloßen[148].

Durch die staatliche Finanzierung, den in recht kurzer Zeit erreichten Umfang der Angebote und des Personalbestands[149] sowie durch die Vertretung im Obersten Wohlfahrtsausschuß (*Consejo Superior de Beneficencia y Obras Sociales*) erlangte das *Obra de Auxilio Social* in der Wohlfahrtspflege der Franco-Zeit eine zentrale Bedeutung. Zu Anfang hatte es auf seiten einiger *Falange*-Vertreter Pläne gegeben, dem *Obra* eine Monopolstellung im Wohlfahrtsbereich zu schaffen. Dies ließ sich ebensowenig realisieren wie die zunächst angestrebte Abgrenzung gegenüber der kirchlichen Wohlfahrtspflege, die in ihrer herkömmlichen Form als wenig effizient betrachtet wurde[150]. Allerdings läßt sich dies mehr auf die institutionelle Konkurrenzsituation als auf weitergehende weltanschauliche Differenzen zurückführen. So wurde das *Obra* sogar in eine Art 'Remissionierung' einbezogen. Seine Mitarbeiterinnen hatten die Aufgabe, die Klienten gegebenenfalls zur Taufe oder zur Heirat anzuhalten, falls diese im 'Stande der Sünde' lebten[151].

Die Bürokratisierung, die die Entwicklung der *Falange* insgesamt kennzeichnete[152], erfaßte auch das *Obra*. "Von Anfang an entwickelte man eine rigorose bürokratische Organisation von Abteilungen, Unterabteilungen, Karteien, Vorschriften usw.. Man wollte, und machte dies auch in öffentlichen Erklärungen deutlich, einen neuen Typ administrativer Effizienz schaffen."[153]

Im Laufe der Zeit veränderte sich das Aufgabenprofil des Obra. Vor allem während der fünfziger Jahre entwickelte sich der dritte Arbeitsbereich, die Abteilung 'Schutz für Mutter und Kind', zum Schwerpunkt seiner Arbeit[154]. *García Padilla* spricht in diesem Zusammenhang von einer Krise, in die das Hilfswerk geriet : "In dem Maße, in dem die Gesellschaft begann, das reine Subsistenzniveau zu verlassen, geriet das *Obra* trotz seiner

---

148 Vgl. dazu *Aleman* 1991, S.155 f.

149 Vgl. dazu die Übersicht bei *García Padilla* 1990, S.437, *Auxilio Social* 1940 und *Cantero* 1948, S.46 ff.

150 Vgl. *García Padilla* 1990, S.435.

151 Vgl. ebd., S.435 f.

152 Vgl. *Tusell* 1988, S.205 ff.

153 *García Padilla* 1990, S.433.

154 Vgl. dazu bspw. den Überblick bei *López Cano* 1967, S.91 ff.

Anstrengungen, dies zu verhindern, in eine Phase der Dekadenz."[155] Die Veränderung der Arbeitsschwerpunkte betrachtet er als Ausweg aus der Krisensituation.

1962 wurde das *Obra* aus der Nationalen Bewegung aus- und in die Generaldirektion für das Wohlfahrtswesen (*Dirección General de Beneficencia*) eingegliedert[156]. 1973 wurde es in '*Instituto Nacional de Auxilio Social*', kurze Zeit später in '*Instituto Nacional de Asistencia Social*' umbenannt.

Vázquez, ein Theoretiker der Wohlfahrtspflege aus dem Umkreis des *Opus Dei*, sieht im *Obra Nacional de Auxilio Social* einen Beweis dafür, wie wenig Interesse das Franco-Regime dem traditionellen Konzept der Wohlfahrtspflege gewidmet habe. Seiner Ansicht nach stellte es den Versuch dar, "ex novo ein System der Wohlfahrtspflege zu schaffen, das eng mit dem politischen Apparat der Nationalen Bewegung verbunden war"[157]. Im Laufe seiner Entwicklung habe es sich aber immer weiter von seinen ideologischen Ursprüngen entfernt und sei von einer "allmählichen Bürokratisierung"[158] erfaßt worden.

3.5.2 Die sozialpolitische Bedeutung der Kirche und die kirchliche Wohlfahrtspflege

Die katholische Kirche hat in der Geschichte Spaniens im allgemeinen sowie in der Wohlfahrtspflege im besonderen über Jahrhunderte hinweg eine zentrale Rolle gespielt.

Zur großen Bedeutung der Kirche gehörte ihre seit dem ausgehenden 15. Jahrhundert enge Verbindung zur staatlichen Gewalt[159]. Eine der Wurzeln dieser Verbindung lag in der *Reconquista*, der von 718 bis 1492 dauernden Vertreibung der Mauren aus Spanien. Die Lehre der Kirche bot die Begründung für diese Vertreibung. Ihre Klöster wurden zu strategischen Posten im neu eroberten Gebiet, zu Ausgangspunkten für die Neusiedler und waren zunächst die wichtigsten karitativen Einrichtungen[160].

---

155 *García Padilla* 1990, S.436.

156 Vgl. *Vázquez* 1991, S.48 f.

157 *Vázquez* 1991, S.48 f.

158 Ebd., S.48.

159 Vgl. dazu den Überblick bei *Lechner* 1975.

160 Vgl. *López Alonso* 1986b, S.50 ff.

Im Laufe der *Reconquista* bekam die Kirche umfangreiche Ländereien zugesprochen, die mit dem Rechtstitel der *Amortización* gegen Veräußerung und Parzellierung geschützt wurden[161]. Die Einkünfte aus dem kirchlichen Grundbesitz und aus Schenkungen, Stiftungen und Erbschaften[162] bildeten zusammen mit Almosen die finanzielle Grundlage für die kirchlichen Institutionen, die sich im Laufe der Zeit auch im Wohlfahrtsbereich weiter ausdifferenzierten (Hospitäler, Pilgerheime am Jakobsweg usw.)[163].

Bereits im letzten Jahrhundert zählte das Verhältnis von Kirche und Staat sowie der kirchliche Grundbesitz als Hemmnis für die wirtschaftliche Entwicklung des Landes zu den hauptsächlichen Konfliktthemen der spanischen Politik. So war insbesondere die *Desamortización* kirchlichen Grundbesitzes, also die Aufhebung des juristischen Sonderstatus' der *Amortización* und die Enteignung der Besitztümer, ein Konfliktthema[164]. Die Enteignung erstreckte sich, wenn sie durchgeführt wurde, auch auf kirchliche Hospitäler und Wohlfahrtseinrichtungen.

Mit der versuchten Zurückdrängung der Kirche verband sich ein wachsendes staatliches Engagement im Wohlfahrtsbereich. Hier führte eine Entwicklungslinie von den Ende des 18. Jahrhunderts gegründeten Wohlfahrtsausschüssen (*Juntas de Caridad*) über verschiedene Verordnungen in der ersten Hälfte des 19. Jahrhunderts bis zum Allgemeinen Wohlfahrtsgesetz (*Ley General de Beneficencia*) vom 20.Juni 1849[165], das bis in die Franco-Zeit in kraft blieb. In diesem Gesetz wurde die institutionelle Form der Ausschüsse aufgegriffen. Diese wurden auf zentralstaatlicher (*Junta General de Beneficencia*, ab 1908 *Junta Superior de Beneficencia*) sowie auf Provinz- und kommunaler Ebene etabliert. Das staatliche Engagement im Wohlfahrtsbereich teilte allerdings das Schicksal der Desamortisierungspolitik : Phasen liberaler Vorherrschaft, während denen man Kirchenbesitz enteignete und den staatlichen Einfluß auf die Wohlfahrtspflege ausbaute, wurden von Phasen abgelöst, während denen enteigneter Besitz zurückgegeben und die Wohlfahrtsausschüsse verboten wurden[166]. Insgesamt konnte die Kirche bis in die dreißiger Jahre dieses Jahrhunderts ihren

161 Vgl. dazu den Überblick bei *Bernecker* 1990b, S.18 f.

162 Vgl. dazu *Vázquez* 1991, S.21 ff.

163 Vgl. dazu *López Alonso* 1990, S.42 ff. und den Überblick bei *Maza* 1987, S. 249 ff.

164 Vgl. dazu *Bernecker* 1990a, S.71 ff.

165 Vgl. *Cabra* 1987, S.90.

166 Vgl. dazu *López Alonso* 1986a, S.20.

beherrschenden Einfluß im Wohlfahrtsbereich behalten, nicht zuletzt auch deshalb, weil "nur die Kirche über Personal verfügte, daß im Geschäft mit der Armut ausreichend qualifiziert war"[167].

Die Zweite Republik bestimmte in ihrer Verfassung von 1931, daß "der spanische Staat (...) keine offizielle Religion"[168] habe. Die staatliche Förderung der Kirche wurde dementsprechend eingestellt und man versuchte, den kirchlichen Einfluß, insbesondere auf das Wohlfahrts- und Bildungswesen, zu reduzieren. Allerdings waren "von der weltlichen Gesetzgebung der ersten Jahre der Republik (...) 1936 nur noch die formale Trennung von Kirche und Staat, das Ehescheidungsgesetz und das Verbot des Jesuitenordens übrig"[169].

Bereits kurz nach Beginn des Bürgerkriegs stellte sich die Spitze der Amtskirche an die Seite der putschenden Franco-Truppen und bezeichnete deren Kampf als 'Kreuzzug' (*Cruzada*) gegen den Atheismus[170]. Damit wurde an die Symbolik der *Reconquista* angeknüpft. Nach der Beendigung des Bürgerkriegs wurde die Kirche für ihr Engagement damit belohnt, daß sie ihre Privilegien und ihren Einfluß zurückerhielt. 1941 wurde die katholische Kirche im Grundgesetz *Fuero de los Españoles* zur Staatskirche, und im gleichen Jahr legten die spanischen Bischöfe einen Eid auf Franco ab.

Die schon 1937 begonnenen Verhandlungen zwischen Franco-Spanien und dem Vatikan fanden im Konkordat von 1953 ihren Abschluß[171]. Dessen Artikel 1 bestimmte : "Die katholische, apostolische, römische Religion bleibt weiterhin die einzige [Religion] der spanischen Nation und genießt die Rechte und Privilegien, die ihr gemäß göttlichem Gesetz und dem kanonischen Recht zustehen."[172] Im Konkordat wurden die Beziehungen zwischen Staat und Kirche ausführlich geregelt. Insbesondere die folgenden Aspekte sind dabei herauszuheben :

- Der katholische Charakter des spanischen Staates wurde gesetzlich verankert. Der Kirche wurde ein großer Einfluß auf die Regierungspolitik eingeräumt.

---

167 *Alvarez-Uría* 1986, S.125.

168 Zit. nach *Spanien-Lexikon* 1990, S.239.

169 *Broué/Témime* 1982, S.41 f. Vgl. auch *Madariaga* 1979, S.264 ff.

170 Vgl. dazu *Cuenca* 1985, S.66 ff., *Broué/Témime* 1982, S.550 ff.

171 Vgl. zum folgenden *Cuenca* 1985, S.115 ff., *Giménez* 1984, *Boetsch* 1985, S.145 ff., *Hermet* 1984, S.241ff. und *Bernecker* 1988, S.104 ff.

172 Zit. nach *Cárcel* 1979a, S.755.

- Der Kirche wurde juristische Eigenständigkeit zugesichert. Gleichzeitig wurde der Geltungsbereich des kanonischen Rechts auf den Bereich des Zivilrechts, dort insbesondere auf das Eherecht, ausgedehnt.
- Die im Rahmen des Konkordats von 1851 vereinbarten staatlichen Zuschüsse wurden weiterhin garantiert.

Die Kirche erhielt damit einen großen Einfluß auf das gesellschaftliche Leben bis hin zur Beteiligung an der Zensur aller Medien, eine relative Autonomie bei der Gestaltung ihrer inneren Belange und massive finanzielle Unterstützung.

Für das Regime besaß das Konkordat vor allem auch außenpolitische Bedeutung, da es zusammen mit dem einen Monat später abgeschlossenen Stützpunktabkommen mit den USA den Abschluß einer Phase darstellte, während der Spanien international isoliert gewesen war[173].

Innenpolitisch war für das Regime von Bedeutung, daß es gegenüber der fast vollständig katholischen Bevölkerung als Retter des Christentums dargestellt wurde. Wie die politischen Ereignisse während der Zweiten Republik und während des Bürgerkriegs gezeigt hatten, war der Einfluß der Amtskirche auf die Haltungen und das Verhalten der spanischen Bevölkerung zurückgegangen. Zusammen mit der Franco-Regierung machte man sich nach dem Bürgerkrieg daran, die "Rekonfessionalisierung"[174] Spaniens voranzutreiben. Der die erste Phase der Franco-Zeit prägende "Nationalkatholizismus war nicht so sehr eine theologische Richtung oder eine Doktrin als vielmehr ein Gemütszustand und ein Abschnitt in der Geschichte des spanischen Katholizismus"[175].

Giménez hat zum Konkordat von 1953 angemerkt, daß es eher an einem "*España ideal*" -im Sinne der nationalkatholischen Kirchenführung- als an einem "*España real*" orientiert gewesen sei, da "im Spanien des Jahres 1953 nicht die religiöse Einheitlichkeit und Uniformität existierte"[176], an der das Konkordat orientiert war.

Im Rahmen des Zweiten Vatikanischen Konzils (1962-1965) wurde unter anderem eine Neubestimmung des Verhältnisses von Kirche und Gesellschaft vorgenommen. Innerhalb der spanischen katholischen Kirche war es bereits vorher zu Konflikten zwischen Kirchenführung und Teilen der Basis

---

173 Vgl. dazu *Hermet* 1986, S.221 ff.

174 *Hermet* 1984, S.251.

175 *Tusell* 1988, S.183.

176 *Giménez* 1984, S.148.

gekommen[177]. So wurde der Kirchenführung vorgeworfen, daß sie die Veränderungen der spanischen Gesellschaft ignoriere, was sich am schwindenden Einfluß der Kirche auf die Arbeiterschaft wie auch auf akademisch gebildete Kreise ablesen lasse[178]. Die Reformansätze der Gesamtkirche machten sich insbesondere nach dem Konzil auch in Spanien bemerkbar und trugen zu einer Abschwächung der traditionalistischen Ausrichtung bei. In der Folgezeit entwickelte sich eine Reihe von Konflikten zwischen Kirche und Staat[179]. Bei Arbeitskonflikten und bei Auseinandersetzungen mit den Vertikalen Syndikaten gewannen insbesondere die 'Arbeiterbruderschaften der Katholischen Aktion' (*Hermandades Obreras de Acción Católica, HOAC*) an Bedeutung, die zu einem Sammelbecken oppositioneller Kräfte und damit zum Streitpunkt zwischen Regime und Kirchenführung wurde[180].

Hermet hat die Funktion der Kirche im Franquismus die eines "Volkstribuns"[181] genannt, da sie in Ermangelung eines demokratischen Parteiensystems parteiähnliche Funktionen übernommen habe. So habe sie zur Entwicklung politischer Programme, zur Rekrutierung politischer Führungsgruppen und zur politischen Bildung beigetragen. Waren die ersten Jahre des Franquismus durch kirchliche "Autonomie in der Interdependenz" gekennzeichnet, so suchte die Kirche vor allem in der nachkonziliären Zeit die "Autonomie in der Distanzierung"[182] zu sichern. Diese Veränderungen waren allerdings auch innerkirchlich von heftigen Konflikten begleitet. Es kann keineswegs von einer die gesamte Kirche problemlos erfassenden Umorientierung gesprochen werden. Insgesamt vertritt *Tusell* aber die Ansicht, daß "die spanische Kirche ihren Übergang zur Demokratie mindestens zehn Jahre vor der Politik und wahrscheinlich ein halbes Jahrzehnt vor der spanischen Gesellschaft" absolvierte[183].

Innerhalb der Wohlfahrtspflege war diese Umorientierung insbesondere in der Entwicklung des spanischen Caritasverbandes zu beobachten. Während das *Obra de Auxilio Social* in der Zeit des *Desarollismo* in eine Krise

---

177 Vgl. *Boetsch* 1985, S.147.

178 Zur Dekade 1950 bis 1960 vgl. *FOESSA* 1972, S.101 f.

179 Vgl. *Boetsch* 1985, S.146, *Lechner* 1975, S.124 ff. und *Cuenca* 1985, S.115 ff.

180 Vgl. dazu *Hermet* 1986, S.257 ff.

181 *Hermet* 1984, S.244. Vgl. dazu auch ebd., S.244 ff. und ähnlich *Bernecker* 1988, S.173 f.

182 *Hermet* 1984, S.258.

183 *Tusell* 1988, S.188.

geriet und seine Arbeit umstrukturieren mußte, entstand der spanische Caritasverband und entwickelte sich zu einem bestimmenden Faktor im Wohlfahrtsbereich[184].

Als seine Vorläufer waren in den vierziger Jahren die *Secretariados Nacionales de Caridad* entstanden, deren Hauptaufgabe in der Verteilung von Lebensmitteln und Kleidung bestand. 1944 begann man, landesweit Kurse für Mitarbeiter zu organisieren und die Spendenwerbung zu koordinieren. Die erste Landesversammlung der kirchlichen Wohlfahrtseinrichtungen im Jahre 1946 kann als Gründung des Caritasverbandes betrachtet werden, auch wenn der Zusammenschluß erst im Jahre 1953, entsprechend internationalen Übereinkünften katholischer Wohlfahrtsorganisationen, diesen Namen erhielt.

Während des ersten Jahrzehnts[185], genauer : von 1942 bis 1952, bestand die Aufgabe des entstehenden Verbandes in der Koordination bestehender Initiativen und Einrichtungen. Die Arbeit war insgesamt am traditionellen Wohltätigkeitskonzept orientiert und richtete sich an Bedürftige in extremen Notlagen. Während dieser Zeit wurden vor allem Kleidersammlungen und Schulspeisungen organisiert. Weitere Aktivitäten richteten sich an Bevölkerungsgruppen im In- und Ausland, die von Kriegs- und Nachkriegsfolgen besonders betroffen waren (Flüchtlingshilfe etc.).

In den Jahren 1953 bis 1956 kann ein deutlicher Entwicklungsschub in Richtung auf modernere Fürsorgekonzepte festgestellt werden. Der Verband begann eigene Zeitschriften und Dokumentationen herauszugeben und organisierte Ausbildungen in Kursen und Schulen für Wohlfahrtspflege. Gleichzeitig wurden erste Untersuchungen sozialer Probleme durchgeführt. Die Arbeitsbereiche wurden unter anderem auf die Wohnungsförderung ausgeweitet, doch blieben Arbeitsformen der Wohltätigkeit während der ganzen Geschichte des Caritasverbandes erhalten (Hilfen für die Opfer der Überschwemmungen im Norden Spaniens 1954 und in Valencia 1957 etc.).

Im Jahr 1957 wurde innerhalb des Verbandes eine Sozialabteilung (*Sección Social*) gegründet, deren Aufgabe nicht nur in der Verwaltung der verschiedenen Einrichtungen, sondern auch in der wissenschaftlichen Untersuchung der Arbeitsfelder und der Entwicklung von Aus- und Fortbildungskonzepten bestand.

---

184 Zum folgenden s. *García Padilla* 1990, S.442 ff. und *Linares* 1986.

185 Die folgende Darstellung nach Entwicklungsstufen folgt *Linares* 1986, S.357 ff.

Besondere Bedeutung erhielt die 1965 unter anderem auf Initiative des Caritas-Verbandes hin gegründete Stiftung für die Förderung von Sozialstudien und angewandter Soziologie (*Fundación para el Fomento de los Estudios Sociales y de la Sociología Aplicada, FOESSA*)[186]. Neben der Grundlagenforschung bestand eine Aufgabe der *FOESSA* darin, die Veränderungen, denen Spanien während der Entwicklungsphase unterworfen wurde, zu untersuchen. Dazu wurden Einzeluntersuchungen, so etwa 1968 über 'Erwünschte und unerwünschte Effekte des spanischen Entwicklungsprozesses'[187], und mehrere breit angelegte Berichte angefertigt[188]. Das Ziel dieser Untersuchungen brachten die Autoren der Zweiten Großuntersuchung (1970) deutlich zum Ausdruck : "Unsere Hoffnung ist, daß andere -jene, die Entscheidungen treffen oder beeinflussen- in der Auseinandersetzung mit den Daten, die wir hier ausgearbeitet haben, die notwendigen sozialen Veränderungen in Gang setzen"[189]. Das fünfte Kapitel dieses Berichts, das verschiedene Aspekte des politischen Lebens zum Inhalt hatte, war von den franquistischen Behörden zensiert worden[190].

Wie schon in der 1965 im Auftrag des Caritasverbandes angefertigten Untersuchung über Armut und soziale Ungleichheit[191] standen auch bei den *FOESSA*-Untersuchungen die sozialen Folgen des Modernisierungsprozesses im Vordergrund. *Tezanos* hat die Entstehung dieser Untersuchungen wie auch das generelle "Revival der Soziologie in Spanien" in den Kontext der mit der Entwicklungsphase verbundenen Öffnung gestellt[192].

Parallel zum Eindringen sozialwissenschaftlicher Ansätze in die Arbeit des Caritasverbandes begann man eigene Zeitschriften, Buchreihen und Dokumentationen herauszugeben. Die Zeitschrift '*Documentación Social*' avancierte zu einem der wichtigsten Sprachrohre und Kommunikationsorgane während der Franco-Zeit.

---

186 Vgl. hierzu und zum folgenden *Spanien-Lexikon* 1990, S.195 f., *FOESSA* 1972, S.13 ff., *Moreno* 1990, S.91 f. und *Giner* 1990, S.59 f.

187 Vgl. *Moreno* 1990, S.91 f.

188 Vgl. *FOESSA* 1966, *FOESSA* 1970, *FOESSA* 1972.

189 *FOESSA* 1972, S.20.

190 Vgl. *Moreno* 1990, S.92. Zur Zensur sozialwissenschaftlicher Untersuchungen vgl. auch *Giner* 1990, S.60.

191 Vgl. *Cáritas* 1965.

192 *Tezanos* 1990, S.152.

Neben der Fortentwicklung der schon vorher bestehenden Ehrenamtlichen- und Sozialhelferschulungen wurden Fachschulen für Fürsorger und Fürsorgerinnen (*Escuelas de Asistentes Sociales*) eingerichtet[193].

Insgesamt war die Entwicklung der Caritas-Arbeit durch folgende Aspekte gekennzeichnet :

- Traditionelle Formen wie Spendensammlung und ehrenamtliche Hilfe wurden ergänzt durch professionelle Arbeitsweisen, die insbesondere durch Aus- und Weiterbildung, sozialwissenschaftliche Planung und Begleitung sowie durch gezielte Öffentlichkeitsarbeit (im Rahmen der Möglichkeiten) vorangetrieben wurden.
- Daher konnte die Caritas recht flexibel auf neue Problemlagen reagieren[194]. So führte die Landflucht im Zuge der Modernisierung zu einem enormen Anwachsen der großstädtischen Ballungsräume auf der einen und zur Verödung ländlicher Regionen auf der anderen Seite. Bezogen auf die Neubaugebiete der Großstädte bestand ein wichtiger Teil der Caritas-Arbeit in der Organisation von Nachbarschaftsgruppen, die sich gegen die infrastrukturellen Mängel der neuen Wohngebiete[195] zur Wehr setzten. In den ländlichen Regionen sollten spezielle Förder- und Bildungsprogramme der sozialen und kulturellen Austrocknung entgegenwirken.
- Gerade an diesen Reaktionen auf neue Problemlagen läßt sich zeigen, daß die neue Qualität der Caritas-Arbeit nicht nur darin bestand, professionellere Konzepte zu entwickeln, sondern daß sich auch in Teilen der ehrenamtlichen Tätigkeit, vor allem in der Stadtteilarbeit, eine Erweiterung des traditionellen Ansatzes 'Individuelle Hilfen durch Ehrenamtliche' auf ein politisches Selbstverständnis und Engagement hin feststellen läßt. Dies entspricht im sozialpolitischen Bereich der Funktion des "Volkstribuns", die *Hermet* der Kirche insgesamt für die Franco-Zeit zuschreibt.

Wie hinsichtlich anderer wichtiger Aspekte auch fehlt es an Untersuchungen über die innere Entwicklung der Caritas. Insgesamt konnte die Kirche, vor

---

193 Vgl. hierzu *Rimbau/Rossell* 1986, S.451 f., *Estruch/Güell* 1976, S.43 ff., *Alonso* u.a. 1991, S.94 ff., *Llovet/Usieto* 1990, S.51 f. und unten (Kapitel fünf).

194 Einen chronologisch geordneten Gesamtüberblick über die Entwicklung der Arbeitsfelder gibt *Linares* 1986, S.340 ff.

195 Zur Stadtentwicklung und den infrastrukturellen Mängeln in Barcelona vgl. Naylon 1984.

allem durch die Arbeit der Caritas, bis zum Ende der Franco-Zeit ihre zentrale Stellung im Wohlfahrtswesen sichern und ausbauen.

4. Sozialpolitik und Sozialarbeit von 1975 bis 1989

4.1 Der Übergang zur Demokratie

Mit dem Tod Francos im Jahre 1975 begann der '*Transición*' genannte Übergang zur Demokratie, dessen Abschluß die Verfassung von 1978 bildete. Dieser Prozeß hat international vor allem deshalb breite Beachtung gefunden, weil er ein historisch seltenes Beispiel für das friedliche Ableben einer Diktatur darstellt[1].

Dies war vor allem deshalb möglich, weil die Umgestaltung über weite Strecken von einem breiten Kompromiß zwischen reformbereiten Vertretern des franquistischen Regimes und oppositionellen Gruppen getragen wurde. Für die Anfangszeit der *Transición* kann man insofern von einem "sanften Harakiri"[2] der Diktatur sprechen, als Teile der herrschenden Elite selbst die allmähliche Demokratisierung in Gang setzten und dazu die nach der franquistischen Gesetzeslage legalen Instrumente benutzten. So wurde ein offener Bruch vermieden.

Denjenigen, die für die Erhaltung der Diktatur eintraten, wurde die Akzeptanz der *Transición* zusätzlich dadurch erleichtert, daß König Juan Carlos, der Nachfolger Francos, die Reformbestrebungen unterstützte und als Integrationsfigur wirken konnte[3]. Die oppositionellen Gruppen, die für einen Bruch mit dem Franquismus gekämpft hatten, wurden in den Transformationsprozeß zunehmend eingebunden. Die Reformkräfte des alten Regimes "erreichten (...) eine Verknüpfung der Begriffe Legalität, Kontinuität, Reform, Versöhnung und friedlicher Dialog, während den Oppositionskräften, die den Bruch mit dem alten Regime forderten und mit einem moralischen Legitimitätsvorsprung in die Auseinandersetzung um die inhaltliche Ausgestaltung der Demokratie gingen, Begriffe wie Chaos, gewaltsame

---

1 *Blas* 1989 gibt einen Überblick über Untersuchungen der Transición.

2 *Mauersberger* 1989.

3 Vgl. bezogen auf das Militär *Boyd/Boyden* 1985, S.101 ff.

Konfrontation, Unsicherheit etc. zugeschoben werden konnten"[4]. Allerdings trug auch der Wunsch, es nicht wieder zu einer dem Bürgerkrieg vergleichbaren tiefen Spaltung der spanischen Gesellschaft kommen zu lassen, zur Kompromißbereitschaft der Mehrzahl der politischen Akteure bei. Das Wort "Konsens" avancierte zum Schlüsselbegriff der *Transición*.

In den letzten Jahren wurde der spanische Demokratisierungsprozeß häufig als Vorbild für osteuropäische und lateinamerikanische Länder genannt[5]. Dabei ist allerdings die spezifische Mischung von Kontinuität und Bruch in der spanischen *Transición* zu berücksichtigen.

In *politischer* Hinsicht fand ein deutlicher wenn auch nicht allzu jäher Bruch statt. Parteien und Gewerkschaften wurden wieder zugelassen, politische Gefangene amnestiert, die Medienzensur wurde beendet und es fanden Referenden und freie Wahlen statt.

Andererseits wurden die Eigentumsverhältnisse und ökonomischen Strukturen nicht verändert[6], obwohl dies als Element einer umfassenden Demokratisierung von großen Teilen der antifranquistischen Opposition gefordert worden war, so *Sergio Vilar*, der in einem Überblick über die antifranquistische Opposition Ende der sechziger Jahre noch konstatierte : "Unter den objektiven Bedingungen Spaniens ist der Kampf um Demokratie meist gleichbedeutend mit Kampf für den Sozialismus."[7]

In der Justiz oder im Staatsapparat wurden keine personellen Um- oder Neubesetzungen vorgenommen. Die Institutionen des *Movimiento* und der Vertikalen Syndikate wurden verstaatlicht, die Beschäftigten waren nun Staatsbedienstete[8].

Während der *Transición* wurde also vor allem das politische System umgestaltet, während die gegenwärtigen Umwälzungen in den ehemals sozialistischen Ländern sowohl deren politisches als auch das wirtschaftliche und soziale Leben betreffen.

---

4 *Köhler* 1987, S.135.

5 Vgl. *Mauersberger* 1989. *Harsány* 1990 hat Unterschiede und Parallelen im spanischen und ungarischen Demokratisierungsprozeß herausgearbeitet.

6 Die ökonomische Kontinuität betont unter anderem *Lancaster* 1985.

7 *Vilar* 1971, S.65.

8 Dies gilt auch für den Wohlfahrtsbereich. Vgl. dazu unten S.112ff.

4.2 Dimensionen der Modernisierung Spaniens seit dem Übergang zur Demokratie

Mit dem Übergang zur Demokratie beschleunigte sich die Annäherung an die EG-Länder, die 1986 in den Beitritt Spaniens mündete. In wirtschaftlicher Hinsicht war insbesondere das wachsende Gewicht der Dienstleistungen von Bedeutung. Die folgende Grafik zeigt die Verteilung der Beschäftigten auf die verschiedenen Wirtschaftssektoren von 1975 bis 1987.

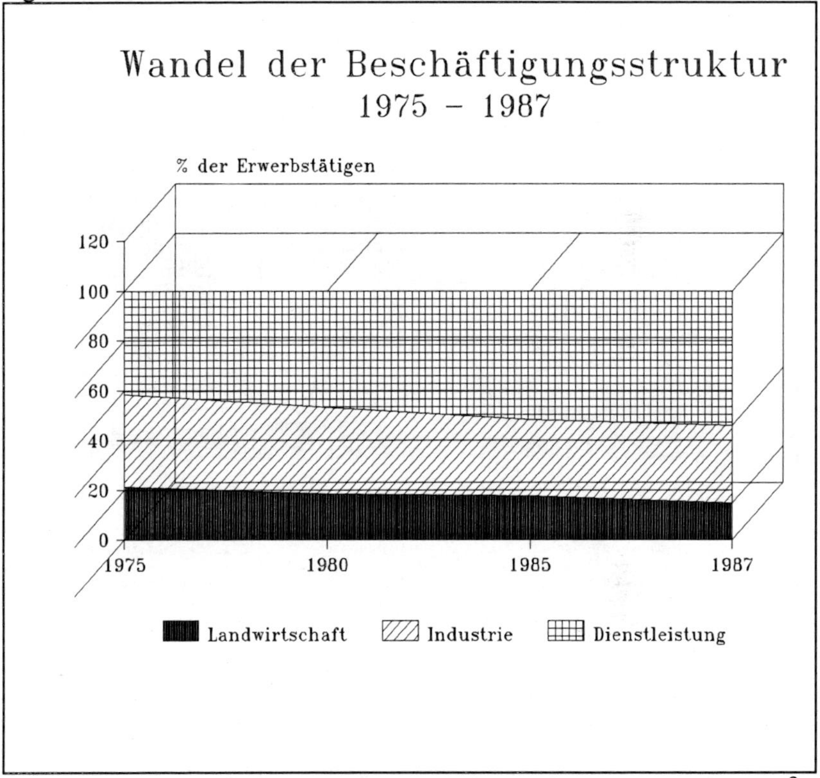

Abbildung 4.1 : Verteilung der Erwerbstätigen auf Sektoren 1975 - 1987[9]

Die Zahl der Erwerbstätigen im Agrarbereich nahm auch nach dem Übergang zur Demokratie kontinuierlich ab. Das relative Gewicht der Beschäftigung im industriellen Bereich verringerte sich ebenfalls, wenn auch nicht

9 Angaben nach *Brettschneider u.a.* 1992, S.501.

im gleichen Maße wie die Arbeit in der Landwirtschaft. Der größte Teil der heute Beschäftigten arbeitet im Dienstleistungssektor.

In den meisten anderen EG-Ländern ist dieser Anteil höher, während derjenige von industriell oder agrarisch Beschäftigten dort niedriger ist. Die folgende Grafik zeigt allerdings, wie deutlich sich Spanien seit 1950 dem Durchschnitt der Länder angenähert hat, die heute Mitglieder der EG sind.

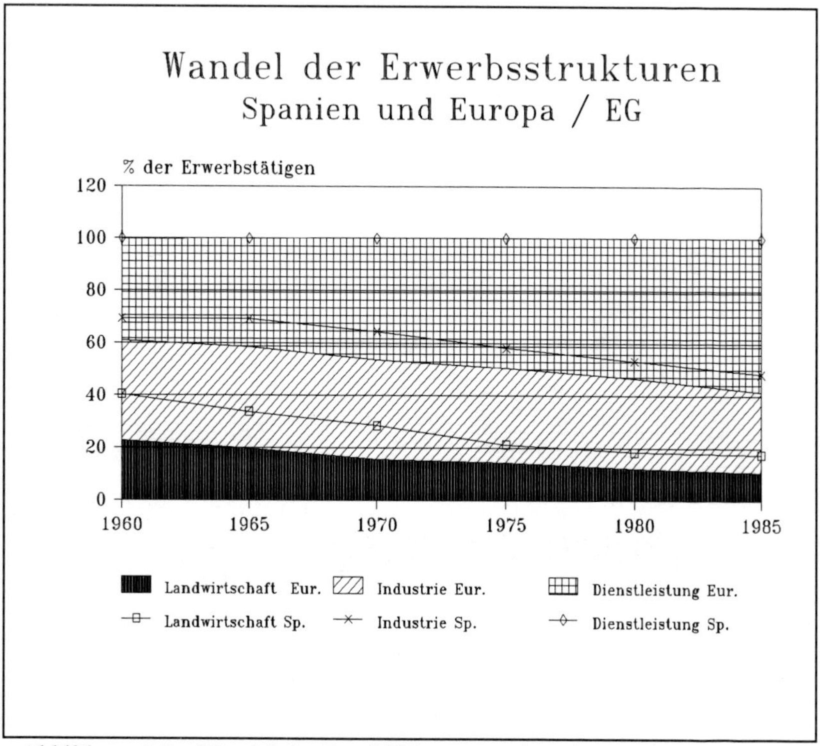

Abbildung 4.2 : Wandel der Beschäftigungsstruktur in Spanien und in den 12 EG-Staaten 1950 - 1987[10]

Die Verteilung der Beschäftigten auf die verschiedenen Sektoren ist *ein* Indikator, der die Veränderungen der spanischen Gesellschaft in den letzten Jahrzehnten und ihre strukturelle Annäherung an die entwickelten Industriestaaten Europas deutlich werden läßt. Die wesentlichen sozialstrukturellen

---

10 Angaben nach *Brettschneider u.a.* 1992, S.500 f.

Veränderungen, die mit diesen Prozessen verbunden waren, hat *Tezanos* zusammengefaßt[11] :

- Die Zahl der landwirtschaftlich Beschäftigten hat sich deutlich verringert. Dabei nahm die Zahl der Landarbeiter stärker als die der selbständigen Landwirte ab[12].
- "Zum ersten Mal in der Geschichte Spaniens gibt es aufgrund des Industrialisierungsprozesses eine große Industriearbeiterklasse, die praktisch im ganzen Land vorzufinden ist."[13] *Tezanos* betont, daß innerhalb dieser Arbeiterklasse die Anteile qualifizierter Arbeitskräfte gegenüber angelernten zunehmen[14]. *Navarro* spricht in diesem Zusammenhang von einer deutlichen "inneren Differenzierung"[15] der Arbeiterklasse aufgrund unterschiedlicher Qualifikationsniveaus, Einkommen und Lebensstile.
- Während die Bedeutung der alten Mittelschichten immer mehr abnimmt, wächst der Prozentsatz derjenigen, die im kaufmännischen oder technischen Verwaltungsbereich beschäftigt sind. Den Anteil der neuen Mittelschichten an der Gesamtzahl der Beschäftigten beziffert *Tezanos* mit 24,3 %[16].

Insgesamt beobachtet *Tezanos* eine "Tertiarisierung"[17] der spanischen Gesellschaft, also eine Strukturveränderung hin zu dem, was 'Dienstleistungsgesellschaft' oder 'fortgeschrittene Industriegesellschaft'[18] genannt wird.

Die Verstädterung der spanischen Gesellschaft, die sich bereits während der Entwicklungsphase in der Franco-Zeit beschleunigt hatte, setzte sich auch nach dem Übergang zur Demokratie fort.

---

11 Zum folgenden vgl. *Tezanos* 1989b, S.90 ff.

12 Vgl. ebd., S.91. Vgl. dazu auch *Navarro* 1992, S.655 ff.

13 Tezanos 1989b, S.92. Vgl. dazu auch *Navarro* 1992, S.666.

14 Vgl. Tezanos 1989b, S.92. Vgl. dazu auch *Navarro* 1992, S.666.

15 Ebd.

16 Vgl. Tezanos 1989b, S.92 ff.

17 Ebd., S.94.

18 Zum Begriff der "fortgeschrittenen Industriegesellschaft" vgl. *Hradil* 1992b, S.53 f.

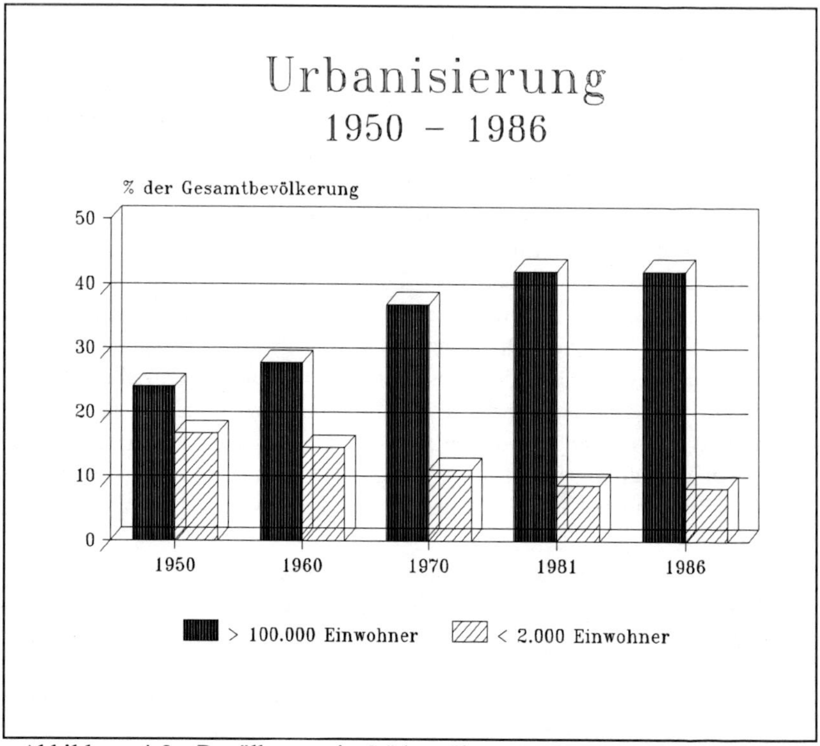

Abbildung 4.3 : Bevölkerung in Städten über 100.000 bzw. in Gemeinden mit weniger als 2.000 Einwohnern 1950 - 1986[19]

Die Verstädterung hatte vor allem während der Entwicklungsphase deutlich zugenommen[20]. Auch nach 1975 waren erhebliche Wanderungsbewegungen zu beobachten. Während die Ausgangs- und die Zielgebiete dieser Wanderungen aber bis dahin recht klar unterschieden werden konnten, läßt sich für die Zeit nach 1975 von einer "größeren Komplexität und Heterogenität"[21] sprechen. Katalonien, Madrid, Valencia und das Baskenland waren bis Mitte der siebziger Jahre die Gebiete mit den höchsten Raten an Zuwanderern. Andalusien, Extremadura, Galicien, Murcia, Kastilien-La Mancha und Kastilien-León waren demgegenüber die Regionen, aus denen haupt-

19 Angaben nach *Brettschneider u.a.* 1992, S.496.

20 Vgl. dazu Kapitel drei.

21 *Tezanos* 1989b, S.83. Vgl. zum folgenden ebd., S.80 ff.

sächlich weggezogen wurde. Seit der zweiten Hälfte der siebziger Jahre büßten insbesondere Katalonien und das Baskenland an Anziehungskraft ein, während sich die Situation in den agrarischen Gegenden zum Teil stabilisierte. Die Richtungen der Wanderungsbewegungen wurden vielfältiger, die zurückgelegten Entfernungen kürzer. Sie lassen sich nicht mehr, wie in der Vergangenheit, als Landflucht hin zu den industrialisierten Zentren beschreiben.

Tezanos hat darauf hingewiesen, daß der Begriff 'Urbanisierung' eine doppelte Bedeutung habe. Mit ihm werde die räumliche Konzentration der Bevölkerung an bestimmten Punkten, aber auch die "Verbreitung städtischer Kultur"[22] bezeichnet. In dieser doppelten Hinsicht habe die Stadt in Spanien "die Hegemonie in den neuen sozialen Systemen"[23] erlangt.

In *demographischer* Hinsicht stellte der Rückgang der Geburten die deutlichste Veränderung in der Zeit ab 1975 dar. Die folgende Grafik zeigt die Entwicklung von Geburten, Sterbefällen und die sich daraus ergebenden Saldi.

22 *Tezanos* 1989b, S.85.

23 Ebd.

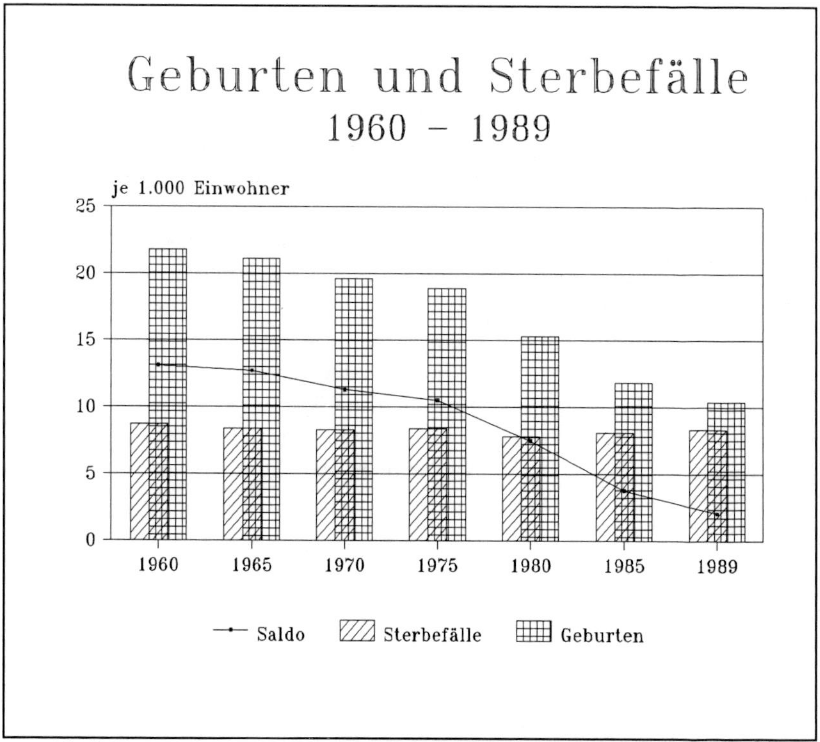

Abbildung 4.4 : Geburten, Sterbefälle und deren Saldi 1960 - 1989[24]

Der Rückgang der Sterbefälle wie auch der Geburten führte dazu, daß Spanien sich hinsichtlich des Altersaufbaus seiner Bevölkerung[25] zunehmend der Struktur entwickelter Industriestaaten annäherte. *Tezanos* hat darauf hingewiesen, daß die Verspätung des demographischen Übergangs in Spanien "nicht nur auf sozio-ökonomische Faktoren, sondern auch auf politische und religiöse Faktoren" zurückzuführen sei[26]. Er erwähnt in diesem Zusammenhang insbesondere die franquistische Politik der Geburtenförderung und die damit verbundene Verhinderung der Verbreitung von Methoden und Mitteln zur Geburtenkontrolle sowie den Einfluß religiöser Vorur-

---

24 Angaben nach *Brettschneider u.a. 1992*, S.484 f. und *Navarro* 1992, S.642.

25 Vgl. dazu die Übersicht in *Tezanos* 1989b, S.72 f.

26 Ebd., S.74.

teile. Der deutliche Rückgang der Geburten nach dem Ende der Franco-Zeit spricht für diese Aussage.

Insgesamt setzte sich die während der Entwicklungsphase zu beobachtende Modernisierung Spaniens und seine strukturelle Annäherung an die Industriestaaten Westeuropas auch nach 1975 fort.

4.3 Die Entwicklung der Sozialpolitik seit 1975

4.3.1 Die sozialpolitische Bedeutung der Verfassung von 1978

Die neue Verfassung[27] trat im Dezember 1978 in Kraft, nachdem eine breite Mehrheit der Bevölkerung sie in einem Referendum gebilligt hatte. Zentrale Bestimmungen der bis dahin formal geltenden franquistischen Verfassungsgesetze (*Fuero de los Españoles* usw.) waren schon vorher aufgehoben worden. Mit der Verfassung war die Phase der *Transición* abgeschlossen. Spanien erhielt die Staatsform der parlamentarischen Monarchie. Insgesamt kann die Verfassung als ein "Dokument des Kompromisses mit partieller Vieldeutigkeit"[28] beschrieben werden[29].

Auf die sozialpolitische und Wohlfahrts-Entwicklung hatte die neue Verfassung erhebliche Auswirkungen. Zunächst einmal hatten sich durch den Demokratisierungsprozeß und durch die Verfassung die Bedingungen für den sozialpolitischen Diskurs grundlegend gewandelt (freie Wahlen, Zulassung von Parteien und Gewerkschaften, Abschaffung der Zensur usw.).

Daneben enthielt die Verfassung einen sozialpolitischen Forderungskatalog, der am Sozialstaatsmodell orientiert war und tendenziell auf eine *Verstaatlichung sozialer Sicherung* zielte.

Der organisatorische Aufbau des Staates selber wurde umgestaltet. In der Verfassung wurde ein neues Modell regionaler Gliederung und Kompetenzverteilung entworfen, das eine Abkehr vom bisherigen Zentralismus beinhaltete. Dies hatte in sozialpolitischer Hinsicht zur Konsequenz, daß durch

---

27 Deutsche Übersetzung der Verfassung bei *Antoni* 1981, S.311 ff.

28 *Bonime* 1985, S.30.

29 Zum Procedere der Verfassungsredaktion als Institutionalisierung des Kompromisses vgl. *Esteban* 1989, S.291 ff., *Hildenbrand/Nohlen* 1991, S.50 ff. und *Cotarelo* 1989b, S.318 f.

die Verfassung eine *Dezentralisierung der Wohlfahrtspflege* eingeleitet wurde.

Verstaatlichung und Dezentralisierung gingen einher mit der Trennung von Staat und Kirche. Die in den folgenden Jahren zu beobachtende *Säkularisierung der Wohlfahrtspflege* ist als dritte Entwicklung zu nennen, die schon in Bestimmungen der Verfassung angelegt war.

4.3.1.1 Das Sozialstaatsmodell in der Verfassung

In Artikel 1 wird Spanien zum "demokratischen und sozialen Rechtsstaat" erklärt. Die Sozialstaatsforderung wird in weiteren Artikeln der Verfassung konkretisiert[30]. So fordert Artikel 40 Vollbeschäftigung. In Artikel 47 werden menschenwürdige Wohnungen, in Artikel 41 eine für alle Bürger geltende soziale Sicherung verlangt. Die staatliche Verantwortung für Gesundheitspflege und -erziehung sowie für ausreichende Freizeitangebote wird in Artikel 43 betont. Eine Reihe weiterer Artikel erwähnen einzelne Gruppen, die besonderen staatlichen Schutz genießen sollen : Strafgefangene, Familien und Kinder, Emigranten, Jugendliche, Behinderte und alte Menschen.

In der "Polyphonie sozialer Sicherung"[31] der Verfassung besitzt Artikel 41 eine zentrale Bedeutung, in dem die schon im Grundlagengesetz von 1963 erkennbare Hinwendung zu einem universalistischen System sozialer Sicherung[32] Verfassungsrang erhält. Allen Bürgern wird darin eine soziale Absicherung garantiert.

Da es diese umfassende Absicherung "aber vorläufig nicht gibt"[33], entwickelten sich schon bald juristische Auseinandersetzungen darüber, ob Artikel 41 wie auch die anderen sozialpolitisch relevanten Artikel direkt einklagbare Rechte enthalten oder ob sie als allgemeine Vorgaben zu verstehen

---

30 Vgl. zum folgenden *Casado* 1987, S.15 f., *Zaragozà* 1991, S.20 ff. und *Alarcón/González* 1988, S.46 ff.

31 *Aznar* 1987a, S.98. Zum folgenden vgl. ebd. S.98 ff.

32 Vgl. dazu *López-Casero* 1991, S.308, *Alarcón/González* 1988, S.24 ff.

33 *Alarcón/González* 1988, S.46.

sind, die erst noch durch Gesetze näher bestimmt werden müssen, ehe überhaupt Rechtsansprüche aus ihnen abgeleitet werden können[34].

Das Verfassungsgericht entschied 1981, daß diese Normen unmittelbar und bindend wirken. 1982 prägte es in diesem Zusammenhang den Begriff der "Verfassungswidrigkeit durch Unterlassung" für die Fälle, in denen die allgemeinen Vorgaben der Verfassung durch Gesetze und Verordnungen nicht angemessen umgesetzt und konkretisiert werden[35].

Die Diskrepanz zwischen verfassungsmäßigem Sozialstaatsanspruch und sozialer Realität wurde auch durch diese Entscheidung nicht aufgehoben. Der breit angelegte Katalog sozialer Schutzrechte ist so allgemein gehalten, daß in vielen Fällen keine zwingende gesetzgeberische oder administrative Konsequenz daraus gezogen werden kann.

Am deutlichsten wird dies, wenn man die Arbeitslosigkeit betrachtet. Auf der einen Seite hat sich die staatliche Politik nach Artikel 40 an der Vollbeschäftigung zu orientieren. Auf der anderen Seite zeigen die Arbeitslosenquoten der letzten Jahre[36], wie weit die soziale Realität von der Vollbeschäftigung entfernt ist. Ob der Staat "eine an der Vollbeschäftigung orientierte Politik" realisiert, das ist kaum rechtlich zu klären. Insofern ist Artikel 40 nicht nur ein Beispiel für unrealisierte Verfassungsforderungen, sondern auch dafür, daß es meist schwierig ist, die Realisierung einzuklagen.

Die Möglichkeiten *politischer* Einflußnahme darauf, die Lücke zwischen Sozialstaatsanspruch und sozialer Wirklichkeit zu schließen, sind allerdings während des Demokratisierungsprozesses gewachsen. *Alarcón* und *González* halten *politischen* Druck für das einzig wirksame Mittel, die politisch Verantwortlichen zur Realisierung der Sozialstaatsforderungen zu zwingen. Juristischen Schritten räumen sie keine Chance ein[37].

Widersprüche bestehen nicht nur zwischen dem Verfassungsanspruch und der gesellschaftlichen Wirklichkeit, sondern sie sind schon in der Verfas-

---

34 Vgl. dazu *Zaragozà* 1991, S.20 ff. und *Alarcón/González* 1988, S.45 f. Zu unterschiedlichen Interpretationen des Sozialstaatsgebotes und dessen Verhältnis zu anderen Rechtsgütern in der Bundesrepublik vgl. *Frerich* 1990, S.22 ff.

35 Vgl. dazu *Beltrán* 1990, S.51 ff.

36 Vgl. dazu unten S.97 ff.

37 *Alarcón/González* 1988, S.46.

sung selbst enthalten[38]. Dem Modell des schützenden, umverteilenden und intervenierenden Sozialstaates, konkretisiert in mehr oder minder verpflichtenden Normen, steht das neoliberale Modell des Marktvertrauens gegenüber. Als "orthodoxe Antwort auf die [Weltwirtschafts-]Krise von 1973"[39] hatte dieses Modell ab Mitte der siebziger Jahre weltweite Verbreitung gefunden. Die Spannung zwischen beiden Modellen kommt in der Verfassung unter anderem darin zum Ausdruck, daß einerseits Vollbeschäftigung als politisches Ziel gefordert wird, auf der anderen Seite die Freiheit des Marktes garantiert wird. Zumindest in Krisenzeiten können nicht beide Forderungen zugleich erfüllt werden.

4.3.1.2 Die staatliche Dezentralisierung in der Verfassung

Der politische und kulturelle Zentralismus besitzt in Spanien eine jahrhundertelange Tradition. Ebenso lange gibt es aber verschiedene Bewegungen gegen die politische und kulturelle Dominierung durch das Madrider Zentrum.

Nachdem während der Zweiten Republik durch Autonomieregelungen eine Abkehr vom Zentralismus eingeleitet worden war, kehrte Spanien unter Franco zum Zentralismus zurück. Unterhalb der Ebene der Zentralverwaltung besaßen die 50 Provinzen des Landes nur wenige Kompetenzen. Die politische und kulturelle Vorherrschaft des Zentrums war während des Franquismus und vor allem in dessen Schlußphase Anlaß für heftige Auseinandersetzungen. Hierbei nahmen insbesondere Katalonien und das Baskenland, die zu den am meisten entwickelten Gebieten zählten, eine Schlüsselstellung ein[40]. Nach Francos Tod wurden schon vor der Ausarbeitung der Verfassung sogenannte "Präautonomien"[41] geschaffen, die vor allem administrative Kompetenzen besaßen.

Die staatliche Dezentralisierung war in der Verfassungsdiskussion heftig umstritten[42], wurde aber in der Verfassung insoweit realisiert, als in Artikel

---

38 Zum folgenden vgl. den Überblick über die Verfassungsdiskussion in Spanien bei *Cotarelo* 1989b.

39 *Cotarelo* 1989b, S.333.

40 Vgl. dazu *Bernecker* 1988, S.163 ff. und *Hildenbrand/Nohlen* 1991, S.44 ff.

41 Vgl. dazu *Hildenbrand/Nohlen* 1991, S.47 ff.

42 Vgl. *Cotarelo* 1989b, S.319 und *Hildenbrand/Nohlen* 1991, S.50 ff.

143 die Gründung von autonomen Regionen (*Comunidades Autónomas*) vorgesehen war, denen eine Reihe eigener Kompetenzen zugestanden wurde. Der Kompromißcharakter der Verfassung zeigte sich auch hier. Artikel 148 listet eine Reihe von Gebieten auf, in denen die autonomen Regionen Kompetenzen besitzen, darunter auch den Bereich sozialer Hilfen (Art.148.1.20)[43]. Die entscheidende Frage, ob es sich dabei nur um administrative oder aber legislative Kompetenzen handelt, läßt die Verfassung offen, "die Autonomen Gemeinschaften *können*, müssen aber nicht eine bestimmte Anzahl von Kompetenzen in ihren Autonomiestatuten übernehmen"[44].

Hildenbrand und *Nohlen* führen die Unbestimmtheit der Verfassung bei der Regelung der Dezentralisierung auf die außerordentliche Konfliktträchtigkeit des Themas und die Unklarheit zurück, die hinsichtlich der weiteren Entwicklung in den verschiedenen Regionen bestand[45]. Dabei ist insbesondere zu berücksichtigen, daß sich im Zuge der Demokratisierung regionalistische Bewegungen über die traditionell 'rebellischen' Gebiete Katalonien und Baskenland hinaus auch in anderen Landesteilen entwickelten[46].

Bei der Auflistung der Kompetenzen der *Autonomías* in Artikel 148 war zunächst geplant, sowohl die *Asistencia Social*, (Soziale Hilfe), als auch die *Beneficencia* (Wohltätigkeit) aufzunehmen. Da die mit dem zweiten Begriff assoziierten Vorstellungen von mildtätiger Zuwendung nicht mit modernen Vorstellungen über soziale Sicherung und Sozialarbeit übereinstimmten, verzichtete man nach entsprechenden Einwänden auf den Begriff *Beneficencia*[47].

Die Unklarheit, die in der Verfassung darüber bestand, ob es sich bei den Kompetenzen in Artikel 148 um gesetzgeberische oder nur administrative handelt, wurde für den Bereich der "*Asistencia Social*" nach Gründung der siebzehn autonomen Gemeinschaften insoweit beseitigt, daß diese in der

---

43 Vgl. *Zaragozà* 1991, S.21.

44 *Hildenbrand/Nohlen* 1991, S.53, Hervorh. dort. Hierzu und zum folgenden vgl. a.a.O., S.52 ff.

45 *Hildenbrand/Nohlen* 1991, S.54 f. Vgl. dazu auch den Überblick in *CEDEFOP* 1987, S.4 ff.

46 Vgl. dazu *Hildenbrand/Nohlen* 1991, S.44 ff.

47 Vgl. dazu *Casado* 1988, S.138 und *Aznar* 1988, S.74 f., der darauf hinweist, daß auch der Begriff "*Asistencia social*" aus ähnlichen Gründen nicht unumstritten war.

Folgezeit eigene Ländergesetze über soziale Hilfen und Dienste erließen, die unten[48] näher behandelt werden.

Neben den autonomen Regionen finden in Teil acht der Verfassung ("Über die territoriale Organisation des Staates") die Kommunen und die Provinzen Erwähnung. Den Kommunen wird (in Art.140) ein Selbstverwaltungsrecht eingeräumt. Dies stellt insbesondere in Anbetracht der geringen Möglichkeiten (und Ressourcen) der Kommunen während der Zeit des Franquismus ein Novum dar[49].

Die Provinzen als die seit dem letzten Jahrhundert wichtigsten territorialen Untergliederungen werden beibehalten, doch bleibt ihr Aufgabenbereich (in Art.141 definiert) gegenüber demjenigen der autonomen Regionen unbestimmt. Hier deutet sich schon der Funktionsverlust an, den die Provinzen in den folgenden Jahren zugunsten der autonomen Regionen auf der einen und der Kommunen bzw. Kreise auf der anderen Seite erfahren sollten.

4.3.1.3 Trennung von Staat und Kirche in der Verfassung

Trotz aller Widersprüche implizierte die Sozialstaatsverpflichtung grundlegende Veränderungen auch für die Wohlfahrtspflege. Gleichzeitig wurde durch die Verfassung das Verhältnis zwischen Staat und katholischer Kirche neu gestaltet.

In Absatz 1 des Artikels 16 wurde der Bruch mit der Franco-Zeit deutlich : Während im *Fuero de los Españoles* von 1945 wie auch im Konkordat von 1953 die katholische Kirche als Staatskirche behandelt wurde, hieß es nun : "Keine Konfession besitzt staatlichen Charakter." In Absatz 3 des gleichen Artikels wurden allerdings die Beziehungen des Staates zur "katholischen Kirche und den anderen Konfessionen" betont, was als Ausdruck des Kompromisses zwischen gegensätzlichen Positionen in der verfassungsgebenden Versammlung zu werten ist[50].

Das in der Verfassung vorgesehene stärkere sozialpolitische Engagement des Staates korrespondierte mit der Zurückdrängung des kirchlichen Einflußes auf die Gesellschaft. In den folgenden Jahren war eine *Säkularisierung der Wohlfahrtspflege* zu beobachten, die in diesen beiden Elementen der Verfassung bereits angelegt war.

---

48 S.115 ff.

49 Vgl. dazu *Klein* 1988, S.30 ff. und *Martínez Marín 1986*, S.322 f.

50 Vgl. *Spanien-Lexikon* 1990, S.113.

4.3.2 Transición, Wirtschaftskrise und Sozialpolitik

Schon zu Beginn des Übergangs zur Demokratie wurde Spanien von der Weltwirtschaftskrise in der Folge des Ölpreisschocks erfaßt[51]. Die besonders große Abhängigkeit Spaniens von Erdöllieferungen trug zur Verschärfung der Wirtschaftskrise bei. Hinzu kam, daß Spanien in den Staaten des Fernen Ostens sowie in Indien, Mexiko und Brasilien neue Weltmarktkonkurrenz erwachsen war. Der Anstieg der Inflation, eine negative Handelsbilanz und rapide steigende Arbeitslosenzahlen waren Indikatoren der Wirtschaftskrise, die bis zur Mitte der achtziger Jahre andauerte. Die folgende Grafik zeigt die Entwicklung der Arbeitslosenzahlen, die erst in der zweiten Hälfte der achtziger Jahre zurückgingen, ohne die niedrigen Werte der frühen siebziger Jahre auch nur annähernd zu erreichen.

---

51 Zum folgenden vgl. *Rojo* 1987 und *Lang* 1991, S.191 ff.

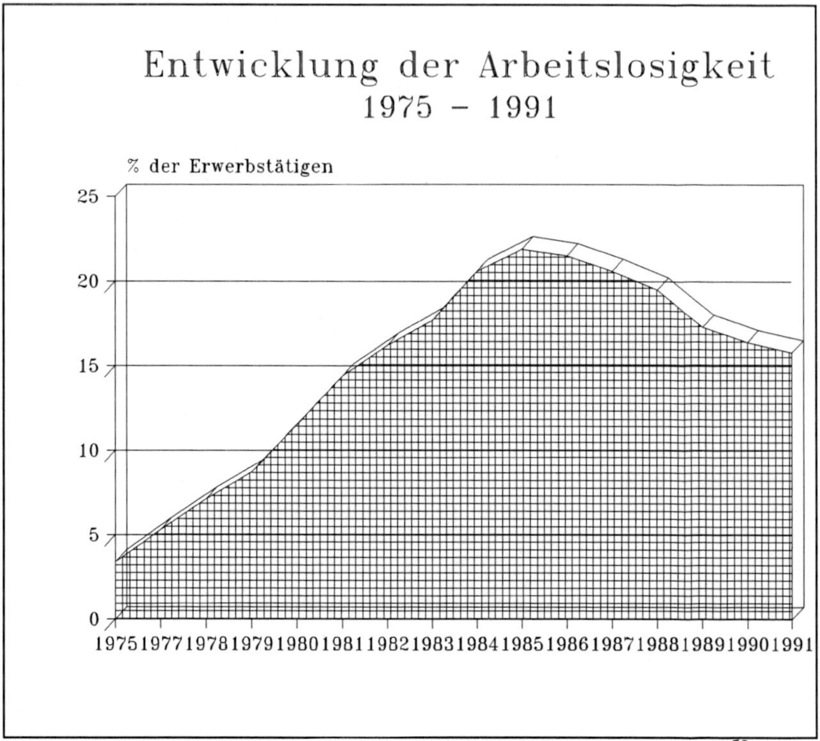

Abbildung 4.5 : Entwicklung der Arbeitslosigkeit 1975 - 1991[52]

Bei den Angaben in Abbildung 4.5 ist zu berücksichtigen, daß sie sich auf die Zahl der Erwerbstätigen beziehen. Die Quote der Erwerbstätigen war in Spanien zu Beginn der Krise geringer als in den meisten anderen europäischen Ländern[53]. Die Wirtschaftskrise führte zu einem Rückgang des Anteils der Berufstätigen an der Gesamtbevölkerung[54]. Hatte er 1977 noch 50,3% betragen, so erreichte er 1985 mit 47,4% den tiefsten Stand, stieg dann erst wieder an[55]. Die Auswirkungen der Wirtschaftskrise auf den Ar-

52 Zahlen nach *López-Casero* 1991, S.291, *Anuario* 1990, S.408, *Anuario* 1993, S.425, *Navarro* 1992, S.658 und S.664 sowie *Statistisches Bundesamt* 1991, S.49.

53 Vgl. hierzu und zum folgenden *Parra* 1988, S.21 ff.

54 Vgl. *López-Casero* 1991, S.291 ff.

55 Zahlen nach *Anuario* 1990, S.408.

beitsmarkt reichten also noch weiter, als es selbst die vergleichsweise hohen Arbeitslosenzahlen zeigten. "Wenn während der Wirtschaftskrise die Erwerbsquote nicht derart zurückgegangen wäre, hätte die offizielle Arbeitslosigkeit 1985 leicht 30% erreicht."[56]

Die sozialen Auswirkungen der Krise wurden noch dadurch verschärft, daß bestimmte Regionen und Bevölkerungsgruppen in besonders hohem Maß von ihr betroffen waren und daß sie häufig mit anderen sozialen Problemen zusammentraf.

- In demographischer Hinsicht trug der Eintritt der geburtenstarken Jahrgänge der Jahre 1955 bis 1965 zu den hohen Arbeitslosenzahlen bei[57] und führte dazu, daß die Zahl der jugendlichen Arbeitslosen noch stärker als die der Arbeitslosen insgesamt anstieg[58], wie die folgende Grafik zeigt :

---

56 *López-Casero* 1991, S.294.

57 Vgl. hierzu *Parra* 1988, S.38.

58 Vgl. *García-Nieto* 1986, S.93 ff., *Parra* 1988, S.25 f. und *Wallenborn* 1987, S.69 ff.

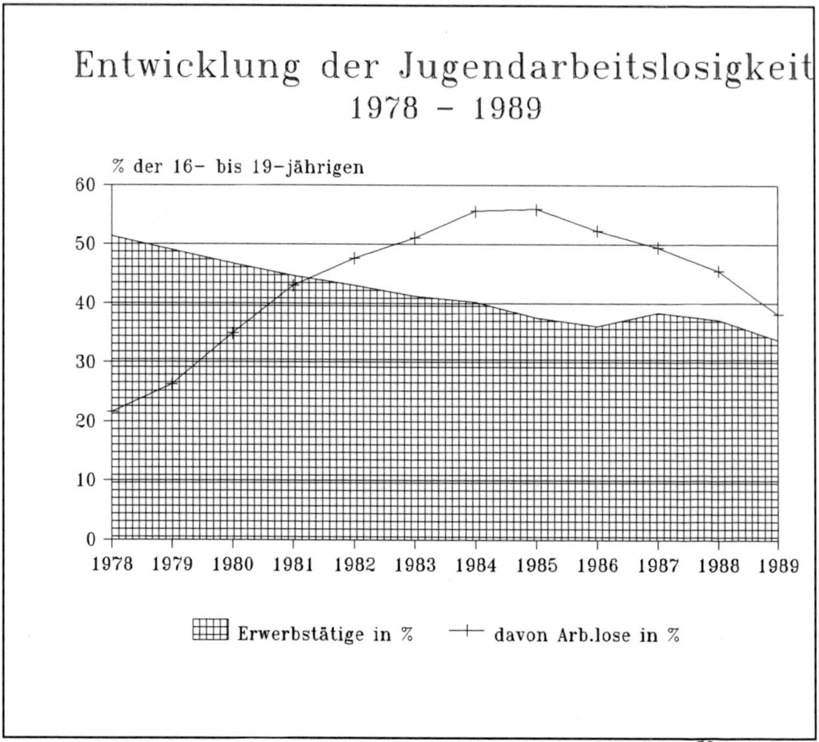

Abbildung 4.6 : Entwicklung der Jugendarbeitslosigkeit[59]

Neben der demographischen Entwicklung trug der aus der Franco-Zeit stammende Kündigungsschutz[60] zum Anstieg der Jugendarbeitslosigkeit bei. Da bestehende Arbeitsverhältnisse nur schwer beendet werden konnten, wurde in der Krise eher auf Neueinstellungen verzichtet[61].
Beim Vergleich der Jugendarbeitslosigkeit mit dem Anteil der Arbeitslosen an der Gesamtzahl der Haushaltsvorstände zeigt sich, "daß die Arbeitslosigkeit sich nicht nur in bestimmten Altersgruppen (Jugendliche) konzentriert, sondern auch, daß die Leistungen der Familien die dramatische Situation der Arbeitslosigkeit mildern"[62]. Die "Zunahme von

59 Zahlen nach *Anuario* 1990, S.409.
60 Vgl. dazu Kapitel 3.
61 Vgl. dazu *Lang* 1991, S.221.
62 *García* 1988, S.67.

Pauperisierung, Drogenkonsum und Gewalt"[63] bei Jugendlichen zeigt die Grenzen, die dieser Milderung gesetzt sind.

- Die Frauenerwerbsquote war in Spanien zu Beginn der Krise geringer als in anderen europäischen Ländern[64]. Dennoch war und ist der Anteil der Arbeitslosen an der Zahl der Erwerbstätigen bei Frauen höher als bei Männern[65].
- Auch die regionale Verteilung der Arbeitslosigkeit ist sehr unterschiedlich. "Die am stärksten von Arbeitslosigkeit betroffenen Gebiete sind an erster Stelle die klassischen Latifundiengebiete, wo es immer noch eine große Anzahl von Tagelöhnern gibt, wie Andalusien - mit der größten Arbeitslosenquote (30 %) und einem Viertel der gesamtspanischen Arbeitslosenzahl - und Extremadura (27 %)"[66]. Die 'traditionellen' Industriegebiete im Baskenland, in Asturien und in der Region Barcelona sind ebenso wie die Kanarischen Inseln überdurchschnittlich von der Arbeitslosigkeit betroffen[67].
- In vielen Fällen trifft die Arbeitslosigkeit vor allem diejenigen Gruppen, die schon in anderer Hinsicht soziale Benachteiligungen aufweisen. So hat *García-Nieto* darauf hingewiesen, daß in den Jahren 1977 bis 1986 der Anteil der Dauerarbeitslosen an der Gesamtzahl der Arbeitslosen von 5,6 % auf 35,6 % gestiegen ist. 75 % der Dauerarbeitslosen des Jahres 1986 besaßen nur einen niedrigen Schulabschluß oder waren sogar Analphabeten[68].
- Die sozialen und ökonomischen Probleme sind in der Gesamtgruppe der Arbeitslosen insofern ungleich verteilt, als nur etwa ein Drittel der Arbeitslosen staatliche Unterstützung erhält[69].

Insgesamt entwickelte sich die Arbeitslosigkeit in einem bis dahin unbekannten Ausmaß und stellte in Verbindung mit anderen sozialen Problemen eine enorme Belastung für das System sozialer Sicherung dar. Dabei ist zu berücksichtigen, daß die Wirtschaftskrise in Spanien zwar durch die Welt-

---

63 *Wolf* 1989, S.265. Zum Zusammenhang von Drogenkonsum und Delinquenz vgl. *Berjano* 1986.

64 Vgl. *Parra* 1988, S.21 ff.

65 Vgl. dazu die Angaben in *Anuario* 1990, S.409, *Parra* 1988, S.26 und *López-Casero* 1991, S.294 f.

66 *López-Casero* 1991, S.295 f. Vgl. dazu auch *Parra* 1988, S.26 f.

67 Vgl. *López-Casero* 1991, S.296.

68 *García-Nieto* 1986, S.89, vgl. insgesamt a.a.O., S.88 ff.

69 Vgl. *Parra* 1988, S.25.

wirtschaftskrise ausgelöst wurde, aber länger als in vielen anderen Ländern dauerte.

Während der Krise stieg die Arbeitslosigkeit nicht nur aus den erwähnten demographischen Gründen stark an, sondern auch, weil die Emigrationsmöglichkeit fehlte. Die bisherigen Zielländer der Arbeitsmigration verhängten Anwerbestops. Dadurch verringerte sich der Devisenzufluß der Rücküberweisungen, und dem spanischen Arbeitsmarkt ging ein wichtiges Entlastungsventil verloren[70].

Als der Sozialstaatsanspruch in die Verfassung von 1978 aufgenommen wurde, waren die ökonomischen Bedingungen für dessen Realisierung in dreifacher Hinsicht ungünstig[71] :

Die Krise schmälerte den Spielraum für sozialpolitische Umverteilungen.

Gleichzeitig vergrößerte sie, insbesondere durch die schnell steigende Arbeitslosigkeit, den Problemdruck auf das soziale Sicherungssystem.

Außerdem war das Modell des Wohlfahrts- oder Sozialstaates international insofern in eine Krise geraten, als neoliberale Konzepte der Deregulierung und der Markt- bzw. Angebotsorientierung an Bedeutung gewannen. In diesen Konzepten wurde die staatliche Steuerung und Umverteilung als eine der Ursachen für die wirtschaftliche Krise betrachtet. Der Abbau sozialer Sicherung und staatlicher Eingriffe sollte zur wirtschaftlichen Erholung beitragen[72].

Die neoliberalen Konzepte fanden aber zunächst keinen Eingang in die spanische Diskussion[73]. Trotz der ungünstigen wirtschaftlichen Bedingungen wurde in den ersten Jahren der Demokratie das soziale Sicherungssystem ausgebaut. In quantitativer Hinsicht läßt sich dies am Anstieg der Sozialleistungen beobachten. Die folgende Grafik zeigt den Gesamtanstieg. In welchem Ausmaß die Arbeitslosigkeit zu diesem Anstieg beitrug, zeigt sich, wenn man die damit verbundenen Kosten von den Gesamtausgaben abzieht.

---

70 Vgl. dazu *Parra* 1988, S.38. Zu den Auswirkungen von Wirtschaftskrise und Anwerbestopps auf Spanien und die anderen Entsendeländern von Arbeitsmigranten vgl. den Überblick bei *Körner* 1990, S.87 ff.

71 Vgl. hierzu auch *Casado* 1989a, S.10 f.

72 Einen Überblick über die "Krise des Wohlfahrtsstaates" in internationaler Perspektive geben die Beiträge in *Munday* 1989a.

73 Beispiele für die Rezeption der Kritik des Sozialstaates in den achtziger Jahren finden sich bei *Limia/Lucena* 1987 und *Sarasa* 1989, S.15 ff.

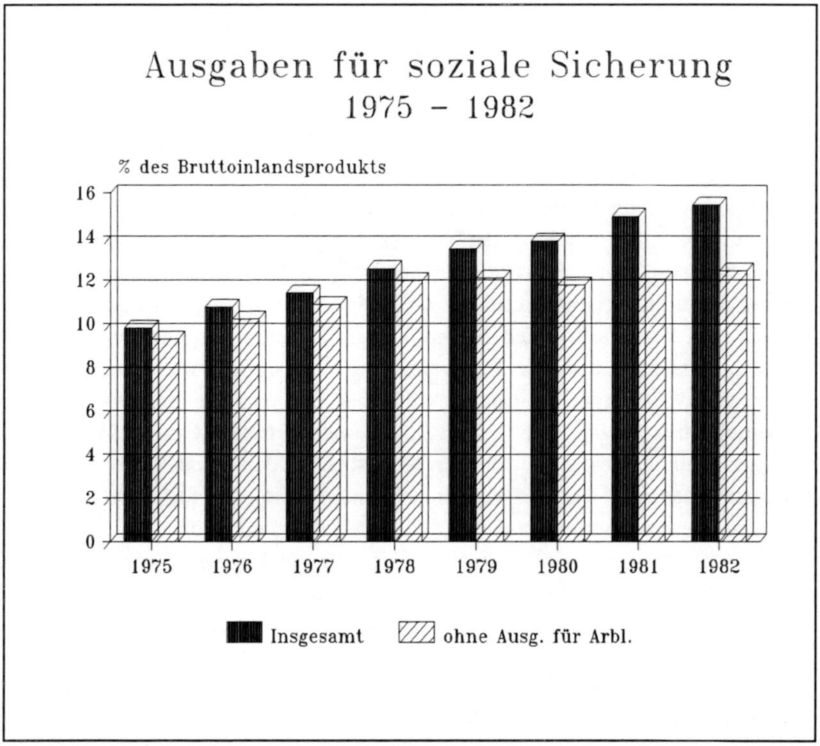

Abbildung 4.7 : Anteil der Mittel für soziale Sicherung am Bruttoinlandsprodukt 1975 - 1982[74]

Die einzelnen Bestandteile der Sozialausgaben wuchsen in unterschiedlichem Maße :

- Die Gesamtausgaben für Arbeitslosenunterstützungen wuchsen zwischen 1970 und 1980 jährlich um 30,7 % und damit am stärksten[75].
- Die Ausgaben für die Altersversorgung wuchsen im gleichen Zeitraum jährlich um 11,7 %[76]. Dieses Wachstum ist unter anderem darauf zurückzuführen, daß die Leistungen insbesondere für Bezieher niedriger

74 Angaben nach *Cruz u.a.* 1985, S.122.

75 *López-Casero* 1991, S.309. Vgl. dazu auch *Weber/Leienbach* 1989, S.135.

76 *López-Casero* 1991, S.309.

Renten angehoben wurden[77]. Der Leistungsausbau trug zum Anstieg der staatlichen Zahlungen an die Rentenversicherung bei. Hatte dieser Anteil 1973 noch 31,46 % betragen, so wurden 1984 58,4 % der Rentenleistungen durch Steuern finanziert[78]. Außerdem machten sich hierbei aber auch demographische Veränderungen bemerkbar. Der steigende Anteil älterer Menschen an der Gesamtbevölkerung zog ein entsprechendes Wachstum der Rentenzahlungen nach sich[79].

- Für das Gesundheitswesen wurden im gleichen Zeitraum jährlich um 6,5 % wachsende Beträge aufgebracht[80].

Eine wesentliche Ursache für die expansive Entwicklung der Sozialausgaben dürfte im sozialpolitischen Nachholbedarf Spaniens liegen. Zum Erbe des Franquismus zählte eine extrem ungleiche Verteilung der Einkommen[81] und ein relativ geringer Beitrag des Staates zur sozialen Sicherung[82]. Der Demokratisierungsprozeß setzte, insbesondere durch Gewerkschafts- und Pressefreiheit, Kräfte frei, die den Rückstand in der sozialen Sicherung trotz der zuwiderlaufenden wirtschaftlichen Entwicklung verringerten[83].

Die Verunsicherung und die rudimentäre Organisation der Unternehmer trugen mit zu den sozialpolitischen Erfolgen der Arbeiterbewegung während der ersten Jahre der Demokratie bei[84]. Dazu gehörten auch Veränderungen der Einkommensverteilung. "Der Anteil der schlechter gestellten 10 % [der Bevölkerung] verbesserte sich von 1,8 % des verfügbaren [Gesamt-] Einkommens im Jahre 1974 auf 2,4 % im Jahre 1980, während der Anteil des oberen Zehntels sich stark reduzierte (von 39,6 % auf 29,2 %)."[85]

---

77 Vgl. *Weber/Leienbach* 1989, S.135. Vgl. dazu genauer den Überblick bei *Cabra* 1987, S.80 ff.

78 Vgl. *García* 1988, S.68.

79 Vgl. dazu die Überblicke bei *Zabala* 1986, *Weber/Leienbach* 1989, S.138 und S.173, *Cruz u.a.* 1985, S.55 ff., *Sáez* 1986 sowie *Tezanos* 1989b, S.70 ff. Den steigenden Anteil der Rentenzahlungen an den Sozialausgaben von 1960 bis 1984 zeigt die Übersicht bei *Cruz u.a.* 1985, S.147.

80 Vgl. *López-Casero* 1991, S.309.

81 Dazu genauer *López-Casero* 1991, S.299 ff.

82 Dazu *García* 1988 und *Lang* 1991, S.195.

83 Hierzu und zum folgenden vgl. *López-Casero* 1991, S.299 ff.

84 Den Zusammenhang von Streik- und Lohnentwicklung ab Mitte der siebziger Jahre behandelt *Lang* 1991, S.195 ff.

85 *López-Casero* 1991, S.300, vgl. auch Tabelle ebd.

Der politische Diskurs wurde in den Anfangsjahren von den Problemen des *politischen* Wandels beherrscht[86], so daß das Ausmaß der wirtschaftlichen Krise erst mit einiger Verspätung wahrgenommen wurde. *Llés* spricht von einem Themenwechsel im politischen Diskurs : während in den siebzigern "*lo político*" im Vordergrund stand, nahm "*la crisis económica*" erst in den achtziger Jahren diesen Platz ein[87].

4.3.3 Die Wirtschafts- und Sozialpolitik der sozialistischen Regierungen

Nach dem gescheiterten Putschversuch reaktionärer Militärs am 23.Februar 1981[88] wurde das Parlament vorzeitig aufgelöst. Die anschließenden Wahlen im Oktober 1982 gewann die sozialistische Partei *PSOE*. Kernpunkte des Regierungsprogramms waren der Austritt Spaniens aus der NATO und die Schaffung von 800.000 neuen Arbeitsplätzen. Die Regierungspolitik der folgenden Jahre war durch eine vollkommene Abwendung von diesem Programm bestimmt. Im NATO-Referendum vom März 1986 unterstützten 52 % der Wähler die Politik der Regierung unter Felipe Gonzalez, die für den Verbleib in der NATO eintrat. "An Stelle der 800 000 neugeschaffenen gingen über 700 000 alte Arbeitsplätze verloren (...)"[89].

Mit dem Regierungsantritt der Sozialisten begann eine intensive Phase der "konzertierten Modernisierung"[90]. Das Ziel dieser Modernisierungspolitik bestand darin, die internationale Wettbewerbsfähigkeit Spaniens zu erhöhen. Im Zusammenhang mit Spaniens Beitritt zur EG im Jahre 1985 gewann insbesondere die Konkurrenz mit den anderen Mitgliedsländern an Bedeutung. Die Modernisierung umfaßte folgende Bereiche :

- Die industrielle Struktur wurde im Rahmen der *Reconversión Industrial*[91] umgestaltet. Dabei gingen vor allem in denjenigen Industriebereichen

---

86 Vgl. dazu *Lang* 1991, S.192 f.

87 *Llés* 1989 S.177.

88 Vgl. dazu *Bernecker* 1988, S.253 ff.

89 *Köhler* 1987, S.142.

90 *Pries* 1991.

91 Vgl. dazu *Tamames* 1985, S.235 ff., *Fernández Marugan* 1992, S.155 ff. und *Lang* 1991, S.204 ff. *Carreras* 1987 hat betont, daß die Frage der industriellen Modernisierung nicht nur Spanien sondern Europa insgesamt betrifft (S.289).

(hauptsächlich in der Stahl-, Textil- und Werftindustrie), die der Konkurrenz auf dem Weltmarkt nicht mehr gewachsen waren, viele Arbeitsplätze verloren[92].

- Das Arbeitsrecht wurde dereguliert. "Die noch aus dem Frankismus stammenden, relativ hohen finanziellen und verfahrensrechtlichen Schranken für arbeitgeberseitige Kündigungen wurden - vor allem unter der PSOE-Regierung - abgebaut."[93] Neben dem Abbau des Kündigungsschutzes war die Erleichterung befristeter Arbeitsverhältnisse ein weiteres Deregulierungsinstrument.
- Die Reallöhne wurden gesenkt. Dies sollte zur Bekämpfung der Inflation beitragen und Investitionen inländischen wie ausländischen Kapitals fördern.

Diese Modernisierungspolitik war insofern 'konzertiert', als die staatliche Politik mit Teilen der Gewerkschaften und den Unternehmern abgestimmt wurde. Damit griff die sozialistische Regierung auf das schon unter der vorhergehenden UCD-Regierung erprobte Instrument der Sozialpakte zurück, das nun insbesondere für die Regulierung der Tarifabschlüsse an Bedeutung gewann. Dabei konnte sich die Regierung zunächst vor allem auf die ihr nahestehende und finanziell von der *PSOE* abhängige Gewerkschaft *UGT* (*Union General de Trabajadores*) stützen.

Die Arbeitsmarkt- und Sozialpolitik wurde im Modernisierungskonzept als abhängige Variable betrachtet, das heißt : die Ankurbelung der Investitionen sollte Arbeitsplätze schaffen und sozialpolitische Verbesserungen ermöglichen. Damit war eine Abkehr von der "sozialdemokratischen"[94], bzw. "expansive[n], klientelistische[n] Politik der Staatsausgaben"[95] verbunden, die die Anfangsjahre der Demokratie gekennzeichnet hatte. Statt Bekämpfung der Arbeitslosigkeit durch Arbeitsmarktpolitik und Ausgleich sozialer Probleme durch Sozialpolitik stand nun die Förderung der Unternehmergewinne und der Investitionstätigkeit im Vordergrund.

---

92 Vgl. dazu genauer *Lang* 1991.

93 *Pries* 1991, S.21, vgl. dazu auch *Rojo* 1987, S.199 f. und *Fernández Marugan* 1992, S.163 f. *Parra* 1988 gibt einen Überblick über die "konservative Diagnostik der Arbeitslosigkeit" (S.37 ff.).

94 *Köhler* 1987, S.143.

95 So kennzeichnet *Lang* 1991 (S.195) die Periode zwischen 1976 und 1982. Zum Defizit des Staatshaushaltes, das sich aus dieser Politik ergab, vgl. ebd.

Diese beiden Ziele wurden erreicht. Die Unternehmergewinne stiegen und die Investitionstätigkeit, vor allem auch ausländischen Kapitals, nahm zu[96]. Der Anteil der Löhne und Gehälter am Volkseinkommen, der 1977 noch 58% betragen hatte, ging bis 1987 auf 50% zurück[97].

Die Umgestaltung der industriellen Struktur führte zu einem massiven Abbau von Arbeitsplätzen und zum Anstieg der Arbeitslosenzahlen[98]. Die als Folge der verstärkten Investitionen versprochenen arbeitsmarkt- und sozialpolitischen Verbesserungen trafen zunächst nicht ein. Erst seit Mitte der achtziger Jahre war ein allmählicher Rückgang der Arbeitslosigkeit zu beobachten.

Die wirtschaftliche Gesamtsituation Spaniens hat sich in den letzten Jahren zunächst erheblich verbessert, ohne daß dadurch allerdings bestehende soziale und regionale Disparitäten beseitigt worden wären. Die seit 1992 wieder steigende Arbeitslosigkeit zeigt, daß auch Spanien von der derzeitigen Wirtschaftskrise betroffen ist.

In regionaler Hinsicht konzentriert sich die wirtschaftliche Entwicklung vor allem in den Mittelmeergebieten nördlich Andalusiens, auf den Balearen, im Ebrotal und in der Region Madrid[99].

In sozialer Hinsicht droht die spanische Gesellschaft, so *Köhler*, "in zwei völlig verschiedene Welten auseinanderzufallen, einen kleinen Kern von Modernisierungsgewinnern (qualifizierte Beschäftigungsgruppen, zukunftsträchtige Dienstleistungsunternehmen, modernisierungsfähige Industrie- und Landwirtschaftsbetriebe) und eine zunehmend unüberschaubare, extrem heterogene Masse von Modernisierungsopfern (arbeitslose Jugendliche, Frauen und Alte, Landarbeiter, Kleinbauern, veraltete Klein- und Mittelbetriebe, traditionelle Industriearbeitergruppen etc.)"[100].

Die sozialen Folgen der Modernisierungspolitik werden in den letzten Jahren in Spanien unter dem Oberbegriff "Neue Armut" verstärkt diskutiert[101]. Eng damit verbunden ist die Forderung nach einem Ausbau der so-

---

96 Vgl. dazu *Lang* 1991, S.194 ff.

97 Vgl. *Pries* 1991, S.22.

98 Vgl. dazu die Grafik auf S.98.

99 Vgl. dazu *López-Casero* 1991, S.305 ff. und die Überblickskarte bei *Alcaide* 1990, S.429.

100 *Köhler* 1987, S.146 f.

101 Vgl. dazu *Renes* 1986, *Martí* 1986.

zialen Absicherung in Richtung auf eine ökonomische Grundsicherung (*Salario social*)[102].

Das Ausmaß sozialer Ungleichheit wird deutlich, wenn man die Armutsrate[103] Spaniens mit derjenigen der Bundesrepublik vergleicht. In den letzten Jahren sind in Spanien zwar eine Reihe von Armutsuntersuchungen durchgeführt worden[104], die sich aber wegen unterschiedlicher Kategorien nur begrenzt für einen Ländervergleich eignen. Um eine quantitative Vergleichbarkeit zwischen verschiedenen Ländern zu ermöglichen, hat sich in der EG folgende formale Definition von Armut durchgesetzt : Als 'arm' werden alle diejenigen Haushalte bezeichnet, deren Einkünfte bis zu 50 % des jeweiligen nationalen Durchschnittseinkommens betragen.

Legt man diese formale Definition zugrunde, so ergibt sich für die Bundesrepublik im Jahre 1983 eine Armutsquote von 9,7 %[105], während in Spanien 1980 20,3 % der Bevölkerung arm waren[106]. Würde man statt des jeweiligen nationalen Einkommens den EG-Durchschnitt zugrundelegen, hätte die Armutsquote in Spanien noch wesentlich höher gelegen.

Allerdings ist in der Entwicklung der letzten Jahre die von verschiedenen Autoren angenommene "Dualisierung"[107] der spanischen Gesellschaft, also die Segmentierung in 'Modernisierungsgewinner' und 'Modernisierungsopfer', nicht nachzuweisen. Die Armutsquote sank von 20,3 % im Jahre 1980 auf 19,1 % 1985[108] und betrug 1987 17,8 %[109]. Dies deutet darauf hin, daß sich die schon zuvor bestehende Dualisierung eher verringerte, als daß sie sich erhöhte. Dennoch sind "Hunderttausende von Spaniern (...) vor allem auf die traditionell ausgeprägte Schattenwirtschaft zur Lebenssicherung angewiesen"[110]. *Parra* hat für das Jahr 1985 die Zahl der in der Schattenwirtschaft (*economía sumergida*), also ohne Ver-

---

102 Vgl. dazu die diesem Thema gewidmete Nummer 78 (1990) der Zeitschrift Documentación Social.

103 Zum Armutsbegriff vgl. den Überblick bei *Hradil* 1992b, S.85 f.

104 Vgl. bspw. *Pobreza* 1985, *Cáritas* 1986 und den Überblick bei *Llés* 1989, S.178 ff.

105 *Eurostat* 1990b, S.49.

106 Ebd., S.50.

107 So etwa *Lang* 1991, S.222 und *Köhler* 1987, S.146 f.

108 *Eurostat* 1990b, S.50.

109 Ebd., S.109.

110 *Pries* 1991, S.22.

trag, soziale Absicherung und Versteuerung arbeitenden Beschäftigten auf 1.600.000 Personen geschätzt[111].

4.3.4 Zur Verspätung des Sozialstaates und seiner Krise

Ein an sozialstaatlichen Prinzipien orientiertes System sozialer Sicherung wurde in Spanien später als in anderen europäischen Ländern aufgebaut. Die rasche Expansion sozialer Sicherung fand zu einer Zeit statt, als in anderen Industrieländern von der Krise des Sozialstaates gesprochen wurde. Die wirtschaftlichen Bedingungen in Spanien selber waren für sozialpolitische Forderungen eigentlich außerordentlich ungünstig, so daß die Entwicklung der ersten Jahre nach 1975 nur vor dem Hintergrund der besonderen innenpolitischen Situation erklärt werden kann.

Eine Sozialstaatskritik und entsprechende Politik-Konzepte fanden aus den gleichen Gründen erst mit einiger Verspätung Eingang in die sozialpolitische Diskussion und Gestaltung[112]. Der Regierungsantritt der Sozialisten im Jahre 1982 scheint in dieser Hinsicht einen Wendepunkt zu markieren : "Das sozialistisch regierte Spanien wurde zu einem Musterbeispiel der neokonservativen Wendepolitik in Westeuropa."[113] In wirtschaftspolitischer Hinsicht "verfolgen die spanischen Sozialisten eine orthodoxe angebotsorientierte Strategie"[114].

Aus der Sicht der Angebotsorientierung besteht die Hauptursache für Arbeitslosigkeit in zu hohen Lohnkosten, zu denen die Löhne selbst und die Kosten sozialer Sicherung zählen. Dementsprechend besteht die Strategie darin, die Kosten so weit zu senken, daß Investitionen wieder rentabel werden.

Diese wirtschaftspolitischen Konzepte bildeten ab der Mitte der siebziger Jahre den Kern einer ideologischen Offensive gegen den Sozialstaat[115]. Die damit verbundene Sozialstaatskritik verwies auf die Kosten sozialer Absi-

---

111 Vgl. *Parra* 1988, S.34. Vgl. dazu auch *García-Nieto* 1986 und *Miguel* 1988.

112 Vgl. dazu *García Cotarelo* 1988, *Martínez Cortés* 1990, *Cruz u.a.* 1985 und *Limia/Lucena* 1987.

113 *Köhler* 1987, S.143.

114 *Lang* 1991, S.219.

115 Zum folgenden vgl. *Cruz u.a.* 1985, *Castiñeira* 1990, S.45 ff. und *Offe* 1984, S.325 ff.

cherung[116], die über Lohnnebenkosten und steuerliche Belastung wirtschaftliche Initiative ersticke und so letztlich die materielle Grundlage von Sozialpolitik aufzehre. Darüberhinaus wurde die Effektivität der Sicherungssysteme in Frage gestellt.

Diese ideologische Offensive erzielte sehr unterschiedliche Erfolge. Die Politik der Thatcher-Regierung in Großbritannien war beispielsweise in sehr weitgehendem Maße von diesen Konzepten geprägt[117]. Insgesamt zeigte sich aber, daß die Krise des Sozialstaates in der zweiten Hälfte der siebziger Jahre vorrangig eine *ideologische* Krise war. Die Argumente der Sozialstaatskritiker fanden Eingang in die sozialen Auseinandersetzungen und prägten wirtschaftliche Verteilungskämpfe. Die angestrebte Demontage des Sozialstaates konnte aber nicht durchgesetzt werden. "Von 1975 bis 1981 erhöhten sich die Sozialausgaben der OECD-Länder jährlich stärker als ihr Bruttosozialprodukt. Dieses Wachstum war allerdings geringer als in den Jahren 1960 bis 1975. Statt von einer Krise des Sozialstaates in absoluten Größen zu sprechen, wäre es richtiger von einer *Krise des Wachstums der Sozialausgaben* zu sprechen."[118]

Innerhalb der EG war nach einem starken Anstieg des Anteils der Sozialausgaben am Bruttosozialprodukt (von 17,3 % im Jahre 1970 auf 24,2 % 1980)[119] ab 1983 ein Rückgang festzustellen. Bis zum Jahre 1989 erreichten die Sozialausgaben dann wieder den Anteil von 1980 (24,7 %)[120]. Während Länder wie die Bundesrepublik und Großbritannien[121] in dieser Zeit den Anteil der Sozialausgaben reduzierten, stieg er in Spanien um 11 %[122].

Die folgende Grafik zeigt die Veränderungsraten der Sozialleistungen insgesamt und einzelner Teilbereiche in Spanien und im EG-Durchschnitt. Die Angaben beziehen sich auf die "Ausgaben je Einwohner, ausgedrückt in Kaufkraftstandards (KKS) zu konstanten Preisen"[123].

---

116 Zu finanziellen und strukturellen Problemen sozialer Sicherung in der Bundesrepublik vgl. den Überblick bei *Frerich* 1990, S.355 ff.

117 Vgl. dazu den Überblick bei *Prigge* 1991, S.30 ff.

118 *Pascual* 1989, S.50 f., Hervorhebung dort.

119 *Sozialschutz* 1991, S.2.

120 Ebd.

121 Vgl. dazu genauer ebd., S.2 ff.

122 In Italien steigt er gleichzeitig um 20 %, in Portugal um 24 % und in Griechenland um 79 %. Vgl. dazu ebd., S.2

123 Ebd.

Abbildung 4.8 : Veränderungsrate der Sozialleistungen[124]

Insgesamt ergibt sich folgender Verlauf der quantitativen Entwicklung sozialer Sicherung in Spanien : Mit dem Übergang zur Demokratie begann eine Expansion der sozialen Sicherung, wodurch der große Vorsprung anderer europäischer Länder verringert wurde. Seit Beginn der achtziger Jahre verlangsamte sich das Wachstum, so daß weiterhin ein deutlicher Abstand zum durchschnittlichen EG-Standard bestand. Der Abstand vergrößert sich, wenn man nicht die nationalen spanischen Eckdaten (Bruttosozialprodukt, Pro-Kopf-Einkommen), sondern die Durchschnittswerte der EG zugrundelegt[125].

124 Angaben nach : *Sozialschutz* 1991, S.3

125 Zu Problemen einer EG-weiten Angleichung sozialer Sicherung im Zusammenhang mit den Unterschieden der wirtschaftlichen Möglichkeiten vgl. den Überblick bei *Kuhn* 1991.

Auch in Spanien zeigte sich die grundsätzliche "Irreversibilität des Wohlfahrtsstaates"[126]. Der einmal erreichte Grad sozialer Absicherung ließ sich nicht durchgängig abbauen, so daß sich insgesamt gegenläufige Tendenzen des Abbaus in einigen Bereichen, etwa dem Arbeitsrecht, und des Ausbaus in anderen Bereichen, so dem Gesundheitswesen[127], zeigten.

Die Wende, gleichgültig, ob man sie "neokonservativ"[128] oder "neoliberal"[129] nennt, führt aber dazu, daß sich der Abstand zur Mehrzahl der EG-Länder nur noch geringfügig verringerte. Im Rückblick konstatierte *Parra* in Anbetracht des Entwicklungsgefälles : "Man hat Spanien wie einen nordeuropäischen Kranken behandelt, während es in ökonomischer Hinsicht auf halbem Weg zwischen Nordafrika und Europa ist."[130]

4.4 Die Sozialarbeit nach dem Ende des Franquismus

Mit dem Übergang zur Demokratie war auch ein institutioneller Wandel der Wohlfahrtsinstitutionen verbunden. *Movimiento* und Vertikale Syndikate wurden durch Dekrete vom 3.Oktober 1976 und vom 1.April 1977 aufgelöst[131]. Ihr Personal und ihre Wohlfahrtseinrichtungen wurden vor allem vom Arbeits- und vom Kultusministerium übernommen.

Einige soziale Dienste, die in den Jahren zuvor innerhalb der Sozialversicherung entstanden waren, wurden nun in die staatliche Verwaltung integriert, bzw. zum Teil abgebaut. Dies ist, so *Zaragozà*[132], vor allem auf finanzielle Schwierigkeiten zurückzuführen. Die staatliche Verwaltung selbst wurde in Teilen umstrukturiert, um eine klarere und effektivere Kompetenzverteilung zu erreichen[133].

---

126 *García Cotarelo* 1988, S.32, ähnlich auch *Offe* 1984.

127 Zum Gesundheitsgesetz (*Ley General de Sanidad*) von 1986 vgl. *Alarcón/González* 1988, S.150 ff., *Statistisches Bundesamt* 1991, S.34 ff. und den Überblick im *Spanien-Lexikon* 1990, S.382 ff.

128 *Köhler* 1987, S.143.

129 *Parra* 1988, S.43.

130 Ebd., S.44. Zum Problem des ökonomischen Neoliberalismus ohne entwickelte soziale und ökonomische Strukturen vgl. auch ebd., S.43 ff.

131 Zum folgenden vgl. *Aleman* 1991, S.176 ff.

132 *Zaragozà* 1991, S.20.

133 Vgl. *Domenech* 1990, S.66 ff.

Ein weiteres Merkmal des Übergangs zur Demokratie war die Dezentralisierung der Wohlfahrtspflege. Diese zählte ja zu den Vorgaben der Verfassung von 1978. Der Dezentralisierungsprozeß betraf verschiedene Ebenen der spanischen Gesellschaft :

- Die autonomen Regionen verschafften sich in ihren Autonomiestatuten die Gesetzgebungskompetenz für die Wohlfahrtspflege.
- Die Kommunen gewannen bei der Organisation und Ausgestaltung sozialer Dienste neue Spielräume.
- Die Provinzen als bisher entscheidende territoriale Einheiten des Staates verloren Kompetenzen bzw. erhielten im Dezentralisierungsprozeß neue Aufgaben.
- Das institutionelle und funktionale Profil der freien Träger wurde umgestaltet und es entstanden neue Träger.

Regionale Unterschiede führten zusammen mit den während der achtziger Jahre in den autonomen Regionen erlassenen Ländergesetzen über soziale Dienste zu unterschiedlichen Entwicklungen des Dezentralisierungsprozesses auf kommunaler und Provinz-Ebene. Auch die Stellung der freien Träger wurde in den einzelnen *Autonomías* unterschiedlich geregelt. In der *gesamtspanischen* Gesetzgebung waren vor allem die folgenden Entwicklungen von Bedeutung :

- Das Gesetz über die Integration Behinderter (*Ley de integración social de minusválidos*) vom 7.April 1982 enthielt unter anderem eine detaillierte Auflistung derjenigen Leistungen, auf die Behinderte einen Rechtsanspruch haben[134]. Der Staat wurde verpflichtet, diese Leistungen entweder selbst bereitzustellen oder die Arbeit freier und gemeinnütziger Träger zu fördern. Das Gesetz bevorzugte familiäre gegenüber institutioneller Unterbringung und favorisierte wohnortnahe Formen sozialarbeiterischer Betreuung. Außerdem sah es die Beteiligung der Betroffenen an der Verwaltung der betreuenden Institutionen vor. Obwohl sich dieses Gesetz nur auf *eine* Zielgruppe der Sozialarbeit bezog, sieht *Zaragozà* in ihm einen ersten "Entwurf dessen (...), was soziale Dienste und Hilfen im Sozialstaat sein müssen"[135]. Er weist dabei insbesondere auf Elemente von Deinstitutionalisierung, Demokratisierung und staatlicher Verantwortung bei gleichzeitig möglicher Entstaatlichung hin[136].

---

134 Hierzu und zum folgenden genauer *Cabra* 1987, S.82 ff. und *Zaragozà* 1991, S.23 f.

135 *Zaragozà* 1991, S.23.

136 *Zaragozà* 1991, S.23.

- Neben den einzelnen Ländergesetzen über soziale Dienste prägten vor allem zwei rechtliche Neuregelungen auf gesamtspanischer Ebene den Dezentralisierungsprozeß.
  Das Gesetz über die Provinzial- und Kommunalverfassung (*Ley Reguladora de las Bases del Régimen local*)[137] vom 2.April 1985 diente der Neuregelung der Kompetenzen von Provinzen und Kommunen. Dieses Gesetz gesteht den Kommunen und Provinzen "Selbstverwaltung bei der Verfolgung ihrer Interessen, Dezentralisierung und finanzielle Unabhängigkeit bei der Ausübung ihrer Funktionen"[138] zu.
  Der konzertierte Plan für kommunale soziale Dienste (*Plan Concertado para el Desarrollo de Prestaciones básicas de Servicios Sociales*)[139] beinhaltete eine Übereinkunft zwischen dem spanischen Arbeits- und Sozialministerium und den autonomen Regionen über den Aufbau eines Netzes kommunaler sozialer Dienste. Nachdem dieser Plan 1988 verabschiedet wurde, waren 2.825 Kommunen in ihn einbezogen. Bis zum Jahre 1991 stieg die Zahl der Gemeinden, die an dieser Vereinbarung beteiligt waren, auf 6.042. Für die Bereitstellung sozialer Dienste wurden in diesem Zeitraum rund 8.000 Personen eingestellt[140].
- Die Umstrukturierungen auf der Ebene des Zentralstaates fanden durch die Gründung des Sozialministeriums (*Ministerio de Asuntos sociales*) per königlichem Dekret im Jahre 1988 ihren vorläufigen Abschluß[141].
  Die Hauptabteilung Soziales und das Nationale Institut für soziale Dienste (*Instituto Nacional de Servicios Sociales*)[142] des Ministeriums für Arbeit und Soziales wurden dem neuen Ministerium angegliedert. Vom Kultusministerium übernahm das Sozialministerium das Frauen- und das Jugendinstitut[143]. Aus dem Aufgabenbereich des Justizministeriums erhielt das neue Ministerium den gesetzlichen Kinder- und Jugendschutz. Außerdem übertrug man ihm die Aufsicht über die Wohlfahrtsverbände (die nationale Blindenorganisation *Organisación Nacional de Ciegos*

---

137 Vgl. den Überblick bei *Cabra* 1987, S.93 ff.

138 *Pascual/Red* 1987, S.42 f.

139 Vgl. dazu *García* 1984.

140 Angaben nach *Fernández* 1992, S.266.

141 Vgl. hierzu und zum folgenden *Aleman* 1991, S.215 ff., *Zaragozà* 1991, S.26 und die Übersicht in *Anuario* 1990, S.116 ff.

142 Das *INSERSO* ist vor allem für Altersheime, Altentagesstätten und Behinderteneinrichtungen zuständig. Vgl. *Cabra* 1987, S.81 ff.

143 Vgl. dazu *Cabra* 1987, S.78 f.

Españoles, das Rote Kreuz und andere) und das Königliche Patronat für Behinderte (*Real Patronato de Prevención y de Atención a Personas con Minusvalía*), das bis dahin zum Ministerium für die Beziehungen zum Parlament gehört hatte.
Für *Zaragozà* wurde mit dem Aufbau des neuen Ministeriums und der damit verbundenen Umstrukturierung "eine neue Etappe der Rationalisierung öffentlicher Fürsorge eingeleitet"[144]. Da sich die Arbeitsgebiete des neuen Ministeriums in einigen Bereichen mit denjenigen der staatlichen Institutionen auf der Ebene der *Autonomías* überschneiden, werden "Kooperationsformen notwendig, die Kollisionen, Doppelarbeit und Bürokratisierung verhindern"[145].

4.4.1 Die Dezentralisierung staatlicher Wohlfahrtspflege

Die während des Übergangs zur Demokratie begonnene Dezentralisierung setzte sich nach der Verfassung von 1978 fort und führte zwischen 1979 und 1983 zur Gründung von siebzehn autonomen Regionen (*Comunidades Autónomas*) mit eigenen Verfassungen (*Estatutos de Autonomía*). Die Gebiete dieser *Comunidades* entsprechen mit wenigen Ausnahmen historisch zusammengewachsenen Regionen[146]. Die verwaltungsmäßige Gliederung in Provinzen, die im 19.Jahrhundert unter französischem Einfluß erfolgt war[147], wurde zwar als administrative und politische Gliederungseinheit beibehalten, doch verloren die Provinzen viele ihrer, im Vergleich zu den neuen Autonomien, geringen Kompetenzen[148]. Für das Wohlfahrtswesen, wie auch für andere Politikbereiche, war die Gründung der Autonomien insofern von Bedeutung, als diese durch eigene Gesetze in der Folgezeit die Entwicklung der Wohlfahrtspflege prägten.

---

144 *Zaragozà* 1991, S.26.

145 Ebd.

146 Vgl. dazu genauer *Hildenbrand/Nohlen* 1991, S.55 f.

147 Vgl. dazu *Martínez Marín* 1986, S.297 ff. Zur Dezentralisierung sozialer Dienste in Frankreich ab 1981 vgl. den Überblick bei *Benz/Benz* 1987, S.125 ff.

148 Zur Abgabe von Kompetenzen an die Kommunen in der *Comunidad* Valencia vgl. den Überblick in *Diputació* 1987.

Nach der Verabschiedung von Länderverfassungen (*Estatutos de Autonomía*)[149] sind seit Beginn der achtziger Jahre daher in den Regionen Ländergesetze über Sozialhilfe und soziale Dienste (*Leyes de Servicios sociales*) entstanden[150]. Der Terminus '*Ländergesetze*' wird im folgenden wegen der den deutschen Bundesländern ähnlichen Stellung der *Comunidades* in der regionalen Gliederung Spaniens verwandt, obwohl der bundesdeutsche Föderalismus und das spanische System der *Autonomías* eine Reihe von Unterschieden aufweisen[151].

1982 erließ das Baskenland als erste *Comunidad* ein Gesetz über Sozialhilfe und soziale Dienste. Ihm folgten zunächst Navarra (1983), Madrid (1984), Murcia (1985) und Katalonien (1986). Inzwischen verfügen fast alle Regionen über entsprechende eigene Gesetze[152].

Diese Ländergesetze sind als Rahmengesetze für das Wohlfahrtswesen angelegt. Die Kompetenz der *Comunidades* für diesen Bereich wird in ihnen unterschiedlich weit ausgelegt. Teilweise gelten die *Comunidades* als allein verantwortlich für die gesetzliche Regelung des Wohlfahrtsbereichs, andere Gesetze erlauben eine weniger restriktive Interpretation[153]. Gemeinsames Ziel der Ländergesetze ist der Aufbau einer Wohlfahrtspflege im Sinne sozialstaatlicher Sicherung, wie sie in Westeuropa während der letzten Jahrzehnte entwickelt worden war. Die Verfolgung dieses Ziels soll durch die folgenden Prinzipien bestimmt werden[154] :

- Öffentliche Verantwortung (*responsibildad pública*) für die Wohlfahrtspflege,
- Dezentralisierung der administrativen Zuständigkeiten,
- Beteiligung der Bevölkerung und sozialer Gruppen,

---

149 Zu den Autonomiestatuten vgl. den Überblick bei *Casado* 1988, S.146 ff.

150 Zum folgenden vgl. *Casado* 1988, S.146 ff., *Valle* 1986, *Zabarte* 1990.

151 Vgl. dazu den Überblick bei *Hildenbrandt/Nohlen* 1991, S.42.

152 Die Gesetzestexte und Kommentare finden sich in *Leyes Autonómicas* 1990. Band 2 der vom spanischen Arbeits- und Sozialministerium seit 1988 herausgegenen Loseblattsammlung ermöglicht den direktesten Zugriff auf die Gesetze und Verordnungen der *Comunidades* (*CEDISS* 1988).

153 Vgl. dazu *Zaragozà* 1991, S.27.

154 Zum folgenden vgl. *Aznar* 1987a, S.90 ff., *Gual* 1987, S.15 ff. und *Zaragozà* 1991, S.27 f.

- Betonung der Prävention
- und planmäßiger Aufbau des Wohlfahrtswesens.

Die Festlegung der öffentlichen Verantwortung für den Aufbau eines umfassenden Systems sozialer Dienste und Hilfen war bald Gegenstand ähnlicher juristischer Kontroversen, wie sie sich im Hinblick auf die Sozialstaatsverpflichtung in der Verfassung ergeben hatten[155]. Dabei stand auch hier die Frage im Vordergrund, ob diese öffentliche Verantwortung eine direkt einklagbare Verpflichtung enthielt oder erst noch der Konkretisierung durch entsprechende Verordnungen und Erlasse bedurfte[156]. Einige Ländergesetze[157] enthalten in dieser Hinsicht insofern konkrete Vorgaben, als sie einen prozentualen Mindestanteil der Ausgaben für Wohlfahrtspflege am Haushalt der jeweiligen *Autonomía* festlegen, "der sich meist auf sechs Prozent beläuft"[158].

Eine weitgehende Übereinstimmung zeigen die Ländergesetze hinsichtlich der Bevölkerungsgruppen und der sozialen Probleme, denen sich die Wohlfahrtspflege widmen soll : "Familien, Kinder und Jugendliche, Senioren, Frauen, Behinderte, Drogenabhängige, Straffällige, ethnische Minderheiten, Nichtseßhafte"[159].

Die meisten Ländergesetze weisen den Kommunen administrative Kompetenzen für wichtige Teile des Wohlfahrtswesens zu[160]. Dabei wird in der Regel zwischen zwei Formen sozialer Dienste unterschieden[161] :

- Die allgemeinen sozialen Dienste werden der Verantwortung der Kommunen zugeteilt. Für diesen Bereich werden in den Gesetzen wie auch in der sozialpolitischen Diskussion verschiedene Begriffe benutzt, in allen wird aber die Nähe zum kommunalen Gemeinwesen betont[162].

---

155 Vgl. dazu oben, S. 92. f.

156 Vgl. *Cossio* 1989.

157 Die Ländergesetze Navarras, der Balearen und Kastilien-Leóns, vgl. hierzu *Zabarte* 1990, S.36 ff.

158 *Zaragozà* 1991, S.28.

159 *Las Heras* 1990a, S.17, vgl. auch den Überblick in *Leyes Autonómicas* 1990, S.712 f.

160 Zum folgenden vgl. *Zaragozà* 1991, S.28.

161 Zum folgenden vgl. *Casado* 1988, S.177 f. und 181 ff., *Cabra/Cañon* 1987, S.88.

162 *Servicios sociales de base*, *generales* oder *comunitarios* bzw. *de atención primaria* oder *básicos*, vgl. dazu *Zabarte* 1990, S.38 ff. und den terminologischen Überblick bei *Sitjà* 1988.

- Von diesen Diensten unterscheiden sich die speziellen Hilfsangebote (*Servicios sociales especializados*, *Servicios sociales de atención secundaria* oder *Servicios del segundo nivel*)[163]. Diese gehören nach den meisten Ländergesetzen zum Aufgabenbereich der *Comunidades*.

Zwar findet sich die dieser begrifflichen Unterscheidung entsprechende Verteilung der Kompetenzen in fast allen Ländergesetzen, doch gibt es verschiedene Vorstellungen darüber, was jeweils unter allgemeinen und unter speziellen sozialen Diensten zu verstehen ist. Ähnliche Unterschiede bestehen hinsichtlich der Aufgaben von Provinz- und Kreisverwaltungen und der Einrichtung von Zweckverbänden (*Mancomunidades*)[164]. Alle Ländergesetze ordnen die Anerkennung der Träger, die Planung der Wohlfahrtspflege, Dokumentation und Forschung den *Comunidades* zu[165].

Die meisten Ländergesetze bieten den Kommunen materielle Anreize zum Aufbau sozialer Dienste. So werden diejenigen Kommunen, die mehr als 5% ihrer Haushaltsmittel für soziale Hilfen und Dienste aufwenden, bei der Vergabe von Subventionen durch die *Autonomías* bevorzugt[166].

Die Kommunen besitzen nach den Artikeln 137 und 140 der Verfassung ein gewisses Selbstverwaltungsrecht. Im Gesetz über die Kommunal- und Provinzverfassung (*Ley Reguladora de las Bases del Régimen local*)[167] von 1985 wurde diese "in unklarer Form"[168] gehaltene Bestimmung konkretisiert[169]. In diesem Gesetz wurde unter anderem allen Kommunen mit mindestens 20.000 Einwohnern die Einrichtung eigener sozialer Dienste vorgeschrieben. Da aber nur 252 der insgesamt 8.022 spanischen Kommunen

---

163 Dazu *Sitjà* 1988, S.45.

164 Vgl. *Zabarte* 1990, S.40 f.

165 Vgl. dazu den Überblick in *Leyes Autonómicas* 1990, S.714 f. und *Zaragozà* 1991, S.28.

166 Vgl. dazu *Bueno* 1988, S.86 und *Rodríguez Cabrero* 1987, S.120. Auf Kollisionen mit dem Recht auf kommunale Selbstverwaltung, die sich daraus in einigen Fällen ergeben können, hat *Zabarte* 1990, S.37 f. hingewiesen.

167 Vgl. dazu den Überblick bei *Martínez Marín 1986*, S.294 ff.

168 *Zaragozà* 1991, S.24.

169 Zum folgenden vgl. *Valle* 1987, *Casado* 1987, S.16 ff., *Zabarte* 1990, S.39 ff., *Cabra* 1987, *Aleman* 1991, S.208 ff. und *Casado/Guillén* 1987, S.38 ff.

diese Einwohnerzahl erreichen[170], ergab sich die Frage, wie dennoch eine gleichmäßige Versorgung sichergestellt werden konnte. Einige Ländergesetze sehen dazu besondere Fördermaßnahmen vor[171]. Darüberhinaus können die Kommunen über den Zusammenschluß zu Kreisen oder Zweckverbänden funktionsfähige und finanzierbare soziale Dienste aufbauen[172]. Für große Kommunen, etwa Madrid oder Barcelona, besteht das Problem in umgekehrter Richtung darin, durch organisatorische Regelungen zu gewährleisten, daß die kommunale Administration überschaubar bleibt. Dazu werden diese Städte in Distrikte, bzw. Stadtteile mit jeweils zuständigen Abteilungen unterteilt[173].

Insgesamt ist ab Beginn der achtziger Jahre ein gewisser 'Boom' der kommunalen Sozialarbeit in Spanien festzustellen. Eine Publikationsflut von 'Wegweisern zu sozialen Diensten' und kommunalen Zeitschriften[174] zeugt von dem recht abrupten Bedeutungszuwachs kommunaler Sozialarbeit. Neu eingerichtete Sozialzentren, in denen Sozialarbeiter, Erzieher und Psychologen beschäftigt werden, bilden den Kern kommunaler Sozialarbeit[175]. Ihre Nähe zur Wohnbevölkerung der Kommune, bzw. in größeren Städten des Stadtteils, soll ihre Gemeinwesenorientierung gewährleisten[176].

García hat den Niedergang der in den siebziger Jahren entstandenen Stadtteilinitiativen (*Asociaciones de vecinos*) mit dem Bedeutungsgewinn kommunaler Politik und Verwaltung erklärt. Viele der früheren 'Führungspersonen' dieser Initiativen seien im Zuge jener Entwicklung als Bürgermeister, Dezernenten u.ä. in die lokalen Leitungsgremien integriert worden. Dies habe zur erheblichen Schwächung der Stadtteilinitiativen beigetragen[177].

Trotz der Fortschritte in den letzten Jahren weist der Dezentralisierungsprozeß folgende Probleme auf :

---

170 So das Ergebnis der Volkszählung von 1981, vgl. dazu *Valle* 1987, S.39 f. und *Pascual/Red* 1987, S.43.

171 Vgl. dazu *Zabarte* 1990, S.39 ff.

172 Vgl. dazu *Valle* 1987, S.40.

173 Vgl. dazu ebd., S.39.

174 So etwa die Zeitschriften "*Fer Ciutat*" (Barcelona) oder "*Bienestar en la Ciutat*"(Valencia).

175 Vgl. dazu *Cabra/Cañon* 1987, S.89.

176 Vgl. dazu *Aleman* 1991, S.208 ff.

177 Vgl. *García* 1988, S.69 f.

- Die Verteilung der Ressourcen hat nicht mit der Verteilung der Aufgaben Schritt gehalten. Die seit 1975 zunehmend gestiegenen Steuereinnahmen[178] fließen nur in begrenztem Umfang den *Autonomías* und in noch geringerem Maße den Kommunen zu. Während in föderalen Staaten, wie der Bundesrepublik, die Hälfte der Steuereinnahmen dem Zentralstaat und die restlichen Viertel jeweils den Ländern und Kommunen zufallen, ergibt sich für Spanien ein Verhältnis von 80 % für den Zentralstaat und jeweils 10 % für *Autonomías* und Kommunen[179].
- Der Dezentralisierungsprozeß, der insbesondere durch die Ländergesetze vorangetrieben wurde, kann zur Verschärfung bereits bestehender regionaler Ungleichgewichte beitragen. Wiederholt wurde gefordert, die Wohlfahrtspflege stärker durch gesamtspanische Gesetze zu regeln[180]. "Die Dezentralisierung der Wohlfahrtspflege ist rein theoretisch angebracht und zu begrüßen. Trotzdem muß das Prinzip regionaler Autonomie durch das Gegengewicht des Solidarprinzips ergänzt werden."[181] Zwar weisen die Ländergesetze viele Gemeinsamkeiten und Ähnlichkeiten auf, doch bestehen zwischen den verschiedenen *Autonomías* deutliche Unterschiede in der wirtschaftlichen Leistungskraft und in dem Ausmaß sozialer Probleme. Auf einen Teilaspekt der regionalen Ungleichgewichte hat *Llés* hingewiesen : "Es ist bemerkenswert, daß es die reichen Gebiete sind, die die Probleme der Armut in ihrem Bereich untersuchen und nicht diejenigen, die traditionell zu den armen zählen."[182]

4.4.2 Die Entwicklung der freien Träger in der Wohlfahrtspflege

Während der Franco-Zeit wurde die Wohlfahrtspflege in hohem Maße von freien Trägern bestimmt. Insbesondere die katholische Kirche nahm hierbei eine beherrschende Stellung ein. Neben den kirchlichen Institutionen (Caritas, Pfarrgemeinden, Orden und Stiftungen) sind als große Träger dieser Zeit das spanische Rote Kreuz, die Nationale Blindenorganisation

---

178 Vgl. dazu den Überblick im *Spanien-Lexikon* 1990, S.246 ff.

179 *García* 1988, S.71. Bezogen auf die prekäre Finanzsituation der Kommunen vgl. auch *Zaragozà* 1991, S.30. Zur Situation in der Franco-Zeit vgl. den Überblick bei *Klein* 1988, S.30 ff.

180 Vgl. dazu *Zaragozà* 1991, S.22.

181 *Aznar* 1989, S.45.

182 *Llés* 1989, S.182.

ONCE und Sozialeinrichtungen der Sparkassen[183] zu erwähnen. Die Wohlfahrtsinstitutionen des *Movimiento* und der *Vertikalen Syndikate*[184] können nur mit Einschränkung als freie, sondern eher als parastaatliche Träger betrachtet werden. Sie wurden während der Demokratisierung vollends in den Staatsapparat integriert.

Zu den bereits existierenden Trägern[185] kamen während der Demokratisierung und danach neue Organisationen hinzu, die vor allem auf lokaler Ebene tätig wurden. Dazu zählten, insbesondere während der Demokratisierung, die Nachbarschaftsvereinigungen und Stadtteilinitiativen[186].

Die Verstärkung des staatlichen Engagements im Wohlfahrtsbereich wirkte sich auf die Arbeit und Entwicklung der freien Träger aus. Die Verfassung von 1978 "enthält den Begriff des Sozialstaates in der Bedeutung eines Interventionsstaates, der die für seine Bürger und das Gemeinwesen notwendigen Leistungen erbringt. Sie institutionalisiert auf der anderen Seite das Prinzip der freien Initiative der Bürger, wenn damit Aktivitäten realisiert werden, die im Interesse der Allgemeinheit liegen (...)"[187]. Die Sozialstaatsverpflichtung und die Garantie nichtstaatlicher Initiativen müssen zwar nicht unbedingt miteinander kollidieren, doch sind einige Probleme unvermeidlich :

- Der Ausbau sozialer Grundsicherung greift in bisherige Arbeitsfelder der freien Wohlfahrtspflege ein.
- Die neuen staatlichen Initiativen auf den verschiedenen regionalen Ebenen können in Konkurrenz zu bestehenden Angeboten freier Träger treten.
- Das verstärkte staatliche Engagement geht einher mit zunehmender Verrechtlichung und Institutionalisierung. Dies liegt zum einen daran, daß die Ausgabe öffentlicher Mittel den dazu notwendigen formalen Anforderungen entsprechen muß. Darüber hinaus wird mit dem Sozialstaatsprinzip ein Anspruch aller Bürger auf Sozialleistungen formuliert. In vielen Fällen ist es schwierig, diesen Anspruch einzuklagen[188], wenn

---

183 Zu diesen vgl. den Überblick im *Spanien-Lexikon* 1990, S.52 ff.

184 Vgl. dazu Kapitel 3.

185 Vgl. dazu im einzelnen *Cabra* 1987, S.91 f., *Aleman* 1991, S.221 ff. und *Magadoux/Roca* 1989.

186 Vgl. hierzu *García* 1988, S.69 f.

187 *Beltrán* 1990, S.55. Zum folgenden vgl. dazu ebd. S.53 ff., *López Oruezabal* 1990, S.44 ff., *Zaragozà* 1991, S.31 f.

188 Vgl. dazu S.92 f. und S.117.

keine staatlichen Aktivitäten existieren. Sobald diese aber angeboten werden, muß allen Bürgern der Zugang zu ihnen ermöglicht werden. Diese Egalität ist nur durch Formalisierung und Verrechtlichung zu erreichen. Wenn freie Träger unter diesen Bedingungen öffentliche Förderung beanspruchen, werden auch sie von der Institutionalisierung und Verrechtlichung erfaßt.

Je stärker sich also der Staat in der Wohlfahrtspflege engagiert, desto notwendiger ist es, das Verhältnis von staatlicher und freier Wohlfahrtspflege zu regeln. Während der Franco-Zeit war das staatliche Engagement und daher auch die Normierung von Kompetenzen, Arbeitsfeldern usw. gering. Einige Erlasse und Verfügungen regelten zwar das Verhältnis des Staates zu freien Trägern, vor allem Stiftungen[189], die meist mit der katholischen Kirche verbunden waren, doch diese Regelungen genügten den veränderten gesellschaftlichen und sozialpolitischen Bedingungen nicht mehr. Insbesondere im Zusammenhang mit den Ländergesetzen über soziale Dienste und Hilfen ergab sich die Frage, wie das Verhältnis von Staat und freien Trägern weiterhin gestaltet werden sollte[190].

In Deutschland normiert das *Subsidiaritätsprinzip* dieses Verhältnis. Es wurde im Zusammenhang mit der Fürsorgegesetzgebung während der Weimarer Republik durchgesetzt[191] und besitzt bis heute Gültigkeit[192]. Nach diesem Prinzip können staatliche Stellen erst dann im Wohlfahrtsbereich aktiv werden, wenn keine Angebote freier Träger existieren; staatliche Initiative ist also gegenüber nichtstaatlicher subsidiär. Obwohl das Subsidiaritätsprinzip einen Interpretationsspielraum zuläßt[193], konnte sich in der Bundesrepublik das Zusammenspiel staatlicher und freier Träger in dem damit vorgegebenen Rahmen relativ konfliktarm entwickeln. Dies führte zu einer im internationalen Vergleich starken Stellung der Wohlfahrtsverbände[194].

---

189 Vgl. dazu *López Oruezabal* 1990, S.45 und *Aleman* 1991, S.224.

190 Zum Zusammenhang von Institutionalisierung, Verrechtlichung und Neubestimmung der Stellung freier Träger aufgrund der Ländergesetze vgl. *Beltrán* 1990, S.57 ff.

191 Vgl. *Buck* 1983. Vgl. auch die Erläuterung des deutschen Subsidiaritätsprinzips in Spanisch bei *Kreft* 1987, S.74 ff.

192 Zur Gleichschaltung des Fürsorgewesens während der Zeit des Nationalsozialismus vgl. den Überblick bei *Kramer* 1983.

193 Vgl. dazu den Überblick bei *Frerich* 1990, S.31 f.

194 Dazu *Lorenz* 1991, S.67.

Eine vergleichbar klare Bestimmung des Verhältnisses von staatlicher und freier Wohlfahrtspflege gibt es in Spanien bislang nicht. In der sozialpolitischen Diskussion lassen sich dazu drei Richtungen unterscheiden[195] :

- Die Angebote freier Träger werden als komplementär zu denjenigen staatlicher Institutionen betrachtet, d.h. freie Träger können auch dort tätig werden, wo es bereits staatliche Initiativen gibt.
- Freie Trägerschaft wird als subsidiär zu staatlicher betrachtet. Nach dieser Sichtweise folgt aus dem Sozialstaatsgebot der Verfassung die staatliche Verantwortung für die Wohlfahrtspflege. Aufgrund der daraus abgeleiteten Vorrangigkeit staatlicher Wohlfahrtspflege dürfe private Initiative nur "dort tätig werden, wo der Staat nicht interveniert"[196].
- Eine dritte Richtung postuliert die Subsidiarität in entgegengesetzter Richtung. Hiernach darf der Staat erst dann intervenieren, wenn keine freien Träger aktiv sind. Dies entspricht dem deutschen Verständnis von 'Subsidiarität' und demjenigen der katholischen Soziallehre[197].

Der zuerst skizzierte Ansatz läßt das Verhältnis zwischen staatlicher und freier Wohlfahrtspflege letztlich unbestimmt. Der eigentliche Konfliktpunkt ist nicht die Frage, *ob* freie Träger tätig werden dürfen, sondern, wann und unter welchen Bedingungen sie über steuerliche Begünstigung hinaus[198] an öffentlichen Mitteln partizipieren.

Bei der öffentlichen Förderung wird in Spanien zwischen der vertraglich vereinbarten Übernahme der Kosten durch staatliche Stellen (*Concertación*) und öffentlicher Teilsubventionierung unterschieden[199]. Die Voraussetzungen für die öffentliche Förderung sind in den Ländergesetzen geregelt[200] :

- Alle Ländergesetze, mit Ausnahme derjenigen Navarras, Murcias und Kataloniens, verlangen Gemeinnützigkeit (*Ausencia de fines de lucro*).
- Die Träger müssen staatlich anerkannt sein. Ihre Programme müssen den Richtlinien der staatlichen Stellen entsprechen.
- Die Träger müssen sowohl hinsichtlich der Gesamtorganisation wie auch der Teilgliederungen demokratisch strukturiert sein.
- Haushalt und Programme der Träger unterliegen staatlicher Kontrolle und Überprüfung.

---

195 Zum folgenden vgl. *Zaragozà* 1991, S.32.

196 *Zabarte* 1990, S.44.

197 Vgl. dazu den Überblick bei *Beckel* 1964.

198 Vgl. dazu den Überblick bei *Blanco Ruiz* 1988.

199 Vgl. *Codorniu* 1990, S.65.

200 Zum folgenden vgl. *Beltrán* 1990, S.57 ff. und *Aznar* 1987a, S.96.

- Der Aufbau neuer oder die Veränderung bestehender Angebote müssen vorab genehmigt werden.

Beltrán interpretiert diese Bedingungen so, "daß die Ländergesetze freie Träger, die öffentliche Mittel erhalten, einer enormen Intervention unterwerfen. Sie benutzen dazu die üblichen Mittel, die das Verwaltungsrecht bietet"[201]. Zwar sind die freien Träger, neben anderen Gruppen und Verbänden, in den Wohlfahrtsausschüssen auf kommunaler, Kreis- und Länderebene vertreten, doch beschränkt sich deren Funktion "im wesentlichen auf Beratung und Anregung der Sozialverwaltung. Nur wenige Gesetze verleihen den Ausschüssen darüber hinaus Kontroll- und Überwachungsrechte"[202].

In den letzten Jahren wurde die Bedeutung freier Träger für die Wohlfahrtspflege in der sozialpolitischen Diskussion Spaniens stärker betont als in den ersten Jahren der Demokratie. Der Terminus '*Privatisierung sozialer Dienstleistungen*', der dabei meist benutzt wird, trifft das damit Gemeinte allerdings nur zum Teil, da es sich "um eine Privatisierung der Verwaltung und des Managements, allerdings zu Lasten öffentlicher Haushaltsmittel handelt"[203].

Die wesentlichen Argumente, die für eine so verstandene Privatisierung sprechen, hat *Codorniu*[204] zusammengefaßt :

- Freie Träger besitzen eine längere Tradition und sind dementsprechend tiefer in der Gesellschaft, bzw. in deren kulturellen, religiösen und ethnischen Subgruppen, wie den *Gitanos*[205], verwurzelt.
- Darin ist auch ihre größere Nähe zu den Zielgruppen der Wohlfahrtspflege begründet.
- Darüber hinaus sind ihre Angebote eher auf die regionalen oder lokalen Besonderheiten abgestimmt. Gegenüber generalisierten staatlichen Angeboten besitzen freie Träger also den Vorteil größerer Spezialisierung.
- Die Angebote freier Träger sind billiger als vergleichbare staatliche. Dieses Rentabilitätsargument ist, so *Codorniu*, allerdings schwer zu verifizieren, da staatliche und freie Angebote nur selten direkt vergleichbar

---

201 *Beltrán* 1990, S.58.

202 *Zaragozà* 1991, S.27.

203 *Sarasa* 1989, S.21.

204 *Codorniu* 1990, S.65 ff.

205 Zur Entwicklung der kirchlichen Wohlfahrtspflege für Gitanos vgl. den Überblick bei *Calvo* 1986. Zum staatlichen *Programa Nacional de Desarrollo Gitano* vgl. *Fernández* 1992, S.267 ff.

sind. Sie verweist auf das Beispiel der Altenpflege. Die in den dortigen Institutionen anfallenden Kosten hängen unter anderem vom Grad der Pflegebedürftigkeit der betreuten Menschen ab. Die alten Menschen, die in staatlichen Einrichtungen betreut werden, "sind im allgemeinen pflegebedürftiger als diejenigen in privaten Institutionen"[206], so daß die geringeren Kosten freier Einrichtungen nicht notwendig größere Wirtschaftlichkeit bedeuten.

Allerdings, so *Codorniu* weiter, fällt es freien Trägern leichter, Spendengelder zu beschaffen, was zu ihrer Wirtschaftlichkeit beiträgt[207].

- Ein häufig genanntes Argument für die Förderung freier Wohlfahrtspflege ist, daß diese schneller und flexibler auf Veränderungen in den Arbeitsfeldern reagieren kann. Diese Flexibilität hängt auch damit zusammen, daß freie Träger den Bestimmungen des Privatrechts unterliegen. Das erlaubt ihnen größere Spielräume in der Planung der Personalentwicklung (bei Einstellungen, Versetzungen und Entlassungen) und der Anpassung der Infrastruktur[208].

  Codorniu betont dabei, daß die freien Träger ihr innovatives Potential nur entfalten können, wenn sie staatlich gefördert werden.

Bauer stellte in einem internationalen Vergleich der freien Wohlfahrtspflege in zehn Ländern fest: "Es gibt offensichtlich Konjunkturen der Wohlfahrtsproduktion seitens der formellen Sektoren, insbesondere des Staates, und zu anderen Zeiten Aufschwünge des intermediären und des informellen Sektors."[209] Da bislang keine umfassenden Untersuchungen zur Bedeutung der freien Wohlfahrtspflege in Spanien vorliegen, wäre es verfrüht, von einem 'Aufschwung' zu sprechen. Dennoch zeichnet sich in der sozialpolitischen Diskussion ein solcher Trend ab. Im Hinblick auf die Realisierungschancen umfassender sozial*staatlicher* Wohlfahrtspflege scheint eine gewisse Ernüchterung eingekehrt zu sein[210]. Sie ist insofern berechtigt, als die fortdauernden sozialen Probleme die Grenzen sozialstaatlicher Bearbeitung zeigen. Außerdem ist die fiskalische Belastung durch die Kosten sozialer Sicherung in den letzten Jahren verstärkt diskutiert worden. Hierbei ist insbesondere die Konkurrenz innerhalb der EG von Bedeutung. Für die näch-

---

206 *Codorniu* 1990, S.67.

207 *Codorniu* 1990, S.67.

208 *Codorniu* 1990, S.68.

209 *Bauer* 1987, S.20.

210 Vgl. dazu bspw. *Casado/Guillén* 1986, S.19 ff.

ste Zukunft läßt sich vermuten, daß die Aufgaben und die Bedeutung freier Träger wieder stärker betont werden.

Die rasche Entwicklung sozialer Sicherung und staatlicher Wohlfahrtspflege ließ in Spanien vor allem innerhalb der katholischen Kirche Kritik an staatlicher Sozialpolitik entstehen, die "mit der Übermacht des 'vor mir gab es nichts' protzt"[211]. Die Sorge vor der Verdrängung durch staatliche Sozialpolitik war insofern berechtigt, als die kirchlichen Institutionen durch neue Formen sozialer Absicherung und die staatliche Wohlfahrtspflege traditionelle Arbeitsfelder verloren[212]. Die Verfassung von 1978 räumte dem katholischen Glauben zwar eine gewisse Vorrangstellung ein[213], im wesentlichen enthielt sie aber die Forderung nach einer Trennung von Staat und Kirche, so daß die Kirche ihren beherrschenden Einfluß, unter anderem auf das Sozial- und Bildungswesen verlor. Dieser Verlust machte sich im Wohlfahrtsbereich auch insofern bemerkbar, als die Kirche ihre Vorrangstellung in der Ausbildung für Sozialberufe an den Staat abtrat[214].

Hinzu kam, daß sich der schon während der Franco-Zeit begonnene Säkularisierungsprozeß der spanischen Gesellschaft fortsetzte. Demoskopische Untersuchungen zeigen dies recht deutlich[215] : Während sich 1976 noch 48% aller Spanier als praktizierende Katholiken bezeichneten, betrug der Anteil dieser Gruppe 1988 nur noch 31%[216].

Dabei ist allerdings anzumerken, daß sich der Säkularisierungsprozeß nicht als allmählicher und gleichmäßiger Rückzug der Kirche aus dem Zentrum an den Rand des gesellschaftlichen Lebens vollzieht. Vielmehr zeigen

---

211 *Fuente* 1988, S.264.

212 Vgl. dazu *Fuente* 1988, S.264.

213 Die katholische Kirche wird im Unterschied zu anderen Konfessionen in Artikel 16 ausdrücklich erwähnt.

214 Vgl. dazu Kap.5.

215 Die Probleme derartiger Erhebungen und ihrer Interpretation können hier nicht erörtert werden.

216 *Toharia* 1989, S.49. Als "praktizierend" werden hierbei alle diejenigen betrachtet, die zumindest an Sonn- und Festtagen die Messe besuchen. Der Gesamtanteil der Katholiken, also auch der nicht praktizierenden, betrug allerdings 1988 noch 87%.
Toharia 1989 beziffert den Anteil der praktizierenden Katholiken unter "jungen" (?) Spaniern für 1984 mit 19% (S.33). Dies läßt für die Zukunft einen weiteren Rückgang der praktizierenden Katholiken an der Gesamtbevölkerung erwarten.

sich Pluralisierungstendenzen. In einigen Bereichen büßt die Kirche ihre Schlüsselstellung ein, wenn es etwa um Fragen der individuellen Moral (Sexualität, Ehe usw.) geht[217]. So konnten kirchliche Kreise im Konflikt um die Legalisierung der Abtreibung[218] zwar erheblichen politischen Einfluß ausüben, doch wurde die kirchliche Position in dieser Frage von der überwiegenden Mehrheit der Spanier nicht geteilt[219]. Demgegenüber wird der Kirche aber "in Fragen der sozialen Moral (Marginalisierung, soziale Probleme usw.) eine Führungsrolle zugebilligt"[220]. Während die Kirche also im Säkularisierungsprozeß insgesamt Einfluß einbüßte, konnte sie ihren Platz in der gesellschaftlichen Arbeitsteilung insoweit behaupten, daß ihr weiterhin eine gewisse Zuständigkeit für soziale Probleme zugestanden wird.

Fuente[221] hat drei Richtungen unterschieden, in denen kirchliche Wohlfahrtspflege auf die sozialpolitische Entwicklung reagiert :

- Sie setzt ihre Arbeit fort.
- Sie verhandelt mit staatlichen Stellen, um zu deren Angeboten ergänzende eigene zu entwickeln.
- Sie widmet sich den am meisten Bedürftigen. Damit übernimmt sie die Rolle eines Ausfallbürgen des Sozialstaates, der immer dann in Aktion tritt, wenn dessen Instrumente versagen.

Die von *Vázquez* vorgelegten Zahlen über die Entwicklung kirchlicher Wohlfahrtspflege[222] deuten allerdings darauf hin, daß in dem von ihm behandelten Zeitraum (1980 bis 1986) kein Rückgang, sondern eher eine Ausweitung kirchlicher Angebote stattgefunden hat.

Sollte es in nächster Zeit, wie oben vermutet, zu einer stärkeren Stellung der freien Träger kommen, dürfte auch die kirchliche Wohlfahrtspflege davon profitieren. Dies ist allerdings nicht gleichbedeutend mit einer Rückkehr zur früheren Dominanz. So ist der Grundsockel sozialer Absicherung in den letzten Jahren deutlich angehoben worden. Außerdem hat sich die Struktur der Wohlfahrtspflege verändert. Neben der Expansion staatlicher Angebote sind hier die Veränderungen zu erwähnen, die bei den freien Trä-

---

217 Dazu *Toharia* 1989, S.47 und S.57.

218 Vgl. dazu *Kreis* 1991, S.320 ff. und den Überblick im *Spanien-Lexikon* 1990, S.11 ff.

219 Dazu *Kreis* 1991, S.321 f.

220 *Toharia* 1989, S.47.

221 *Fuente* 1988, S.267 f.

222 Vgl. den Anhang in *Vázquez* 1991, S.239 ff.

gern stattgefunden haben. So hat sich das spanische Rote Kreuz in den letzten Jahren verstärkt im Wohlfahrtsbereich engagiert. Insbesondere bei der Mobilisierung ehrenamtlicher Kräfte sind hier verstärkte Anstrengungen festzustellen[223], die staatlich unterstützt werden[224].

223 Vgl. dazu *Cruz Roja* 1985.

224 Seit 1978 ist das Rote Kreuz eng mit dem Arbeits- und Sozialministerium verbunden. Vgl. dazu *Cabra* 1987, S.92.

5. Die Entwicklung von Ausbildung und Arbeitsfeldern der Sozialarbeit

In den vorhergehenden Kapiteln wurden die Veränderungen der Sozialpolitik und der Wohlfahrtspflege in Spanien behandelt. Seit sechzig Jahren hat sich parallel zu dieser Entwicklung der Beruf des Sozialarbeiters/der Sozialarbeiterin herausgebildet. Diese Berufsgruppe ist inzwischen für die Gestaltung der Wohlfahrtspflege von zentraler Bedeutung. Im folgenden wird die Entwicklung von Ausbildung und Arbeitsfeldern der Sozialarbeit nachgezeichnet.

Ein Aspekt dieser Entwicklung sei vorab erwähnt : Bis vor wenigen Jahren war die Sozialarbeit ein reiner Frauenberuf und selbst heute ist der Anteil der Männer an der Berufsgruppe außerordentlich gering. Wenn im folgenden der Kürze wegen die maskuline Form "Sozialarbeiter" verwendet wird, ist dies zu berücksichtigen.

5.1 Die Entwicklung der Sozialarbeiterausbildung

In der Entwicklung der spanischen Sozialarbeiterausbildung lassen sich drei Etappen unterscheiden :

- Während der Aufbauphase entstanden die ersten Schulen, ohne daß es ein klar definiertes berufliches Profil oder einen staatlich anerkannten Abschluß gab.
- Die staatliche Anerkennung und Vereinheitlichung der Ausbildung im Jahr 1964 beendete diese Etappe und leitete eine Konsolidierungsphase ein.
- Die Integration der Sozialarbeiterausbildung in die Universitäten zu Beginn der achtziger Jahre markierte einen weiteren Wendepunkt in der institutionellen Entwicklung der Ausbildung.

5.1.1 Die Aufbauphase bis 1964

Die Sozialarbeiterausbildung begann im November 1932 mit der Gründung der Frauenschule für soziale Hilfe (*Escuela de Asistencia Social para la Mujer*)[1] in Barcelona. Die Ausbildung an dieser Schule dauerte zwei Jahre und gliederte sich in einen einjährigen Grundkurs und ein weiteres Jahr spezialisierter Ausbildung entweder für den Gesundheitsbereich oder für betriebliche Sozialarbeit[2]. Am Ende der Ausbildung mußten die Schülerinnen ihre Abschlußarbeit über einen Aspekt der beruflichen Praxis anfertigen und dem Prüfungsausschuß vorlegen.

Die Schule wurde unter katholischer Trägerschaft betrieben. Ab 1935 übernahm das Wohlfahrtsministerium der *Autonomía* Katalonien die Leitung des Aufsichtskomitees[3]. Seit der Jahrhundertwende hatten sich in der katholischen Kirche Organisationen herausgebildet, deren Ziel darin bestand, die Arbeit der Kirche den veränderten gesellschaftlichen Bedingungen anzupassen. Im Vordergrund standen dabei die Folgeprobleme der Industrialisierung.

Eine dieser Organisationen war das 1926 gegründete Frauenkomitee für soziale Verbesserungen (*Comité Femenino de Mejoras Sociales*)[4], das, wie andere Organisationen auch, eine Reihe eigener Wohlfahrtsinstitutionen unterhielt. Angeregt durch die kirchliche Wohlfahrtspflege anderer europäischer Länder entwickelte das Frauenkomitee Vorschläge für eine Ausbildung derjenigen Frauen, die in den kirchlichen Institutionen arbeiteten. Diese Vorschläge wurden unter anderem auf dem Nationalen Wohlfahrtskongreß im Jahre 1929 diskutiert und mündeten schließlich in die Gründung der Schule in Barcelona ein.

In der Gestaltung der Ausbildung wie auch schon bei der Gründung der Schule orientierte man sich an Modellen anderer europäischer Länder. Hierbei spielte zunächst vor allem die belgische katholische Sozialarbeiter-

---

1 Zum folgenden vgl. *Rimbau/Rossell* 1986, S.451 f., *Estruch/Güell* 1976, S.43 ff., *Alonso u.a.* 1991, S.94 ff. und *Llovet/Usieto* 1990, S.51 f.

2 Vgl. dazu *Estruch/Güell* 1976, S.45 und den Studienplan für 1935-36 in *Vázquez* 1971, S.43.

3 Vgl. *Estruch/Güell* 1976, S.45.

4 Hierzu und zum folgenden vgl. *Estruch/Güell* 1976, S.43 ff.

ausbildung eine wichtige Rolle[5]. Der Anschluß an die internationale katholische Wohlfahrtsdiskussion wurde darüber hinaus durch den Beitritt zur Internationalen Katholischen Union für Soziale Dienste (*Unión Católica Internacional de Servicio Social*) gesucht.

Insgesamt wies die Sozialarbeiterausbildung schon zu Beginn einige Merkmale auf, die auch in den folgenden Jahren beibehalten wurden :

- Bis in die achtziger Jahre nahm die katholische Kirche eine Schlüsselstellung in der Ausbildung ein. Es bestand dabei eine deutliche Parallele zu ihrer Dominanz in den Arbeitsfeldern der Sozialarbeit[6].
- Die Sozialarbeitsschulen entstanden vor allem in den wirtschaftlich entwickelten Regionen. Neben Barcelona wurde Madrid zum bevorzugten Standort.
- Die spanische Sozialarbeit war von Anfang an von ausländischen Einflüssen geprägt.

Während des Bürgerkriegs stellte die Schule in Barcelona ihre Arbeit ein, 1939 nahm sie sie dann wieder auf. Der Neuanfang war durch eine konzeptionelle Neuorientierung gekennzeichnet. War die Schule zuvor von konservativen Kreisen "den damaligen sozialistischen Strömungen zugerechnet"[7] worden, verschob sich nun der Schwerpunkt der Ausbildung zu religiösen Inhalten und apostolischer Orientierung, ergänzt durch eine nationalistische Ausrichtung der Unterrichtsinhalte.

Dies machte sich in den Ausbildungsinhalten der Schule in Barcelona, wie auch in denjenigen der zweiten Sozialarbeiterschule, der 1939/40 in Madrid gegründeten katholischen "Schule für Sozial- und Familienausbildung" (*Escuela de Formación Familiar y Social*), bemerkbar[8].

Neben der Kirche wurden auch verschiedene franquistische Organisationen im Wohlfahrtsbereich tätig. Das *Obra de Auxilio Social*[9] war vor allem für die Ausbildung ehrenamtlicher Helferinnen von Bedeutung. Aus der Frauensektion der *Falange* heraus entstand 1953 die "Schule für Sozialinspektoren" (*Escuela de Visitadores Sociales*) "Santa Teresa" in Madrid[10]. Unter dem Einfluß der amerikanischen *Social worker*-Ausbildung wurden

---

5 Dazu trug auch ein Studienaufenthalt der späteren Schulleiterin in Belgien bei. Vgl. dazu *Estruch/Güell* 1976, S.44.

6 Vgl. dazu oben.

7 *Estruch/Güell* 1976, S.46.

8 Vgl. dazu *Estruch/Güell* 1976, S.46 und *Llovet/Usieto* 1990, S.51.

9 Vgl. dazu Kapitel drei.

10 Zum folgenden vgl. *Estruch/Güell* 1976, S.47 f.

hier zunächst vor allem Sozialarbeiter für die Psychiatrie ausgebildet. Während der nächsten Jahre dehnte die Schule die Ausbildung zunächst auf das Gesundheitswesen, dann auf alle Bereiche der Wohlfahrtspflege aus[11].

Während die Zeit nach dem Bürgerkrieg, vor allem aber nach dem Zweiten Weltkrieg, durch außenpolitische Isolierung gekennzeichnet war, begann in den fünfziger Jahren die außenpolitische Öffnung und wirtschaftliche Modernisierung Spaniens. Während der Zeit der Isolation entwickelte sich die Sozialarbeiterausbildung nur langsam. Zwischen der Gründung der ersten Schule im Jahre 1932 und der vierten Schule im Jahr 1953 vergingen so zwanzig Jahre.

Ab Mitte der fünfziger Jahre begann dann die "Expansionsphase"[12], die bis Mitte der sechziger Jahre anhielt. Zwischen 1957 und 1965 wurden 32 Schulen neu gegründet[13]. *Estruch* und *Güell* führen diese Expansion auf die sozialen Folgeprobleme der wirtschaftlichen Modernisierung zurück : die Binnenmigration führte zu Integrationsproblemen der Zugewanderten, an den Rändern der großen Städte entstanden Barackensiedlungen, in denen die Zuwanderer wohnten usw.[14].

Die außenpolitische Öffnung trug auch dazu bei, daß sich die spanische Sozialarbeit ausländischen Einflüssen öffnete. So vermittelten Experten der UNO Konzepte der Einzelfallhilfe, Gruppenarbeit und Gemeinwesenarbeit[15].

5.1.2 Die Konsolidierungsphase bis 1983

Erst im Jahre 1964 wurde die Sozialarbeiterausbildung durch das Ministerium für Bildung und Wissenschaft staatlich anerkannt. Dies trug zur Vereinheitlichung der Ausbildung bei. Bis dahin galten recht unterschiedliche Lehrpläne. Einige Schulen konzentrierten sich auf spezielle Arbeitsbereiche,

---

11 Mit der Ausweitung der Ausbildung gingen jeweils Veränderungen des Schulnamens einher (Psychiatrieinspektoren, Psychologen, psycho-sozialer Ausbildungsberuf, Höhere Fachschule für Sozialhelfer). Vgl. dazu *Estruch/Güell* 1976, S.47 f.

12 *Llovet/Usieto* 1990, S.52.

13 Vgl. dazu *Estruch/Güell* 1976, S.50.

14 *Estruch/Güell* 1976, S.50.

15 Vgl. dazu *Rimbau/Rossell* 1986, S.452.

so die erwähnte Madrider Schule auf die Psychiatrie und eine Schule in Sabadell auf die Ausbildung von Sozialarbeitern für die Textilindustrie[16].

Mit der staatlichen Anerkennung war eine Angleichung der Ausbildungsinhalte verbunden. In zwei Ministerialerlassen von 1964 und 1966 wurden die Ausbildungsinhalte landesweit geregelt. In der Ausbildung wurden unter anderem die Fächer "Religion" und "Förderung nationaler Gesinnung" besonders berücksichtigt[17]. "Hierin zeigt sich (...), wie sehr der Einfluß der Amtskirche als auch des Staates auf dem Ideengut der Schulen lastet."[18]

Der 1967 gegründeten ersten und für lange Zeit einzigen *staatlichen* Schule für Sozialarbeit in Madrid wurden das Anerkennungsverfahren für die bereits ausgebildeten Sozialarbeiter und die Aufsicht über die Abschlußprüfungen in den Schulen übertragen[19]. 1968 gab es 6000 staatlich anerkannte Sozialarbeiter, 4000 von ihnen hatten die Anerkennung nachträglich erworben[20].

Zur Erlangung der Berufsbezeichnung "*Asistente Social*", die wörtlich mit "Sozialhelfer" zu übersetzen wäre, war nun eine dreijährige Ausbildung notwendig. Die staatliche Anerkennung führte neben der Vereinheitlichung von Berufsbezeichnung und Ausbildungsdauer zur formalen Eingliederung der Sozialarbeiterausbildung in das spanische Bildungssystem.

Bis zur Bildungsreform von 1970 bestand das System aus folgenden Elementen[21] :

- Das Netz von Vorschuleinrichtungen für Kinder zwischen zwei und fünf Jahren (Kindergärten - *Escuelas maternales* für Zwei- und Dreijährige; Vorschulen - *Escuelas de párvulos* für Vier- und Fünfjährige) war wenig entwickelt[22].
- Seit 1964 bestand die Schulpflicht für acht Schuljahre.
- Der Besuch der Primarschulen (*Escuelas primarias*) begann mit dem Elementarzyklus (*Período elemental*) für die ersten vier Klassen.

  Nach einer Aufnahmeprüfung konnten die Schüler dann die allgemeinbildende Sekundarstufe I (*Ciclo elemental*) besuchen. Die Mehrzahl ab-

---

16 Vgl. dazu ebd.

17 Vgl. dazu *Llovet/Usieto* 1990, S.52.

18 *Alonso u.a.* 1991, S.96.

19 Vgl. dazu *Llovet/Usieto* 1990, S.52.

20 Vgl. dazu *Saldaña* 1969, S.58.

21 Zum folgenden vgl. *Miclescu* 1982, S.14 ff.

22 Vgl. dazu *Engell/López* 1981, S.51 f.

solvierte aber den zweiten Teil der Primarstufe (*Período de perfeccionamiento*). Nach dem erfolgreichen Besuch der fünften und sechsten Klasse konnten die Schüler dann in die Berufsschule wechseln. Diejenigen, die auch die Klassen sieben und acht der Primarschule absolvierten, erhielten danach eine Berufsausbildung oder sie konnten an einer Aufnahmeprüfung für die dritte Klasse der allgemeinbildenden Sekundarschule teilnehmen. Diese entsprach bei direktem Übergang vom *Ciclo elemental* in die Sekundarstufe der siebten Klasse.

- Die Sekundarstufe I reichte vom fünften bis zum achten Schuljahr. Das Abschlußzeugnis (*Bachillerato elemental*) diente dem Übergang in die Sekundarstufe II, dem Besuch von Handelsschulen oder Schulen für medizinisch-technische Assistenten sowie bis 1965 der Teilnahme an der Primarlehrerausbildung.
- Die Sekundarstufe II umfaßte die Klassen neun und zehn. Das Abschlußzeugnis (*Bachillerato superior*) erlaubte den Besuch des Universitäts-Vorbereitungskurses, technischer Schulen mittleren Grades (*Escuelas técnicas de grado medio*) und nach 1965 die Ausbildung zum Primarlehrer.
- Der Besuch einer Universität setzte einen einjährigen Vorbereitungskurs (*Curso preuniversitario*) voraus.
- Die Berufsausbildung (*Formación profesional*)[23] gliederte sich in drei Stufen. Nach einer zweijährigen Einführung, mit der dann die achtjährige Schulpflicht erfüllt war, konnte man eine dreijährige Facharbeiterlehre (*Oficalía* oder *Aprendizaje*) und danach ggf. eine zweijährige Meisterausbildung (*Maestría*) absolvieren. Wichtiger als diese formalisierte Ausbildung war aber die betriebliche Qualifizierung[24]. Die marginale Position der Berufsausbildung im Bildungssystem war immer wieder Anlaß für Reformbestrebungen[25].

Dieses System wurde erst durch das Erziehungsgesetz von 1970 umgestaltet. Das Schulwesen war "durch eine krasse Zweiteilung in eine schulgeldfreie 'Volksschule' und eine schulgeldpflichtige 'höhere Schule' charakterisiert, wie sie etwa in Deutschland bis zum Ende des Ersten Weltkrieges

---

23 Vgl. dazu den Überblick in *CEDEFOP* 1987, S.138 ff.

24 Zum Zusammenhang von betrieblicher Qualifizierung und geringer Mobilität *zwischen* verschiedenen Betrieben vgl. *Pries* 1991, S.20.

25 Vgl. dazu den Überblick in *CEDEFOP* 1987, S.138 ff.

existierte"[26]. Der Bereich der schulgeldpflichtigen privaten Schulen wurde von der Kirche dominiert.

Schon vor der Bildungsreform des Jahres 1970 standen die Veränderungen des Bildungswesens im Zusammenhang mit der wirtschaftlichen Modernisierung Spaniens. Der erste wirtschaftliche Entwicklungsplan (1964-1967) wurde von einer Alphabetisierungskampagne begleitet[27], die den Anteil der Analphabeten von 13,3 % der Gesamtbevölkerung im Jahre 1960 bis 1970 auf 9,9 % reduzierte[28]. Im Jahre 1964 wurde die Schulpflicht von sechs auf acht Jahre erhöht[29]. Weitere Schwerpunkte der Bildungspolitik lagen im Hochschulbereich (Einrichtung von Fachbereichen, *departamentos*, 1965 und Neugründung von Universitäten in Barcelona, Bilbao und Madrid 1968)[30].

Mit der offiziellen Anerkennung wurden die Schulen für Sozialarbeit den Mittleren Technischen Schulen (*Escuelas técnicas de grado medio*)[31] gleichgestellt. Während vorher unterschiedliche Anforderungen an die schulische Vorbildung der Schülerinnen gestellt wurden[32], war nun einheitlich der Abschluß der Sekundarstufe II vorgeschrieben. Die Sozialarbeiterausbildung wurde damit der Ausbildung von Technikern, medizinisch-technischen Assistenten und Grundschullehrern gleichgestellt[33]. Das Abschlußzeugnis der Sozialarbeiterschulen ermöglichte ebenso wie das der gleichgeordneten Ausbildungsinstitutionen die Zulassung zur Hochschulaufnahmeprüfung[34].

Mit der staatlichen Anerkennung des Berufs begannen die Schülerzahlen kontinuierlich anzusteigen[35]. Im Jahre 1969 gab es insgesamt 42 Schulen[36]. Die Dominanz der katholischen Kirche ist daran ablesbar, daß 29 davon

---

26 *Spanien-Lexikon* 1990, S.144.

27 Vgl. dazu *Schick-Wagner* 1975, S.21 f.

28 Angaben nach *Engell/López* 1981, S.50.

29 Vgl. dazu *Miclescu* 1982, S.12.

30 Vgl. dazu *Spanien-Lexikon* 1991, S.145 f.

31 Vgl. dazu *Schick-Wagner* 1975, S.16 f.

32 Vgl. dazu *Alonso u.a.* 1991, S.96.

33 Vgl. dazu den Überblick bei *Miclescu* 1982, S.18 f. Die Zuordnung der Sozialarbeiterausbildung zur Ausbildung von Technikern und anderen in *Alonso u.a.* 1991, S.96 ist falsch.

34 Vgl. dazu *Miclescu* 1982, S.18.

35 So *Rimbau/Rossell* 1986, S.453, allerdings ohne nähere Angaben.

36 *Vázquez* 1971, S.62.

kirchlich waren[37]. Bemerkenswert ist außerdem die regionale Verteilung : Allein in Madrid befanden sich sieben Schulen[38].

Das Gesetz über die Bildungsreform (*Ley General de Educación*) von 1970 stellte auch für die Sozialarbeiterausbildung einen Einschnitt dar.

Obwohl die quantitativen und qualitativen Mängel des spanischen Bildungswesens seit langem bekannt waren[39], kam es "aufgrund mangelhafter Voraussicht"[40] der Regierung erst in der zweiten Hälfte der sechziger Jahre zu einer intensiven Bestandsaufnahme und Diskussion. Diese führten 1969 zu einem Weißbuch (*Libro Blanco*) der Regierung[41], als dessen Konsequenz 1970 das Bildungsreformgesetz erlassen wurde. Mit diesem Gesetz wurde innerhalb einer Übergangsfrist von zehn Jahren das Bildungssystem umgestaltet :

- Der Primar- und der Sekundarbereich I wurden zur einheitlichen achtjährigen Grundbildung (*Educación General Básica*, *EGB*) zusammengefaßt[42].
- An die Stelle unterschiedlicher Formen des Sekundarbereichs II trat eine einheitliche Schulform (*Bachillerato unificado y polivalente*, *BUP*) für die Klassen neun bis elf[43]. Durch die Kombination von Pflicht- und Wahlfächern sollte neben der Einheitlichkeit die "Polyvalenz" dieser Schulstufe gewährleistet werden, die den Schülern verschiedene weiterführende Bildungswege eröffnete[44].
- Das berufliche Bildungswesen[45] wurde in drei Stufen unterteilt : die Berufsausbildung ersten Grades mit dem Abschluß "Hilfstechniker" (*Técnico auxiliar*) für diejenigen Absolventen der *EGB*, die nicht die Sekundarschule besuchten; die Berufsausbildung zweiten Grades mit dem Abschluß des "Technischen Spezialisten" (*Técnico especialista*) für Absolventen der Sekundarstufe II und, nach zusätzlichem Unterricht,

---

37 Vgl. ebd.

38 Vgl. ebd.

39 Vgl. dazu *Tamames* 1985, S.654 ff. und *Miclescu* 1982, S.12.

40 *Tamames* 1985, S.655.

41 Vgl. dazu *Libro Blanco* 1969.

42 Vgl. dazu *Miclescu* 1991, S.272 ff. und *Ullrich* 1987, S.59 ff. und *CEDEFOP* 1987, S.60 ff.

43 *CEDEFOP* 1987, S.67 f.

44 Vgl. dazu *Miclescu* 1991, S.274 ff.

45 Vgl. dazu *Miclescu* 1991, S.277 ff. und *CEDEFOP* 1987, S.62 ff. sowie S.76 ff.

Técnicos auxiliares und eine Berufsausbildung dritten Grades für Absolventen des ersten Zyklus der Hochschulbildung. Die Berufsausbildung dritten Grades blieb allerdings im Planungsstadium.

- Auch die Hochschulbildung wurde in drei Abschnitte unterteilt : in einen ersten Zyklus (*primer ciclo*) von drei Jahren, einen zweiten von zwei bis drei Jahren und schließlich in den dritten Zyklus, der zur Promotion führte. Zum Hochschulbesuch zugelassen wurde, wer das *Bachillerato Unificado Polivalente* und das daran anschließende Universitätsvorbereitungsjahr (*Curso de Orientación Universitaria, COU*) absolviert und danach eine universitäre Aufnahmeprüfung (*Selectividad*) bestanden hatte.

Dieses Gesamtsystem wurde seit 1970 zwar umgestaltet, blieb in seinen Grundzügen aber bis heute erhalten. Die seit 1970 wachsende Bedeutung der Bildungspolitik ist daran ablesbar, daß die Ausgaben für das Bildungswesen zwischen 1970 und 1980 jährlich um 11,7 % wuchsen[46].

In der Folge des Reformgesetzes wurden die Mittleren Technikerschulen und die Primarlehrerausbildung in die Hochschulen integriert[47]. Der erste Studienzyklus entsprach in den herkömmlichen Studienfächern dem Grundstudium und leitete zum zweiten Zyklus über, der dann mit der *Licenciatura* endete. Das Studium in den neu integrierten Fächern beschränkte sich auf den ersten Zyklus und endete nach drei Jahren mit dem Diplom (*Diploma*).

Während damit die den Schulen der Sozialarbeit bislang gleichgeordneten Ausbildungsinstitutionen als pädagogische oder Fachhochschulen (*Escuelas Universitarias*) in die Universitäten integriert wurden, blieb der Sozialarbeiterausbildung diese Integration bis zum Beginn der achtziger Jahre verwehrt.

Im *Libro Blanco* von 1969 war die Sozialarbeit gar nicht, im Reformgesetz von 1970 nur als Beispiel für solche Ausbildungen erwähnt worden, die zu einem späteren Zeitpunkt geregelt werden sollten[48]. Von daher wurde

---

46 Vgl. dazu *López-Casero* 1991, S.309.

47 Ab dem Studienjahr 1972/73 wurden die Schulen für Architektur, Technik und Betriebswirtschaft sowie die *EGB*-Lehrerbildung in die Universitäten integriert, ab dem Studienjahr 1977/78 die Krankenpflegeschulen und ab dem folgenden Studienjahr die Statistiker-, Optiker-, Übersetzer- und Informatikerausbildung. Zum damit jeweils verbundenen Anstieg der Studentenzahlen vgl. den Überblick in *Anuario* 1990, S.149.

48 Vgl. dazu *Llovet/Usieto* 1990, S.53.

die Integration in die Universitäten in den folgenden Jahren zu einem der wesentlichen Konfliktpunkte zwischen Sozialarbeitern und Staat. In der zweiten Hälfte der sechziger Jahre entstanden landesweite Berufsorganisationen der Sozialarbeiter, die die Forderungen nach einer Anhebung der Ausbildung bündelten.

1967 war mit der Spanischen Föderation der Sozialarbeiterverbände (*Federación Española de Asociaciones de Asistentes Sociales*, *FEDAAS*) die erste landesweite Berufsorganisation entstanden[49]. Am ersten Nationalen Kongreß der Sozialarbeiter (*I Congreso Nacional de Asistentes Sociales*), der im Mai 1968 in Barcelona veranstaltet wurde, nahmen rund fünfhundert Sozialarbeiter teil[50]. Der Kongreß forderte die Anhebung der Ausbildung auf universitäres Niveau, "obwohl es hierbei Differenzen darüber gab, wie dies gestaltet werden sollte"[51].

Das Netz von Berufsorganisationen wurde in den folgenden Jahren ausgeweitet. So entstanden sowohl der vom Ersten Sozialarbeiterkongreß[52] geforderte Berufsverband (*Colegio de Asistentes Sociales*), der Lobby- und Sachverständigenfunktionen wahrnahm[53], als auch die Vereinigung der Sozialarbeitsschulen.

Mittels dieser Interessenvertretungen wurde während der siebziger Jahre die Forderung nach der Integration in die Universitäten auf verschiedenen Wegen artikuliert[54]. Die politischen Mittel reichten von Eingaben, Experti-

---

49 Vgl. dazu *Llovet/Usieto* 1990, S.53.

50 Vgl. dazu *Congreso Nacional* 1968, S.83 und *Congreso* 1969.

51 *Congreso Nacional 1968*, S.84. Einige Gruppen forderten die Eingliederung in sozialwissenschaftliche Fachbereiche, andere eine Anhebung zu Technischen Hochschulen, vgl. dazu ebd., S.85.

52 Vgl. dazu *Congreso Nacional 1968*, S.85.

53 Vgl. dazu *Rimbau/Rossell* 1986, S.454 f. und *Irazusta* 1990, S.156 ff.

54 Vgl. dazu die chronologische Übersicht in *Irazusta* 1990, S.156 ff. Einen kurzen chronologisch geordneten Überblick über rechtliche, berufliche, sozialpolitische und Ausbildungsveränderungen in den Jahren 1968 bis 1980 bietet die *Cronología* 1980.

sen und Gesetzentwürfen[55] bis zu Streiks und Besetzungsaktionen, die vor allem nach dem Übergang zur Demokratie zunahmen[56].

Zur Verschärfung der Auseinandersetzung trug auch das im Laufe der siebziger Jahre gewandelte Selbstverständnis vieler Sozialarbeiter bei. Unter dem Einfluß von lateinamerikanischen Konzepten der Sozialarbeit wurde die Funktion der Sozialarbeit nun im Beitrag zur gesellschaftlichen Befreiung und Umgestaltung gesehen.

Unter dem Leitbegriff 'Neukonzipierung der sozialen Arbeit' (*Reconceptualización del servicio social*) hatte sich in den sechziger Jahren in Lateinamerika ein politisch verstandenes Bild von Sozialarbeit verbreitet[57]. Die bisherige Arbeit sei, so die Kritik, durch Konzepte aus den kapitalistischen Metropolen beeinflußt gewesen und habe im wesentlichen der Systemerhaltung gedient. Nun komme es darauf an, die Sozialarbeit und die Funktion der Sozialarbeiter neu zu konzipieren. In Anlehnung an Erklärungsansätze der *Dependencia*-Theorie[58] wurde eine auf politische Bewußtseinsbildung und Mobilisierung ausgerichtete Arbeit gefordert, die man als Beitrag zur "pädagogischen Dekolonialisierung"[59] verstand.

Seit Beginn der siebziger Jahre fanden die Ansätze der *Reconceptualización* Eingang in die spanische Diskussion[60]. Insbesondere in der Gemeinwesenarbeit[61] und in der Arbeit mit politischen Nachbarschaftsvereinigungen[62], die sich gegen die infrastrukturellen Mängel in den Stadtteilen zusammenschlossen, sah man Möglichkeiten der politischen Bewußtseinsbil-

---

55 Vgl. hierzu und zum folgenden *Rimbau/Rossell* 1986, S.454 f., *Llovet/Usieto* 1990, S.53 ff. und *Irazusta* 1990, S.156 ff.

56 Zur Streik- und Besetzungswelle im Frühjahr 1978 vgl. verschiedene Zeitungsmeldungen, die in der Revista de Treball Social, Nr.70, 1978, S.72 ff. abgedruckt sind.

57 Zum folgenden vgl. *Schulze* 1983, S.159 ff., *Aguilar* 1988, *Ander-Egg* 1988, S.257 f., *Torres* 1987, S.235 ff. und *López Blasco* 1987.

58 Vgl. dazu den Überblick bei *Boeckh* 1991.

59 *Ander-Egg* 1988, S.258.

60 Vgl. beispielsweise verschieden Beiträge beim zweiten Sozialarbeiterkongreß 1972 in *Congreso* 1973. Vgl. dazu auch *Colomer* 1990, S.8 ff.

61 Vgl. *Marchioni* 1968 und *Scheggi/Cassarueba* 1968.

62 Vgl. dazu *Spanien-Lexikon* 1990, S.27.

dung (*concienciación*). Die Sozialarbeiterinnen und Sozialarbeiter sollten zu 'Maklern der Veränderung' (*agentes de cambio*)[63] werden.

Aguilar hält die geistige und politische Umbruchsituation der siebziger Jahre und die berufliche Situation der Sozialarbeit für wesentliche Faktoren, die die Verbreitung der *Reconceptualización* in Spanien förderten[64]. Sie ist allerdings der Ansicht, daß während des Übergangs zur Demokratie "bereits 1977 der Prozeß der Technokratisierung der Sozialarbeit in Spanien" begonnen habe[65].

Ezequiel Ander-Egg, früher einer der auch in Spanien bekanntesten Vertreter der *Reconceptualización*[66], zieht trotz aller Kritik an diesem Ansatz eine insgesamt positive Bilanz, da mit ihm ein neues Niveau professioneller Sozialarbeit mit sozialwissenschaftlicher Orientierung entstanden sei[67].

Trotz der vielfachen und häufig im Sinne der *Reconceptualización* organisierten Aktivitäten wurde die Sozialarbeiterausbildung erst Anfang der achtziger Jahre in die Universitäten eingegliedert.

5.1.3 Die Integration in die Universitäten

Im Jahre 1981 wurde die Sozialarbeiterausbildung durch königliches Dekret zur universitären Ausbildung erklärt. Zwei Ministerialerlasse regelten im Jahre 1983 die Integration in die Universitäten und die Ausbildungsinhalte[68]. Die Sozialarbeiterausbildung wurde nun dem ersten Zyklus der universitären Bildung zugeordnet und führte zum Abschluß des *Diplomado en Trabajo Social*[69]. Damit begann die Eingliederung der Ausbildungsinstitutionen in die Universitäten. Die verschiedenen Schulen durchliefen dabei unterschiedliche Stufen der Assoziierung bis hin zur Integration[70].

---

63 'Agente de cambio' heißt in anderen Zusammenhängen 'Börsenmakler'.

64 Vgl. *Aguilar* 1988, S.227 f.

65 Ebd., S.229.

66 Sein Buch *Sevicio social para una nueva época* war das einzige der *Reconceptualización*-Ansätze, das auch in Spanien selbst erschien.

67 Vgl. *Ander-Egg* 1988, S.258.

68 Vgl. dazu *Guía informativa* 1989, S.11 ff.

69 Vgl. dazu *Llovet/Usieto* 1990, S.57.

70 Vgl. dazu *Irazusta* 1990, S.156 ff. zur Ausbildung in San Sebastian, *Huelva* 1990, S.2 zur Entwicklung in Huelva.

Die bisherige Ausbildungsdauer von drei Jahren wurde beibehalten, doch wurden die Ausbildungsinhalte neu geregelt. Der gegenwärtig gültige Studienplan läßt den einzelnen Hochschulen relativ wenig Spielraum. Sie können bis zu zwei ergänzende Pflichtkurse einführen und im Wahlbereich eigene Akzente setzen. Der Ausbildungsplan muß von der jeweils zuständigen Universitätsleitung genehmigt werden[71], Diese Befugnis ist aber in der Regel an die Rektoren der *Escuelas Universitarias* delegiert[72]. *Rimbau/Rossell* stellen zwar fest, daß "innerhalb des Studienrahmenplans jede Schule die Freiheit besitzt, spezielle Lehrpläne für die einzelnen Fächer zu entwikkeln"[73], doch ist dabei zu bedenken, daß die Hochschulautonomie in Spanien traditionell geringer als in Deutschland entwickelt ist[74].

Die Struktur und die Inhalte des ab 1983 neu geregelten Ausbildungsganges entsprachen im wesentlichen einem Gesetzentwurf (*Anteproyecto*)[75], der 1980 von Vertretern der sozialarbeiterischen Berufsorganisationen erarbeitet worden war[76].

Das Profil der Ausbildung läßt sich folgendermaßen zusammenfassen[77] :

- Der Zugang zur Sozialarbeiterausbildung erfolgt, wie in anderen universitären Studiengängen, über die Teilnahme an dem Studienvorbereitungskurs (*Curso de Orientación Universitaria* , *COU*). Studienbewerber, die über 25 Jahre alt sind und den *COU* nicht absolviert haben, müssen eine Zugangsprüfung ablegen[78].
- Die Ausbildung wird in drei Studienjahre (*Cursos*) eingeteilt.
- Auf allen Stufen besteht die Ausbildung aus theoretischen Elementen und Praktika, wobei der Anteil der Praktika ca. 40% der Studienzeit einnimmt. Dabei ist allerdings zu berücksichtigen, daß vor allem während des *primer curso* Seminare in Gesprächsführung, Gruppenarbeit usw. innerhalb der Hochschule stattfinden. Sie werden dennoch dem praktischen

---

71 Vgl. dazu *Rimbau/Rossell* 1986, S.466.

72 Vgl. hierzu *Llovet/Usieto* 1990, S.63.

73 *Rimbau/Rossell* 1986, S.465 f.

74 Zur Hochschulautonomie in Spanien vgl. den Überblick bei *Miclescu* 1985.

75 Vgl. dazu *Anteproyecto* 1980.

76 Vgl. dazu *Alonso u.a.* 1991, S.97 f.

77 Vgl. zum folgenden den Studienplan in *Guía informativa* 1989, S.16 ff. und den Überblick bei *Rimbau/Rossell* 1986, S.465 ff.

78 Vgl. dazu *Rimbau/Rossell* 1986, S.463 f.

Teil der Ausbildung zugerechnet[79]. Für die Betreuung der Praktika benötigt das Lehrpersonal das Diplom in Sozialarbeit. Nach Kontroversen darüber, ob außerdem der akademische Grad der *licenciatura* notwendig sei, wurde dies nicht zwingend vorgeschrieben [80].

- Der theoretische Teil der Ausbildung besteht aus vier Elementen, die während der dreijährigen Ausbildung mit unterschiedlichen Schwerpunkten studiert werden :
  Zu den "Basiswissenschaften" (*Ciencias básicas*) zählen Psychologie, Soziologie und Recht der Sozialarbeit.
  Im Fach Sozialarbeit (*Trabajo social*) werden nach Einführungsveranstaltungen Methoden der Sozialarbeit sowie Kenntnisse über soziale Dienste und Sozialpolitik vermittelt.
  Zum wissenschaftlichen Ergänzungsbereich (*Ciencias complementarias*) zählen Seminare in Statistik und Sozialforschung, Verwaltungsrecht, angewandten Wirtschaftswissenschaften für Sozialarbeiter und, allerdings nicht verbindlich, Sozial- und Kulturanthropologie sowie Ethik der Sozialarbeit.
  Als viertes Element der theoretischen Ausbildung sind die Wahlfächer (*Optativas*) zu nennen. Hier besteht für Studenten des zweiten und dritten Studienjahres die Möglichkeit, sich auf einzelne Arbeitsgebiete oder Zielgruppen zu konzentrieren.
- Vor dem Eintritt in das nächste Studienjahr müssen die Studenten in den einzelnen Fächern Prüfungen absolvieren. Bis zum Abschluß des Studiums müssen bis zu zwanzig Scheine (*Asignaturas*) erworben werden.
- Die Wochenstundenzahl beträgt während der drei Studienjahre bis zu 30 Stunden.

Die Hochschulintegration der Sozialarbeiterausbildung brachte im wesentlichen die folgenden Konsequenzen mit sich[81] :

- Die Berufsbezeichnung *Asistente social* (Sozialhelfer) wurde gegen *Trabajador social* (Sozialarbeiter) ausgetauscht. In dieser Umbenennung deutete sich eine konzeptionelle Neuorientierung an, durch die helfend-mildtätige Orientierungen von Konzepten sozialstaatlich organisierter Dienstleistung abgelöst werden sollten.

---

79 Vgl. dazu den Wortlaut des Studienrahmenplanes in *Guía informativa* 1989, S.22.

80 Vgl. dazu *Llovet/Usieto* 1990, S.64.

81 Zum folgenden vgl. *Alonso u.a.* 1991, S.98.

- Parallel dazu wurden die Ausbildungsinshalte umstrukturiert. In einem prosperierenden System sozialer Sicherung wurde Dienstleistungspersonal benötigt, das über ausreichende administrative, rechtliche, soziologische und psychologische Kenntnisse verfügte.
- Schließlich gewann der Beruf durch die Hochschulintegration an Prestige und Bedeutung. Dieser Zuwachs verband sich mit der wachsenden Bedeutung, die dem Ausbau der sozialen Sicherung während der ersten Jahre der Demokratie zufiel.

Insgesamt stieg die Attraktivität des Sozialarbeiterberufes durch die Hochschulintegration. Flankiert wurde dies durch die Expansion der beruflichen Möglichkeiten, vor allem durch den Aufbau kommunaler Sozialeinrichtungen. Beide Elemente, Prestigezuwachs und Arbeitsmarktchancen, trugen zum Anstieg der Studentenzahlen in den achtziger Jahren bei, den die folgende Grafik zeigt.

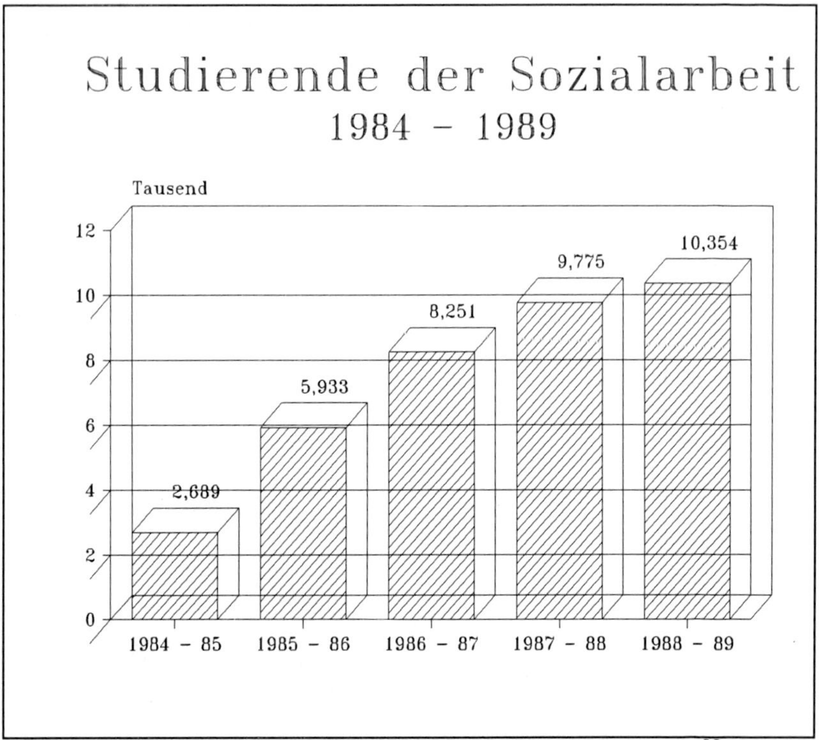

Abbildung 5.1 : Studierende der Sozialarbeit 1984 - 1989[82]

In der Bundesrepublik kam es nach der Umwandlung der Höheren Fachschulen in Fachhochschulen für Sozialarbeit in den siebziger Jahren zu einem ähnlich sprunghaften Anstieg der Studentenzahlen[83].

In Spanien begann mit der Hochschulintegration ein stärkeres staatliches Engagement in der Sozialarbeiterausbildung, durch Neugründung von *Escuelas Universitarias* (bspw. in Valencia), durch staatliche Beteiligung an Leitungs- und Aufsichtsgremien (bspw. auf den Balearen) und durch die Zuordung kirchlicher Sozialarbeitsschulen zu staatlichen Universitäten (bspw. in Pamplona). Die *Säkularisierung der Wohlfahrtspflege* fand ihre Entsprechung in einer zunehmenden *Säkularisierung der Ausbildung*. Dabei ist allerdings zu berücksichtigen, daß schon vorher innerhalb der katho-

---

82 Angaben nach *Anuario* 1990, S.149 und *Anuario* 1993, S.120.

83 Vgl. auch *Alonso/Höffer-Mehlmer* 1991, S.69.

lischen Schulen ein Rückgang religiöser zugunsten fachlicher Orientierungen stattgefunden hatte.

5.1.4 Die Ausbildungsentwicklung am Beispiel San Sebastians

Zum dreißigjährigen Bestehen der Schule für Sozialarbeit in San Sebastian hat *Mary Irazusta Rezola* die bislang wohl detaillierteste Einzelstudie vorgelegt, die die *inneren* Veränderungen einer Schule von ihren Anfängen in den fünfziger Jahren bis zur heutigen Zeit zeigt[84]. Dabei unterscheidet sie drei Phasen in der Geschichte der Schule in San Sebastian und geht dabei auch auf die Säkularisierung der Ausbildung ein :

Während der Anfangsgsphase (1958 bis 1963)[85] unterstand die Schule direkt dem Bischof. Die Lehrinhalte wurden primär von der katholischen Soziallehre bestimmt. Mehr als die Hälfte des Lehrpersonals waren Geistliche oder gehörten einem Orden an[86].

Während der zweiten Phase (1964 bis 1979)[87], die mit der staatlichen Anerkennung eingeleitet wurde, bestand weiterhin eine juristische Abhängigkeit von der Diözese. Das Erziehungsministerium erhielt aber die Aufsicht über Ausbildungs- und Prüfungsinhalte. Die Stadtsparkasse (*Caja de Ahorros Municipal*) San Sebastians übernahm in dieser Phase einen Teil der Finanzierung und kam damit ihrer Verpflichtung zu sozialen Investitionen nach[88]. Sie war, ebenso wie die Diözese und die Schule, mit eigenen Repräsentanten im administrativen Leitungsgremium (*Junta de Patronato*) der Schule vertreten. Hinsichtlich der Ausbildungsinhalte konstatiert *Irazusta* für diese Phase eine stärkere Betonung beruflich-professioneller Orientierungen und einen Rückgang religiöser Inhalte. Gleichzeitig ging der Anteil der Geistlichen und Ordensangehörigen am Lehrpersonal auf 27 % zurück[89].

---

84 *Irazusta* 1990.

85 Vgl. dazu *Irazusta* 1990, S.34 ff.

86 Vgl. dazu ebd., S.214.

87 Vgl. dazu *Irazusta* 1990, S.96 ff.

88 Vgl. dazu ebd., S.105 ff. Zu den *Cajas de Ahorros* vgl. den Überblick im *Spanien-Lexikon* 1990, S.52 ff.

89 Vgl. *Irazusta* 1990, S.214.

Während der dritten Phase (1980 bis 1988)[90] wurde die Umwandlung der Schule in eine *Escuela Universitaria* eingeleitet und abgeschlossen. Die juristische Zuordnung zur Diözese blieb dabei erhalten, ebenso wie die Teilfinanzierung durch die *Caja de Ahorros* und die Zusammensetzung des Leitungsgremiums. Die Ausbildungsinhalte wurden 1984, als die universitäre Ausbildung begann, den Vorgaben des Studien-Rahmenplans angepaßt. Der Anteil der Geistlichen und Ordensmitglieder am Lehrpersonal ging weiter auf 21,4 % zurück[91].

Die *Säkularisierung der Ausbildung* zeigt sich auch in der Zusammensetzung der Gruppe der Studierenden. Während in der ersten Phase noch 12 % Mitglieder von Ordensgemeinschaften waren, ging deren Anteil in der zweiten Phase auf 10,34 % zurück. Zwischen 1980 und 1988 gehörte nur noch eine Studentin einem Orden an, was einem prozentualen Anteil an der Gesamtzahl der Studenten dieser Phase von 0,23 % entspricht[92].

Neben der *Säkularisierung* hebt *Irazusta* eine weitere Entwicklung hervor, die durch die drei Phasen hindurch zu beobachten war : Der Wandel von der Sozialarbeit als reinem Frauenberuf ("*Carrera femenina*")[93] zur "*Carrera mixta*"[94] beginnt nach der staatlichen Anerkennung im Jahre 1964. Während in der ersten Phase keine Männer zu Sozialarbeitern ausgebildet wurden, waren in der zweiten Phase 6,89 % der Schüler Männer. In der dritten Etappe stieg ihr Anteil leicht auf 7,28 % der Studierenden an[95].

Gleichzeitig stieg der Anteil der Frauen am Lehrpersonal. Hatte er zunächst noch 36,11 % betragen, waren nach 1964 46,55 % der Unterrichtenden Frauen. In der dritten Phase stieg der Frauenanteil auf 50 %[96]. Diesen Anstieg führt *Irazusta* darauf zurück, daß das Lehrangebot zum Teil durch befristete und Teilzeit-Arbeitsverträge abgedeckt wird, Männer aber normalerweise feste und Vollzeit-Arbeitsplätze bevorzugen[97]. Außerdem mache sich hierbei der Anstieg der weiblichen Bildungsbeteiligung bemerkbar, der zu durchschnittlich höheren Abschlüssen führe[98].

---

90 Vgl. dazu *Irazusta* 1990 S.154 ff.

91 Vgl. dazu ebd., S.214.

92 Vgl. dazu *Irazusta* 1990, S.196 und 214.

93 Ebd., S.77.

94 Ebd., S.136.

95 Vgl. dazu ebd., S.215.

96 Vgl. dazu ebd., S.214.

97 Vgl. dazu ebd., S.192.

98 Vgl. dazu *Irazusta* 1990, S.192.

5.1.5 Gegenwärtige Reformvorschläge zur Sozialarbeiterausbildung

Nach der Eingliederung der Sozialarbeiterausbildung in die Hochschulen wurde in den letzten Jahren verstärkt die volle Integration in die Universitäten diskutiert. Bislang kann Sozialarbeit nur im ersten universitären Zyklus mit dem Abschluß *Diploma* studiert werden. Von seiten der *Escuelas Universitarias* wie auch von verschiedenen Berufsverbänden wurde die Forderung erhoben, weiterführende Studienmöglichkeiten einzurichten. Nach dem *Diploma* soll im zweiten Studienzyklus die *Licenciatura* erreicht werden können.

Wie schon bei den Auseinandersetzungen um die Hochschulintegration während der siebziger Jahre nahmen neben den Ausbildungsinstitutionen die Berufsverbände eine zentrale Stellung ein. Zum Dachverband *Consejo General de Colegios Oficiales* gehören 37 regionale Verbände[99]. Die Existenz und Bedeutung der *Colegios* wurde durch Artikel 36 der Verfassung garantiert[100]. 1982 wurden die *Colegios Oficiales de Diplomados en Trabajo Social y Asistentes Sociales* als Körperschaft Öffentlichen Rechts staatlich anerkannt[101]. Ihre Aufgabe besteht in der Vertretung der beruflichen Interessen nach außen und der Fortbildung und Diskussion innerhalb der Berufsgruppe.

In der Diskussion um die weitere Entwicklung der Ausbildung plädierten die *Colegios* wie auch die *Escuelas Universitarias* für die Einrichtung von Aufbaustudiengängen. 1986 wurde der spanische Universitätsrat (*Consejo de Universidades*) beauftragt, Vorschläge für die Reform der universitären Studienpläne zu entwickeln[102]. Für die Sozialarbeit schlug der Universitätsrat die Beibehaltung der bisherigen Beschränkung auf den ersten Studienzyklus vor[103]. In ihren Stellungnahmen zu diesem Vorschlag forderten die *Escuelas Universitarias* eine Ausweitung der Studienmöglichkeit auf den zweiten Zyklus[104]. Für den zweiten Zyklus sah der Vorschlag der *Escuela Universitaria* Granadas bspw. vor, daß die *Diplomados* sich auf Sozialarbeit im Gesundheitswesen, Sozialpädagogik oder Sozial-

99 Vgl. dazu *Llovet/Usieto* 1990, S.18. und *González Navarro* 1990.
100 Vgl. dazu *Cotarelo* 1989b, S.328 f.
101 Vgl. dazu *Llovet/Usieto* 1990, S.58.
102 Vgl. dazu den Überblick in *Spanien-Lexikon* 1990, S.437 f.
103 Vgl. dazu *Reforma* 1988, S.15 ff.
104 Vgl. dazu *Reforma* 1988, S.27 ff.

planung/Sozialadministration spezialisieren können und entsprechende *Licenciaturas* erwerben sollten[105].

Bisher sind die Vorschläge zur Ausweitung des Studiums der Sozialarbeit ohne Erfolg geblieben[106]. Eine Ursache dafür dürfte sein, daß der Universitätsrat vor allem Vorschläge zur *Verkürzung* von Studiengängen erarbeiten sollte, um den universitären Kapazitätsproblemen angesichts rapide steigender Studentenzahlen abzuhelfen[107].

5.1.6 Die spanische Ausbildung im EG-Vergleich

Beim gegenwärtig erreichten Stand der Sozialarbeiterausbildung gibt es eine Reihe von Ähnlichkeiten zwischen der Situation in Spanien und derjenigen in anderen EG-Ländern[108].

In den meisten Fällen findet die Ausbildung in Hochschulen statt, doch sind bislang nur in wenigen Ländern postgraduale Ausbildungsgänge eingerichtet. *Brauns* und *Kramer* sprechen daher von einem "unvollständigen Übergang hin zur 'Akademisierung', (...) dessen Ausgang nicht völlig klar ist"[109].

Die unvollständige Akademisierung war mit einer gewissen "'Säkularisierung' der Sozialarbeit-Ausbildung"[110] verbunden. Die Verlagerung der Ausbildung in den Hochschulbereich führte auch in anderen europäischen Ländern zu einem Bedeutungsverlust nicht-staatlicher, d.h. vor allem kirchlicher, Ausbildungsinstitutionen.

Das Studium dauert in den meisten Ländern zwischen drei und vier Jahren. Der Anteil der Praktika an der gesamten Ausbildung variiert zwischen 20 % (Dänemark) und 50 % (Frankreich, Großbritannien und Republik Irland)[111].

Die Studieninhalte scheinen ähnlich zu sein. So gehören in allen Ländern sozialwissenschaftliche Grundlagen sowie juristische und administrative Kenntnisse zum Curriculum der Sozialarbeiterausbildung. Einen zentralen

---

105 Vgl. dazu *Reforma* 1988, S.49.

106 Zu Teilerfolgen vgl. *Alonso u.a.* 1991, S.98 f.

107 Vgl. dazu *Spanien-Lexikon* 1990, S.437 f.

108 Vgl. hierzu verschieden Beiträge in *Brauns/Kramer* 1986.

109 *Brauns/Kramer* 1990, S.84 f.

110 *Brauns/Kramer* 1990, S.94.

111 Vgl. *Brauns/Kramer* 1990, S.86.

Stellenwert nimmt die 'klassische' Methoden-Triade von Einzelfall-, Gruppen- und Gemeinwesenarbeit ein. *Brauns* und *Kramer* führen dies darauf zurück, daß die "Nachkriegsgeneration der Dozenten der Sozialarbeit in Europa zu einem bemerkenswert großen Teil in den USA ausgebildet" worden ist[112].

Zwar war die Sozialarbeit auch in anderen europäischen Ländern lange Zeit ein 'typischer Frauenberuf', doch gehört Spanien heute zu den Ländern, in denen der Anteil der Frauen an den Sozialarbeitern insgesamt am höchsten ist. In der Bundesrepublik ist er beispielsweise mit ca. 66 % deutlich geringer als in Spanien[113].

Brauns und *Kramer* betrachten neben den Entwicklungen der Akademisierung und Säkularisierung die Europäisierung der Sozialarbeiter-Ausbildung als einen wesentlichen Trend der weiteren Entwicklung[114].

5.2 Die berufliche Entwicklung der Sozialarbeit

Seit Ende der sechziger Jahre bis zum Ende der achtziger Jahre stieg die Gesamtzahl der berufstätigen Sozialarbeiter von 6.000[115] auf ca. 20.000[116]. In drei Studien wurde während dieser Zeit die berufliche Realität der Sozialarbeit untersucht.

5.2.1 Drei Untersuchungen der beruflichen Realität der Sozialarbeit

Die erste Untersuchung der beruflichen Situation der Sozialarbeit wurde 1969/70 vom Institut für angewandte Soziologie (*Instituto de Sociología Aplicada*) in Madrid unter der Leitung des Paters *Jesús María Vázquez* durchgeführt. Das *Instituto* gehörte zur Stiftung *FOESSA* (*Fundación para el Fomento de los Estudios Sociales y de la Sociología Aplicada*), das 1965 auf Initiative des spanischen Caritasverbandes hin eingerichtet worden war[117]. Die Forschungsgruppe befragte Sozialarbeiter in ganz Spanien über

---

112 Ebd., S.93.

113 Vgl. ebd., S.89. Vgl. auch *Alonso/Höffer-Mehlmer* 1991, S.70.

114 Vgl. *Brauns/Kramer* 1990, S.98.

115 *Saldaña* 1969, S.58.

116 *Llovet/Usieto* 1990, S.18.

117 Vgl. dazu *Spanien-Lexikon* 1990, S.195 f. und Kapitel drei.

ihre soziale und ökonomische Situation, ihren beruflichen und Bildungs-Werdegang sowie über ihre gegenwärtige Tätigkeit. Die Ergebnisse wurden 1971 unter dem Titel "Die Situation sozialer Dienste in Spanien" veröffentlicht[118].

In der zweiten Berufsuntersuchung, die 1976 unter dem Titel "Soziologie eines Berufs : Die Sozialarbeiter"[119] erschien, fragten *Juan Estruch* und *Antonio M. Güell* 300 Sozialarbeiter[120] nach ihrer sozialen Situation, ihrem Werdegang, ihrer beruflichen Tätigkeit und ihren Arbeitskonzepten.

Die erste Untersuchung hatte unter anderem ergeben, daß die Sozialarbeit in Katalonien besonders stark vertreten war, sowohl hinsichtlich der Ausbildungskapazitäten als auch hinsichtlich der Beschäftigung : Jeder vierte spanische Sozialarbeiter arbeitete in dieser Region[121]. Die Autoren der zweiten Berufsuntersuchung konzentrierten sich bei ihrer Befragung nun direkt auf Katalonien. Die dortige Situation betrachteten sie in Anbetracht der Ergebnisse der ersten Studie als repräsentativ für ganz Spanien[122].

Ihre Begründung für die Beschränkung auf Katalonien überzeugt letztlich nicht, weil die überdurchschnittliche Präsenz der Sozialarbeit in dieser Region eher gegen die Repräsentativität der Untersuchung spricht. Verständlich wird ihre Konzentration auf Katalonien, wenn man das Anliegen ihrer Untersuchung betrachtet : *Estruch* und *Güell* sahen die Sozialarbeit in einer beruflichen Krise. Die Berufsgruppe befand sich, so ihre Diagnose, in einem unklaren Zwischenstadium zwischen ihren Ursprüngen als reinem Frauenberuf mit religiös geprägten Orientierungen und einem modernen Beruf mit klarem Profil und sicherem Status. Die Krise zeige sich in Diskrepanzen zwischen Selbst- und Fremdeinschätzungen der Berufsgruppe, in der Distanzierung von traditionellen Orientierungen, ohne auf tragfähige neue zurückgreifen zu können, und in der Radikalisierung der Konzepte, die mangels Außenwirkung die innere Krise der Berufsgruppe noch verschärfe[123]. Ihre Untersuchung sollte Auswege aus dieser Krise zeigen. Daher war es aus ihrer Sicht naheliegend, dort anzusetzen, wo die Sozialarbeit und ihre Berufskrise am weitesten entwickelt waren : in Katalonien.

---

118 Vgl. *Vázquez* 1971.

119 *Estruch/Güell* 1976.

120 Zur Auswahl vgl. ebd., S.55 ff.

121 Vgl. dazu *Vázquez* 1971, S.33 ff.

122 Vgl. *Estruch/Güell* 1976, S.9.

123 Vgl. *Estruch/Güell* 1976, S.11.

Die dritte Berufsuntersuchung wurde von *Juan José Llovet Usieto* und *Ricardo Usieto Atondo* durchgeführt und erschien 1990 unter dem Titel "Die Sozialarbeiter. Von der Identitätskrise zur Professionalisierung"[124]. *Llovet* und *Usieto* befragten 360 Sozialarbeiter über ihre soziale Situation, ihren beruflichen Werdegang und ihre berufliche Tätigkeit. Sie konzentrierten sich dabei auf die Region Madrid[125]. Im Unterschied zu den Autoren der Studie von 1976 hielten sie aufgrund ihrer Untersuchungsergebnisse die berufliche Krise im wesentlichen für ausgestanden. So habe sich gegenüber der früheren Situation die Arbeitsmarktsituation verbessert. Die Eingliederung in die Universitäten habe das Ausbildungsprofil geklärt und der konzeptionelle Wandel zu sozialstaatlichen Modellen sozialer Dienste habe die Randständigkeit der Sozialarbeit vermindert, obwohl auch weiterhin einige Unklarheiten zu beobachten seien[126].

Die Ergebnisse dieser drei Berufsuntersuchungen werden im folgenden herangezogen, um den Wandel der beruflichen Realität vom Ende der sechziger Jahre bis zum Ende der achtziger Jahre zu verfolgen. Dabei ist vorweg anzumerken, daß zusammen mit den Ergebnissen dieser Untersuchungen auch deren thematische und regionale Perspektivenverengungen übernommen werden.

Insbesondere die zweite und die dritte Studie laufen Gefahr, bestehende regionale Disparitäten analytisch zu verdoppeln : Zwischen den verschiedenen Regionen Spaniens gab und gibt es ein großes wirtschaftliches und soziales Gefälle. Parallel dazu bestand und besteht eine disparate Ausstattung mit sozialarbeiterischen Angeboten. Wenn sich Berufsuntersuchungen auf in diesem doppelten Sinne "entwickelte" Regionen wie Katalonien (in der Studie von *Estruch* und *Güell*) oder Madrid (in der Untersuchung von *Llovet* und *Usieto*) beziehen, wird die berufliche Realität in weniger entwickelten Gebieten dabei ausgeblendet.

Die im folgenden referierten Ergebnisse dürften zwar auch für andere entwickelte Regionen und Ballungszentren zutreffen, doch sind für ländliche und dünn besiedelte Regionen andere Resultate zu vermuten. Hierzu liegen aber bislang keine Untersuchungen vor. Wenn die Sozialarbeit im

---

124 *Llovet/Usieto* 1990.

125 Zur Auswahl der befragten Gruppe und zu methodischen Fragen vgl. *Llovet/Usieto* 1990, S.15 ff.

126 Vgl. dazu *Llovet/Usieto* 1990, S.175.

ländlichen Raum bislang thematisiert wurde, blieb es bei eher punktuellen und deskriptiven Skizzen[127].

5.2.2 Berufsprofil und Arbeitsmarktentwicklung

Ein wesentliches Ergebnis der drei Studien ist, daß die Sozialarbeit in den letzten zwei Jahrzehnten ein zunehmend klareres berufliches Profil gewonnen hat. Anfangs war die Ausbildung zum Sozialarbeiter noch eine relativ folgenlose Etappe im beruflichen und persönlichen Werdegang der Absolventen. In vielen Fällen führte sie nicht oder nur vorübergehend zu beruflichen Konsequenzen und stellte oft selbst bei denjenigen, die nach der Ausbildung als Sozialarbeiter arbeiteten, nicht das ausschließliche Feld ihrer beruflichen Aktivitäten dar. Die folgende Grafik zeigt den wachsenden Anteil derjenigen Absolventen, die als Sozialarbeiter beschäftigt waren.

127 Vgl. bspw. verschiedene Beiträge in Nr. 72 der Zeitschrift *Documentación Social* "Landwirtschaft, ländliche Lebensbedingungen und Selbsthilfebewegungen" (1988).

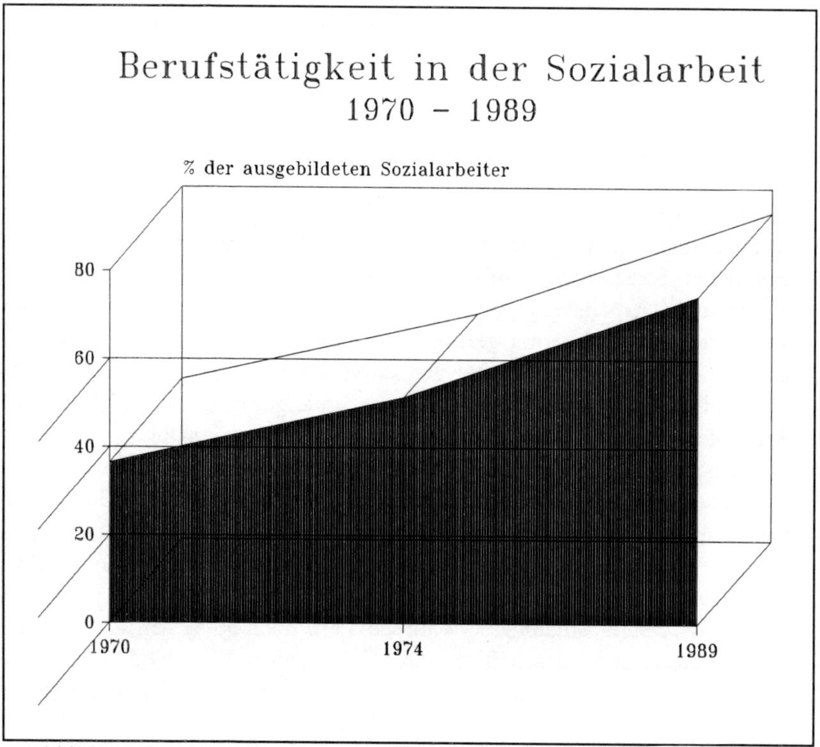

Abbildung 5.2 : Anteil der Berufstätigen an der Gesamtzahl der Sozialarbeiter[128]

Die lange Zeit geringe Bedeutung der Sozialarbeiterausbildung für das Berufsleben der Absolventen wird noch deutlicher, wenn man berücksichtigt, daß noch 1974 ein Viertel derjenigen, die als Sozialarbeiter arbeiteten, daneben anderen beruflichen Beschäftigungen (als Lehrer, Krankenschwestern, Sekretärinnen etc.) nachging[129]. Die übrigen arbeiteten zwar ausschließlich als Sozialarbeiter, doch gab es einen großen Anteil von Berufs-

128 Angaben nach *Vázquez* 1971, S.30 ff., *Estruch/Güell* 1976, S.80 und *Llovet/Usieto* 1990, S.84 f.

129 Vgl. dazu *Estruch/Güell* 1976, S.81 f. Die Untersuchung in den Jahren 1969/70 hatte einen ähnlichen Anteil fachfremder Tätigkeiten festgestellt, vgl. dazu *Vázquez* 1971, S.146 f.

tätigen, die parallele Teilzeitverträge mit verschiedenen Institutionen der Sozialarbeit besaßen[130].

Bis zum Jahre 1989 hatte sich diese Situation völlig gewandelt : 69,4 % arbeiteten ausschließlich als Sozialarbeiter, 5 % gingen daneben anderen Tätigkeiten nach, 8,3 % waren arbeitslos, 15,3 % arbeiteten in anderen Berufen und 1,9 % waren Hausfrauen[131]. In diesen Zahlen deutet sich ein "Boom" des Arbeitsmarktes an, der denjenigen der Ausbildung in den achtziger Jahren begleitete und förderte[132]. Daß die Arbeitslosenquote der ausgebildeten Sozialarbeiter mit 8,3 % weniger als die Hälfte der durchschnittlichen Arbeitslosigkeit von 17,3 %[133] betrug, kann als Indiz für die gute Arbeitsmarktsituation gelten[134]. Dabei ist allerdings zu berücksichtigen, daß sich die Untersuchung von *Llovet* und *Usieto* auf die Region Madrid und damit auf ein Gebiet bezog, das im allgemeinen ohnehin geringere Arbeitslosenquoten als der Durchschnitt zu verzeichnen hatte.

Auch hinsichtlich der Arbeitsverträge ist für die Zeit der drei Berufsuntersuchungen eine durchgehende Stabilisierung festzustellen. So nahmen nicht nur die Zahl paralleler Teilzeitbeschäftigungen und der Anteil derjenigen ab, für die Sozialarbeit nur eine vorübergehende Passage in ihrer beruflichen Biographie darstellte, sondern wuchs auch der Anteil vertraglich geregelter Arbeitsverhältnisse. Während 1970 noch 53 % der Sozialarbeiter ohne Arbeitsvertrag beschäftigt waren[135], besaßen 1974 62,5 % einen festen, 21,5 % einen befristeten und nur 16 % überhaupt keinen Arbeitsvertrag[136]. Der Anteil der letzten Gruppe ging bis 1989 auf 1,5 % zurück[137]. Rund 70 % "erfreuten sich, mit größerem oder geringerem Grad an Sicherheit, stabiler Bedingungen"[138].

Insgesamt zeigt sich, daß das Berufsbild des Sozialarbeiters in den letzten zwanzig Jahren deutlich an Konturen gewonnen hat und daß die Ausbildung

---

130 Vgl. dazu *Estruch/Güell* 1976, S.81 f.

131 Vgl. dazu *Llovet/Usieto* 1990, S.84.

132 Vgl. dazu S.143.

133 Vgl. dazu *Anuario* 1990, S.408.

134 Vgl. dazu ausführlicher *Llovet/Usieto* 1990, S.87 ff. Für die Zeit Mitte der achtziger Jahre vgl. ähnlich auch *Rimbau/Rossell* 1986, S.471.

135 Vgl. dazu *Vázquez* 1971, S.187 f.

136 Vgl. dazu *Estruch/Güell* 1976, S.107.

137 Vgl. hierzu und zum folgenden *Llovet/Usieto* 1990, S.117 f.

138 Ebd., S.117.

inzwischen die überwiegende Mehrheit der Absolventen zu späterer einschlägiger Berufstätigkeit hinführt. Das Abschlußzeugnis ist nicht mehr nur "eine individuelle Errungenschaft von bloß symbolischem Wert"[139].

5.2.3 Berufliche Entwicklung und Frauenanteil

Parallel zu dieser Entwicklung war eine "gewisse 'Vermännlichung'"[140] der Sozialarbeit zu beobachten : Die Fragebögen der ersten Berufsuntersuchung hatten sich ausschließlich und direkt an Sozialarbeiter*innen* gewandt[141]. Das "weibliche Monopol" wurde von den Autoren "nicht einmal erwähnt"[142]. *Estruch* und *Güell* betonten demgegenüber die Tatsache, daß die Sozialarbeit sogar im Vergleich mit anderen 'typischen' Frauenberufen einen extrem niedrigen Männeranteil aufwies : Von 1.273 Sozialarbeitern, die bis 1973 ihre Ausbildung in Katalonien abgeschlossen hatten, waren nur fünf Männer[143]. Bei den von *Llovet* und *Usieto* Ende der achtziger Jahre befragten Sozialarbeitern lag der Anteil der Männer bei 8 %[144]. Obwohl die Autoren dieser Studie anmerken, daß es schwierig ist, zu prognostizieren, "wie sich diese im Embryonalzustand befindliche 'Vermännlichung'"[145] weiterentwickelt, sehen sie vor allem zwei Faktoren, die einen weiteren Anstieg des Männeranteils an der Berufsgruppe fördern könnten :

- Da in "traditionellen oder etablierteren Ausbildungsgängen"[146] der Berufseinstieg schwierig geworden ist, könne sich die Sozialarbeit als Alternative anbieten.
- Die Sozialarbeit habe ihr Image als berufliche Version von Haus- und Familienarbeit weitgehend abgelegt und ein klareres professionelles Profil erreicht. Sie habe insgesamt an öffentlicher Beachtung und damit möglicherweise auch an Attraktivität für männliche Interessenten gewonnen[147].

---

139 *Llovet/Usieto* 1990, S.86.
140 Ebd., S.31.
141 Vgl. bspw. *Vázquez* 1971, S.326.
142 *Estruch/Güell* 1976, S.56.
143 Vgl. dazu ebd. und *Llovet/Usieto* 1990, S.31.
144 Vgl. dazu *Llovet/Usieto* 1990, S.31.
145 Ebd., S.32.
146 *Llovet/Usieto* 1990, S.32.
147 Vgl. dazu ebd.

Bei einem Anteil von 8 % muß bislang allerdings noch von einem überwiegenden Frauenberuf gesprochen werden.

5.2.4 Die Veränderung der Arbeitsfelder

In den bisher vorliegenden Berufsuntersuchungen werden unterschiedliche Kategorien benutzt, um Arbeitsbereiche von Sozialarbeitern zu unterscheiden. Selbst wenn man nur die beiden letzten, also die Untersuchung von *Estruch* und *Güell* mit derjenigen von *Llovet* und *Usieto*, vergleicht, zeigen sich große Unterschiede in der Unterteilung der Arbeitsfelder. Ein direkter Vergleich stößt daher auf enorme Probleme.

So ergab die Untersuchung von *Llovet* und *Usieto*, daß Ende der achtziger Jahre die größte Gruppe der Sozialarbeiter in den Allgemeinen Sozialen Diensten (*Servicios Sociales Generales*) beschäftigt war[148]. Als *Estruch* und *Güell* zu Beginn der siebziger Jahre ihre Berufsuntersuchung durchführten, hatte es weder diesen Begriff, noch die mit ihm verbundenen Konzepte und schon gar nicht die zu diesem Konzept gehörenden institutionellen Strukturen kommunaler Sozialarbeit gegeben. Das Konzept der *Servicios Sociales Generales* erhielt erst nach dem Übergang zur Demokratie seine zentrale Bedeutung.

Die Ursachen für die Probleme der Vergleichbarkeit sind also nicht nur terminologischer Natur, sondern hängen vor allem mit den institutionellen und konzeptionellen Veränderungen zusammen, von denen die Sozialarbeit ab dem Ende der siebziger Jahre erfaßt wurde[149]. Eine tabellarische Übersicht, aus der grundlegende Entwicklungen der beruflichen Tätigkeit, etwa in Form von Zuwächsen oder Verlusten verschiedener Arbeitsfelder, abgelesen werden könnten, kann aus den vorliegenden Untersuchungsergebnissen daher nicht zusammengestellt werden.

5.2.4.1 Die Entwicklung der Arbeitsfelder von 1957 bis 1974

Die Untersuchung von *Estruch* und *Güell* ergab 1974 folgendes Bild der Arbeitsfelder von Sozialarbeitern[150] :

---

148 Vgl. dazu *Llovet/Usieto* 1990, S.114.

149 Vgl. dazu Kapitel vier.

150 Zum folgenden vgl. *Estruch/Güell* 1976, S.87 ff.

- 9,1 % arbeiteten ganz oder teilweise in der Sozialarbeiterausbildung.
- 6,5 % arbeiteten in Schulen oder Vereinigungen mit Behinderten. Dies war ein damals recht neuer Arbeitsbereich[151].
- 11 % der Sozialarbeiter waren im Bereich der Industriesozialarbeit beschäftigt. Dieses Arbeitsfeld besaß im industriell relativ weit entwickelten Katalonien eine gewisse Tradition[152]. Die Industriesozialarbeit habe aber, so *Estruch* und *Güell*, an Prestige verloren. Dies sei daran ablesbar, daß das Durchschnittsalter in diesem Bereich sehr hoch sei und jüngere Sozialarbeiter andere Arbeitsfelder bevorzugten. Die "ideologische Entwicklung"[153] der Sozialarbeit, die vor allem auf Aufklärung und gesellschaftliche Veränderungen[154] ziele, habe zur zunehmenden Abwertung der Industriesozialarbeit geführt.
- 9 % arbeiteten in Schulen, Kindergärten und Internaten. Schon 1971 hatte *Vázquez* darauf hingewiesen, daß die Präsenz von Sozialarbeitern in diesem Feld in Katalonien höher als in anderen Regionen war[155].
- Im Gesundheitswesen (in Kliniken, der Psychiatrie und Präventionseinrichtungen) arbeitete mit 20,6 % die größte Gruppe. Ähnlich wie die Industriesozialarbeit besaß auch dieser Bereich eine lange Tradition[156].
- 8,5 % der Sozialarbeiter arbeiteten mit Behinderten, Alkoholikern, alleinerziehenden Müttern und Straffälligen/Strafentlassenen sowie in Heimen. Diese Bereiche wurden von *Estruch* und *Güell* unter dem Begriff *Rehabilitación* zusammengefaßt[157].
- Die stadtteilbezogene Arbeit in Sozialzentren, Nachbarschaftsvereinigungen und Gemeinden war ähnlich wie die Sozialarbeit in der Industrie oder im Gesundheitswesen ein relativ traditionelles Feld, in dem 1974 13,6 % der Sozialarbeiter beschäftigt waren. Hier beobachteten *Estruch* und *Güell* einen konträr zur Industriesozialarbeit verlaufenden Trend. Während sie dort ein abnehmendes Prestige feststellten, war die stadtteil-

---

151 Vgl. dazu *Estruch/Güell* 1976, S.87.

152 Zur Geschichte und zum Wandel dieses Arbeitsfeldes vgl. den Überblick bei *Barcina* 1989.

153 *Estruch/Güell* 1976, S.87.

154 Zur Debatte über die Neukonzipierung der Sozialarbeit vgl. S.139 ff.

155 Vgl. dazu *Vázquez* 1971, S.142.

156 Vgl. dazu den Überblick bei *Ituarte* 1990a.

157 Vgl. *Estruch/Güell* 1976, S.88.

bezogene Arbeit "in Mode"[158] und verzeichnete einen Zustrom vor allem jüngerer Sozialarbeiter.

- 20,1 % arbeiteten in Arbeitsfeldern, die *Estruch* und *Güell* unter dem Begriff "Institutionen" (*Instituciones*) zusammenfaßten. Zu diesem heterogenen Bereich zählten sie nicht-stadtteilbezogene Beratungs- und Informationszentren, Einrichtungen der "Syndikate oder anderer offizieller Institutionen"[159], und Altersheime. Die Kommunalverwaltungen zählten auch zu diesem Bereich. Dort waren Sozialarbeiter in der Regel für die Beaufsichtigung der Wohlfahrtspflege in den *Comisarías de beneficencia* zuständig.

Diese Angaben vermitteln ein ungefähres Bild der Verteilung auf verschiedene Arbeitsbereiche. Für die Zeit von 1957 bis 1974 stellten *Estruch* und *Güell* folgende Entwicklungen fest[160] :

- Der Anteil der Beschäftigten in der Industriesozialarbeit nahm fast kontinuierlich ab, während in der stadtteilbezogenen Arbeit ab 1966 deutliche Zunahmen zu beobachten waren.
- Relativ konstant blieben die Anteile der Sozialarbeiter im Gesundheitswesen und der (mit fünf bis zehn Prozent allerdings geringere) Prozentsatz derjenigen, die in der Ausbildung von Sozialarbeitern beschäftigt waren.
- Der heterogene Bereich der "*Instituciones*" wuchs anteilmäßig am stärksten.
- Der Anteil der Beschäftigten in Schulen, Kindergärten und Internaten blieb bis zum Anfang der siebziger Jahre einigermaßen konstant, nahm dann aber ab.
- Die Arbeit mit Behinderten gewann erst seit Anfang der siebziger Jahre an Bedeutung.
- Die unter *Rehabilitación* zusammengefaßten Arbeitsfelder besaßen ursprünglich die geringste Bedeutung. Der Anteil dieser Arbeitsplätze stieg erst seit der zweiten Hälfte der sechziger Jahre.

---

158 *Estruch/Güell* 1976, S.88.

159 Ebd., S.89.

160 Zum folgenden vgl. ebd., S.89 ff.

5.2.4.2 Die Entwicklung der Arbeitsfelder bis 1989

Die Untersuchung von *Llovet* und *Usieto* ergab 1989 folgende Verteilung der Madrider Sozialarbeiter auf verschiedene Arbeitsfelder :

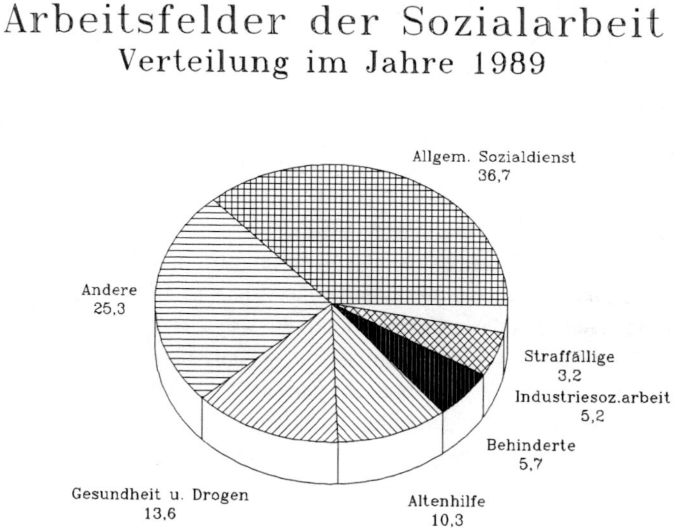

Abbildung 5.3 : Arbeitsfelder der Sozialarbeit im Jahre 1989[161]

Die allgemeinen sozialen Dienste (*Servicios Sociales Generales*) besaßen 1989 die größte Bedeutung. Zu diesem Bereich zählten Einrichtungen des Allgemeinen Sozialen Dienstes in kommunaler oder Landes-Trägerschaft[162]. Außerdem wurden unter diesem Begriff von *Llovet* und *Usieto* auch diejenigen Institutionen zusammengefaßt, die in kirchlichen bzw. Caritas-Einrichtungen für die erste Kontaktaufnahme der Klienten sowie für deren Beratung und gegebenenfalls Weitervermittlung an spezialisierte Institutionen zuständig waren. Weiterhin wurden von ihnen auch diejenigen Stellen zu diesem Bereich gerechnet, die beispielsweise im Roten Kreuz (*Cruz Roja*) für allgemeine Planungs- und Verwaltungsaufgaben eingerichtet worden waren. Insgesamt wurden also recht heterogene Arbeitsfelder und

---

161 Angaben nach *Llovet/Usieto* 1990, S.114.

162 Vgl. hierzu und zum folgenden *Llovet/Usieto* 1990, S.114.

institutionelle Zusammenhänge mit dem Terminus *Servicios Sociales Generales* bezeichnet.

Der zweitgrößte Bereich, die spezialisierten sozialen Dienste (*Servicios Sociales Especializados*), wurde demgegenüber detaillierter aufgefächert[163]. Im Bereich der Altenhilfe waren mit einem Gesamtanteil von 10,3 % die meisten Sozialarbeiter dieser Kategorie beschäftigt. 5,7 % arbeiteten mit Behinderten und bildeten damit die zweitgrößte Gruppe innerhalb der spezialisierten sozialen Dienste. Darauf folgten die Drogenhilfe (3,6 %) und die Arbeit mit Straffälligen (3,2 %). Die Arbeit mit weiteren Zielgruppen (Kinder und Jugendliche, Frauen, Migranten und Flüchtlinge, Nichtseßhafte) und der Arbeitsbereich des Internationalen Sozialdienstes erreichten jeweils Anteile zwischen 0,7 und 2,5 %.

Insgesamt setzte sich eine schon von *Estruch* und *Güell* hervorgehobene Entwicklung fort : Die Sozialarbeit in Fabriken und Industrieverbänden verlor an Bedeutung, während die allgemeinen sozialen Dienste expandierten. Diese Tendenz zeigt sich besonders deutlich, wenn man 'alte', also berufserfahrene Sozialarbeiter mit denjenigen vergleicht, die ihren Abschluß erst in den letzten Jahren vor 1989 erreicht hatten[164] : Während 1989 25 % der 'alten' Sozialarbeiter in allgemeinen sozialen Diensten arbeiteten, war bei den Absolventen der letzten Jahre (1985-88) fast die Hälfte in diesem Bereich tätig. Auf der anderen Seite lag der Anteil der berufserfahrenen Sozialarbeiter in der Industriesozialarbeit mit 13,6 % deutlich über dem Gesamtdurchschnitt von 5,2 %.

Die folgende Grafik zeigt die große Bedeutung, die die Kommunen als Arbeitgeber von Sozialarbeitern 1989 besaßen und die relativ geringe Bedeutung der Kirche als Arbeitgeber von Sozialarbeitern :

163 Vgl. hierzu und zum folgenden *Llovet/Usieto* 1990, S.114 f.

164 Vgl. hierzu und zum folgenden ebd., S.115.

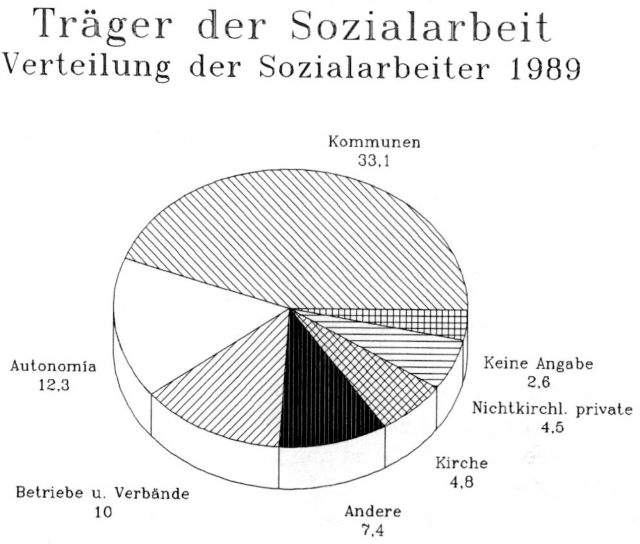

Abbildung 5.4 : Verteilung der Sozialarbeiter auf verschiedene Institutionen[165]

Estruch und *Güell* hatten 1976 die von Kommunen beschäftigten Sozialarbeiter mit einer Reihe weiterer (Beratungszentren der Cáritas, der Vertikalen Syndikate oder anderer Organisationen)[166] unter der Kategorie "Institutionen" zusammengefaßt und damit die randständige Bedeutung der Kommunen unterstrichen. Dies hatte sich bis 1989 völlig gewandelt.

Der diesen Wandel begründende Dezentralisierungsprozeß zeigt sich noch deutlicher, wenn man die von *Llovet* und *Usieto* verwendete Differenzierung nach 'alten' und 'jungen' Sozialarbeitern übernimmt[167] : Von denjenigen, die zwischen 1955 und 1970 ihren Berufsabschluß erlangt hatten, arbeiteten 1989 7,7 % in kommunalen, aber 43,1 % in nationalen Institutionen. Demgegenüber waren 46,3 % der Absolventen der Jahre 1986 bis 1988 in kommunalen und nur noch 12,2 % in Institutionen beschäftigt, die der gesamtstaatlichen Verwaltung unterstellt waren.

---

165 Angaben nach *Llovet/Usieto* 1990, S.99.

166 Vgl. Estruch/Güell 1976, S.89.

167 Hierzu und zum folgenden vgl. *Llovet/Usieto* 1990, S.99.

5.3 Die Auswirkungen sozialstaatlicher Entwicklung auf die Ausbildung und die berufliche Praxis der Sozialarbeit

Die vorliegenden Berufsuntersuchungen und eine Analyse der Ausbildungsentwicklung zeigen recht deutlich, daß mit dem Übergang zur Demokratie und mit der Verfassung von 1978 erhebliche Veränderungen für die Sozialarbeit verbunden waren :

- Der Ausbau sozialstaatlicher Sicherung führte dazu, daß staatliche Finanzierung wie auch direkte staatliche Trägerschaft immer mehr an Bedeutung gewannen. Ein wachsender Anteil von Sozialarbeitern ist in staatlichen Stellen beschäftigt.
- Die mit der Verfassung eingeleitete Dezentralisierung macht sich dabei insofern bemerkbar, daß ein Drittel der Sozialarbeiter, die von *Llovet* und *Usieto* befragt wurden, in kommunalen Sozialverwaltungen arbeitet. Mehr als ein Zehntel ist von den *Autonomías* angestellt.
- Demgegenüber ist nur bei rund fünf Prozent der Sozialarbeiter die Kirche der Arbeitgeber.
- Der Bedeutungsverlust kirchlicher Wohlfahrtspflege in den Arbeitsfeldern der Sozialarbeit wird von einer parallelen Entwicklung in der Ausbildung begleitet. Durch die Gründung staatlicher Hochschulen und durch den Erlaß von Studienordnungen hat auch hier der staatliche Einfluß zugenommen. Ein großer Teil der Ausbildung findet zwar weiterhin unter kirchlicher Regie statt, doch scheint sich auch hier innere Säkularisierung abzuzeichnen. Diese konnte oben am Beispiel einer kirchlichen Institution verfolgt werden.

Die im vierten Kapitel behandelten, für die Sozialarbeit relevanten Elemente der Verfassung (Sozialstaatsforderung, Dezentralisierung, Säkularisierung) können daher als die Dimensionen betrachtet werden, in denen sich auch die Ausbildung und die berufliche Praxis der Sozialarbeit in Spanien während der letzten Jahre verändert hat.

6. Zusammenfassung und Interpretation der Ergebnisse

6.1 Verspätete und komprimierte Modernisierung

Sowohl Modernisierungstheorien als auch wichtige Strömungen der Vergleichenden Erziehungswissenschaft erscheinen an dem orientiert, was *Schriewer* das "evolutionistische Paradigma" genannt hat[1] : Die Grundannahme besteht dabei darin, daß es generelle Linien gibt, denen die Entwicklung in verschiedenen Ländern folgt. Aus dieser Annahme resultieren die grundlegenden Kategorien des Vergleichs. So wird mit Begriffen wie 'größer', 'kleiner' usw. das *Ausmaß*, mit Kategorien wie 'später' oder 'früher' der *Zeitpunkt* der Annäherung bezeichnet, den die Entwicklung in einzelnen Ländern hinsichtlich der generellen Linie jeweils erreicht hat.

Hradil hat aus einer Analyse der sozialstrukturellen Entwicklung der EG-Länder gefolgert, "daß sich die Sozialstrukturen der EG-Länder *primär* entlang einer gemeinsamen Entwicklungslinie bewegen und erst *sekundär* nationale, regionale, konfessionelle etc. Sonderwege erkennbar sind"[2]. Spanien hat, wie wir gesehen haben, während der letzten Jahrzehnte in wirtschaftlicher, sozialer, demographischer und anderer Hinsicht die Muster entwickelter Industriestaaten weitgehend übernommen. Aus evolutionistischer Sicht läßt sich die spanische Entwicklung als verspätete und zeitlich verdichtete Modernisierung beschreiben. Die einzelnen Teilprozesse der Modernisierung folgten dabei allerdings unterschiedlichen Rhythmen :

- Die *wirtschaftliche Modernisierung* begann im wesentlichen mit der Phase des *desarrollismo* gegen Ende der fünfziger Jahre, welche die *Autarkiephase* ablöste. War Spanien bis dahin ein vorwiegend agrarisch geprägtes Land gewesen, änderte sich dies nun in relativ kurzer Zeit. Zu Beginn der Franco-Zeit hatte noch die Hälfte der spanischen Erwerbstätigen in der Landwirtschaft gearbeitet. Als Franco 1975 starb, war nur

1 Vgl. *Schriewer* 1982, S.205 ff.

2 *Hradil* 1992b, S.91, Hervorh. M.H.-M.

noch ein Fünftel in diesem Bereich beschäftigt. Damit waren erhebliche soziale Veränderungen verbunden, deren wesentliche die Herausbildung einer Industriearbeiterklasse war.
In den letzten Jahren nahm im Erwerbsbereich die Bedeutung des Dienstleistungssektors zu. Dies trug zur Herausbildung einer neuen Mittelschicht von Beschäftigten im kaufmännischen oder technischen Verwaltungsbereich bei. Mittlerweile sind rund ein Viertel der Erwerbstätigen dieser Gruppe zuzurechnen. Die alte Mittelschicht von Handwerkern, Gewerbetreibenden etc. ist demgegenüber zurückgegangen. Innerhalb der Arbeiterklasse sind inzwischen Prozesse der "inneren Differenzierung"[3] aufgrund unterschiedlicher Qualifikationsniveaus, Einkommen und Lebensstile zu beobachten.

- Mit der Phase des *desarrollo* beschleunigte sich die *Urbanisierung* der spanischen Gesellschaft. Die Landflucht führte zu einer verstärkten Arbeitsemigration (vor allem in die europäischen Industrieländer) und innerhalb Spaniens zu einem enormen Wachstum der Städte in den Entwicklungszonen. Bis zur Mitte der siebziger Jahre konnten Ausgangs- und Zielgebiete der Wanderungsbewegungen recht deutlich identifiziert werden. Danach sind diese Prozesse insgesamt komplexer und heterogener geworden. Die bislang favorisierten Ziele büßten zum Teil an Anziehungskraft ein (insbesondere Katalonien und das Baskenland), die Richtungen der Wanderungsbewegungen wurden vielfältiger und die Zielorte lagen in der Regel näher am Ausgangsort der Binnenmigration.
- Diese Prozesse lassen sich insgesamt als eine weitgehende *Mobilisierung* der spanischen Bevölkerung in sozialer (Wandel von Berufs- und Sozialstrukturen) und geographischer (Wandel der Siedlungsstrukturen) Hinsicht beschreiben.
- Der demographische Wandel erfolgte in einer langfristig angelegten Entwicklung. Bereits seit der Jahrhundertwende ist eine weitreichende demographische Veränderung der spanischen Gesellschaft im Gange (Verlängerung der Lebenserwartung, Veränderung des Altersaufbaus der Gesellschaft etc.). Dabei stellte die Zeit des Übergangs zur Demokratie insofern einen Wendepunkt dar, als die Geburtenrate seit der Mitte der siebziger Jahre rapide zurückging. Hinsichtlich der demographischen Struktur näherte sich die spanische Gesellschaft seitdem dem Muster entwickelter Industriegesellschaften an. Dieser 'Modernisierungssprung' ist vor allem auf die politische, rechtliche und kulturelle Umgestaltung

3 *Tezanos* 1989b, S.92.

im Zuge der Demokratisierung und die sich dabei verändernden Konzepte von Sexualität, Fortpflanzung und Geschlechtsrollen zurückzuführen.

- Nimmt man den Grad der *Alphabetisierung* als Indikator für die Bildungsmodernisierung, ergibt sich das Bild eines längerfristig angelegten Wandels. Waren um die Jahrhundertwende noch über 50 Prozent der spanischen Bevölkerung Analphabeten, ging diese Zahl immer mehr zurück. Zu Beginn der fünfziger Jahre konnte 'nur' noch weniger als ein Fünftel der Bevölkerung dieser Gruppe zugerechnet werden. Mit der Entwicklungsphase verstärkten sich die Bestrebungen, das Bildungswesen zu modernisieren. Diese führten dazu, daß sich die Analphabetenrate bis zum Beginn der siebziger Jahre auf rund zehn Prozent verringerte, und parallel dazu das quantitative Gewicht höherer Bildungsabschlüsse deutlich zunahm. Fortgeschrittene Industrieländer sind unter anderem durch Prozesse der "'Bildungsexpansion'"[4] gekennzeichnet, die sich an den vermehrt dem Bildungswesen zufließenden Ressourcen und an der Verlängerung des allgemeinen Schulbesuchs ablesen lassen. Der Übergang zur Demokratie leitete in Spanien in diesem Bereich eine beschleunigte Entwicklung ein.
- Von einer *Säkularisierung* der spanischen Gesellschaft kann insofern gesprochen werden, als die Bedeutung des katholischen Glaubens und der Einfluß der katholischen Kirche insgesamt abgenommen haben. Während der Franco-Zeit wurden erhebliche Anstrengungen unternommen, eine "Rekonfessionalisierung"[5] der spanischen Gesellschaft durchzusetzen (katholische Kirche als Staatskirche, Zensur unter anderem nach religiösen Gesichtspunkten, Konfessionalisierung des Bildungswesens etc.). Diesen Bestrebungen waren aber nur vorübergehende Erfolge beschert. Der Übergang zur Demokratie beendete die enge Verbindung zwischen Staat und Kirche. Diese war allerdings schon zuvor aufgeweicht worden. Innerhalb der katholischen Kirche hatte sich eine Distanzierung zum Franco-Regime entwickelt, so daß kirchliche Gruppen, begünstigt durch ihre relativ privilegierte und geschützte Stellung, zu Sammelbecken oppositioneller Kräfte wurden. Der kirchliche Einfluß auf das gesellschaftliche Leben ist seit der Demokratisierung zurückgegangen. Der Kirche wird aber weiterhin ein wichtiger Platz in der gesell-

---

4 *Hradil* 1992b, S.73.

5 *Hermet* 1984, S.251.

schaftlichen Arbeitsteilung, unter anderem in der Verantwortung für soziale Fragen, zugestanden.

Der Gesamtprozeß der gesellschaftlichen Modernisierung bestand insgesamt also aus einem Bündel verschiedener Veränderungen, die sich in unterschiedlichen zeitlichen Verläufen entwickelten. In diesem Prozeß können einige Punkte identifiziert werden, die für den weiteren Verlauf von besonderer Bedeutung waren.

Der Beginn der wirtschaftlichen Umgestaltung und außenpolitischen Öffnung Ende der fünfziger Jahre stellte einen solchen Einschnitt dar. Aus heutiger Sicht markierte er das Ende des 'spanischen Sonderweges' und den Anfang der Annäherung an die westeuropäischen Industriestaaten.

Die Vorbereitung des EG-Beitritts (formell ab 1962) trug zur Intensivierung der Modernisierungs- und Angleichungsprozesse bei.

Der Übergang zur Demokratie im Jahre 1975 kann als weiterer Wendepunkt in der gesellschaftlichen Modernisierung betrachtet werden. Während die wirtschaftlichen und sozialen Strukturen bis dahin schon in einem hohen Maße modernisiert worden waren, galt dies für das politische System nicht. Nimmt man die parlamentarische Demokratie westeuropäischen Zuschnitts als Maßstab, war das Vorkriegs-Spanien des Jahres 1936 politisch moderner als das franquistische Spanien im Jahre 1974. In diesem Sinne fand im Spanien Francos eine unvollständige Modernisierung statt. Die sich aus dieser Unvollständigkeit ergebenden politischen wie auch kulturellen Modernisierungsrückstände wurden nach 1975 in relativ kurzer Zeit erheblich verringert.

Das von *Flora* skizzierte 'branching-tree'-Modell[6] kann dazu dienen, die Bedeutung dieser Wendepunkte in der Entwicklung herauszuarbeiten. So zog die, in der Herrschaftselite umstrittene, Entscheidung für die Umgestaltung und Öffnung der spanischen Wirtschaft Prozesse nach sich, die nicht unbedingt beabsichtigt gewesen waren. "Die intendierte Funktionalität der Modernisierung im Sinne der Stabilisierung des Systems schlug eher in ihr Gegenteil um (...)."[7] Die einmal getroffene Entscheidung für Öffnung und Modernisierung beschränkte die Wahlmöglichkeiten auf die vom einmal gewählten Zweig ausgehenden weiteren Zweige. Den Herausforderungen und Konflikten, die sich in der Folgezeit ergaben, wurde mit einer partiellen Flexibilisierung und Entideologisierung begegnet.

---

6 Vgl. dazu *Flora* 1974, S.21 ff. und Kapitel zwei.

7 *Bernecker* 1983, S.153.

Diese Anpassung war ein spezifisches Merkmal der Franco-Diktatur. Einer typologisch-vergleichenden Einordnung sind daher Grenzen gesetzt. Können die ersten Jahre der Diktatur mit einiger Berechtigung 'faschistisch' genannt werden, ist dies für die Zeit des *desarrollismo* nicht möglich. Für diese Phase könnte man den Terminus "Entwicklungsdiktatur"[8] verwenden. Damit würde verdeutlicht, daß es sich weiterhin um ein diktatorisches Regime handelte. Der Begriff der 'Entwicklung' suggeriert aber dabei, daß eine einigermaßen planvolle Gestaltung stattgefunden habe. Gegenteileffekte und nicht intendierte Resultate politischer Entscheidungen von seiten der Diktatur werden so schnell ausgeblendet.

Die Demokratisierung, der Regierungsantritt der Sozialisten und der EG-Beitritt im Jahre 1986 lassen sich als weitere Zugänge zu neuen Zweigen betrachten, die jeweils durch vorhergehende Zugänge determiniert wurden.

6.2 Die Entwicklung von Sozialpolitik und Sozialarbeit

6.2.1 Sozialpolitik

In den letzten Jahrzehnten hat sich in Spanien ein Netz sozialer Sicherung entwickelt. Seine Dichte bleibt hinter der reicherer Länder wie der Bundesrepublik zurück. An dem gemessen, was an sozialer Sicherung zu Beginn des Untersuchungszeitraums (1939) existierte, kann aber von einem zeitlich komprimierten Aufholen gesprochen werden.

In der sozialpolitischen Entwicklung während der Franco-Zeit lassen sich zwei Abschnitte unterscheiden :

- Die erste Phase war durch sozialpolitische Rhetorik ("Verschwinden des Klassenkampfes"[9] etc.), Repression (Verbot von Parteien, Gewerkschaften, Streiks etc.) und langsamen Aufbau einzelner Sozialversicherungen gekennzeichnet. Hierzu zählten die Krankenversicherung 1942, die Versicherung für Familienunterstützung 1945, die Invaliden- und Rentenversicherung 1947, die Arbeitsunfallversicherung 1947 und schließlich die Arbeitslosenversicherung 1961.

---

8 *Beyme* 1971 hat seine Untersuchung über Machtelite und Opposition in Spanien "Vom Faschismus zur Entwicklungsdiktatur" betitelt.

9 *Barrachino* 1941, S.5.

- 1963 begann mit dem Grundlagengesetz über soziale Sicherheit ein verstärkter Aufbau der sozialen Sicherung und eine stärkere Beteiligung des Staates daran. Zur gleichen Zeit nahm der Zugriff staatlicher bzw. halbstaatlicher Instanzen auf das Arbeitsleben tendenziell ab.

Insgesamt erfolgten staatliche Aktivitäten in der Sozialpolitik während der Franco-Zeit eher korporativ-vermittelnd als direkt. Bei diesen Eingriffen nahmen die *Vertikalen Syndikate*, in denen Arbeitgeber und Arbeitnehmer zwangsweise zusammengeschlossen waren, eine Schlüsselstellung ein.

Jens Alber hat die erste Phase der sozialpolitischen Entwicklung der westeuropäischen Industriestaaten als "Sozialpolitik von oben"[10] bezeichnet. Die sozialpolitischen Programme jener Zeit seien nicht aufgrund organisierter sozialpolitischer Forderungen der Arbeiterbewegung eingeführt worden, sondern seien auf die "Legitimierungsbestrebungen der nationalen Eliten"[11] zurückzuführen. Für die Zeit des Franquismus läßt sich mit einiger Berechtigung ebenfalls von einer 'Sozialpolitik von oben' sprechen, da die Artikulation und Durchsetzung sozialpolitischer Forderungen 'von unten' in organisierter Form nahezu unmöglich war. Mit der Modernisierung der spanischen Gesellschaft veränderte sich dies insofern, als die Heterogenität der gesellschaftlichen und politischen Eliten zunahm und sich der Zugriff des Regimes auf das wirtschaftliche und soziale Leben lockerte.

Obwohl der franquistische Staat in politisch-repressiver Hinsicht ein 'starker' Staat war, galt dies nicht für alle anderen staatlichen Aktivitäten. So blieben die fiskalischen Ressourcen, über die verfügt werden konnte, außerordentlich gering. Dementsprechend wenig ließ sich durch sozialpolitische Maßnahmen umverteilen. Von einer *vertikalen* Umverteilung konnte aufgrund des Steuersystems ohnehin keine Rede sein, da die Bezieher höherer Einkommen bei der Besteuerung chronisch bevorzugt wurden.

Der Übergang zur Demokratie führte zu einem Expansionsschub in der sozialpolitischen Entwicklung. Deutliche Zuwächse der Mittel für soziale Sicherung, erhebliche Einkommensverbesserungen der Arbeitnehmer und der Rückgang der Armutsrate waren Indikatoren für diese Expansion. Sie läßt sich vor allem durch die *politischen* Gegebenheiten jener Zeit erklären, da die ökonomischen und sonstigen Bedingungen eigentlich eher Rückschritte hätten erwarten lassen :

- Die *Transición* fand während der durch die Ölpreissteigerungen ausgelösten Wirtschaftskrise statt. Durch die Krise, insbesondere durch die Ar-

---

10 *Alber* 1982, S.196.

11 Ebd., S.195.

beitslosigkeit, nahm der Druck auf die sozialen Sicherungssysteme erheblich zu.
- Gleichzeitig verringerte sich durch die Krise der Verteilungsspielraum.
- In einer Reihe von westlichen Industrieländern begann zur gleichen Zeit eine neoliberale Offensive gegen den Sozialstaat, deren Angriffsziele unter anderem die mit der sozialen Sicherung verbundenen Kosten und die sich daraus ergebenden Standortnachteile im internationalen Konkurrenzkampf waren.

Trotz dieser Bedingungen fand eine sozialpolitische Expansion statt. Dies kann unter anderem dadurch erklärt werden, daß die *politischen* Probleme des Übergangs zur Demokratie so viel Energie erforderten, daß die wirtschaftliche Krise kaum wahrgenommen wurde[12]. Hinzu kam, daß die Arbeitnehmerseite, vor allem durch die Arbeit der *Comisiones Obreras*, möglicherweise besser auf die politische Auseinandersetzung und Interessenvertretung in einer Demokratie vorbereitet war, als dies die Unternehmer waren.

In letzter Zeit ist die spanische *Transición* verschiedentlich als Vorbild für die Umgestaltung der ehemals sozialistischen Länder betrachtet worden[13]. Die Grenzen der Übertragbarkeit sind aber recht deutlich : In Spanien fand vor allem ein *politischer* Wandel statt. Dieser war zwar mit sozialpolitischen Verbesserungen verbunden, doch blieb die wirtschaftliche Struktur insgesamt unangetastet. In den ehemals sozialistischen Ländern stehen gegenwärtig aber Umbauaufgaben in völlig anderem Ausmaß an. Dabei geht es um grundlegende politische *und* wirtschaftliche Veränderungen. Aufgrund der tiefen wirtschaftlichen Krise stehen die Ressourcen nicht zur Verfügung, die einen vergleichbar sanften, weil in sozialpolitischer Hinsicht "sozialdemokratischen"[14] und abgefederten Übergang ermöglichen könnten.

In den achtziger Jahren ergaben sich wesentliche soziale Spannungen in Spanien daraus, daß auf der einen Seite ein sozialpolitischer Nachholbedarf eingefordert wurde, und auf der anderen Seite den mit der EG-Mitgliedschaft verbundenen Anforderungen an 'Modernisierung' im Sinne von gesteigerter Konkurrenzfähigkeit und sozialpolitischer Deregulierung entsprochen werden mußte. Dieser Widerspruch kennzeichnete die Regierungspolitik der Sozialistischen Partei, die der eigenen sozialpolitischen

---

12 Vgl. bspw. *Llés* 1989 S.177.

13 Vgl. bspw. *Mauersberger* 1989.

14 *Köhler* 1987, S.143.

Programmatik und ihrer gewerkschaftlich organisierten Anhängerschaft verpflichtet war, zugleich aber die Integration in die EG beschleunigen wollte und dazu auf die 'komparativen Kostenvorteile' Spaniens in Form relativ niedriger Sozialkosten nicht verzichten konnte. In den letzten Jahren wurden die daraus resultierenden Konflikte durch wirtschaftliche Expansion gemildert[15].

6.2.2 Sozialarbeit

Die Wohlfahrtspflege war zu Beginn des untersuchten Zeitraums dadurch gekennzeichnet, daß traditionelle Formen der Armenpflege und organisierter Mildtätigkeit vorherrschten. Staatliche Angebote und Regularien besaßen demgegenüber nur eine geringe Bedeutung.

Aus dem Umfeld der franquistischen Staatspartei, der *Falange*, gewann vor allem das *Obra de Auxilio Social* eine gewisse Bedeutung. Anders als im nationalsozialistischen Deutschland, wo die *Nationalsozialistische Volkswohlfahrt* nach der 'Gleichschaltung' der Wohlfahrtspflege eine dominierende Position erreichte, kam es aber nicht zu einer vergleichbaren Stellung der *Falange*-Wohlfahrt, obwohl dies von Teilen der Partei zunächst angestrebt wurde. An die Stelle einer umfassenden Mobilisierung der Bevölkerung trat die Bürokratisierung und staatliche Alimentierung der falangistischen Wohlfahrtspflege. Demgegenüber behielt die katholische Kirche ihre traditionell starke Stellung im Wohlfahrtswesen. Neben dem *Obra de Auxilio Social*, der Frauensektion der *Falange*, einzelnen Abteilungen der *Vertikalen Syndikate* und der Kirche erlangten der spanische Blindenverband *Organización Nacional de Ciegos Españoles ONCE* und das spanische Rote Kreuz in einzelnen Feldern der Wohlfahrtspflege eine gewisse Bedeutung.

Während der Phase des *desarrollismo* trugen der gesellschaftliche Umbruch, die stärkere Öffnung gegenüber dem Ausland wie auch die partielle Lockerung von Zensur und Repression dazu bei, daß über soziale Probleme erstmalig wieder öffentlich diskutiert wurde. Der Modernisierungsprozeß erzeugte nicht nur neue soziale Probleme, wie sie sich beispielsweise aus dem raschen Wachstum der Entwicklungsmetropolen auf der einen und der Entvölkerung ländlicher Gebiete auf der anderen Seite ergaben, sondern

---

15 Vgl. dazu verschiedene Beiträge von, der Regierung nahestehenden, Autoren in dem von *Guerra/Tezanos* 1992 herausgegebenen Sammelband.

trug auch dazu bei, daß sich der Weg hin zur Definition von sozialen Problemen[16] veränderte. In diesem Zusammenhang gewannen sozialwissenschaftliche Erklärungen an Bedeutung. Der Bedeutungszuwachs der Sozialwissenschaften während der Phase des *desarrollo* ließ sich unter anderem in der Entwicklung der spanischen Soziologie beobachten[17].

Da die katholische Kirche zu den Stützen des franquistischen Systems zählte, besaß sie eine Reihe von Privilegien und eine relative Autonomie. Unter dem Schutz dieser Rechte und im Rückgriff auf eigene Traditionen, Erfahrungen und Verbindungen konnte sich die kirchliche Wohlfahrtspflege recht früh auf die während der Phase des *desarrollo* veränderten gesellschaftlichen Verhältnisse einstellen und den Anschluß an konzeptionelle Entwicklungen in den europäischen Industriestaaten suchen. Diese Veränderungen umfaßten die Entwicklung neuer Arbeitsansätze und Institutionen, Aus- und Fortbildungsprogramme sowie die Verknüpfung von sozialwissenschaftlicher Forschung mit konzeptionellen Veränderungen der Sozialarbeit. Dabei gewann insbesondere der 1946 gegründete spanische Caritasverband eine zentrale Bedeutung.

Insgesamt fand seit den sechziger Jahren eine *Modernisierung der Sozialarbeit* im doppelten Sinne statt. Sie bestand nach *außen* in der Anpassung an die veränderte gesellschaftliche Situation und nach *innen* in einer Differenzierung, Rationalisierung und Professionalisierung der Wohlfahrtspflege. Dabei waren die äußeren und die inneren Modernisierungsprozesse miteinander verknüpft.

Ein Merkmal des bemerkenswert gleitenden Übergangs zur Demokratie bestand im Wohlfahrtsbereich darin, daß die parastaatlichen Institutionen aus dem Umfeld der *Falange* und der *Vertikalen Syndikate* wie auch das in ihnen beschäftigte Personal während der *Transición* in die staatliche Administration eingegliedert wurden.

Die Demokratisierung führte in der Sozialarbeit wie in der Sozialpolitik insgesamt zu einem verstärkten staatlichen Engagement. Auf zentralstaatlicher Ebene waren hierbei vor allem die Gesetze über die Integration Behinderter (*Ley de integración social de minusválidos*, 1982) und über die Provinzial- und Kommunalverfassung (*Ley Reguladora de las Bases del Régimen local*, 1985) sowie der konzertierte Plan für soziale Dienste (*Plan Concertado para el Desarrollo de Prestaciones básicas de Servicios Sociales*, 1988) von Bedeutung.

---

16 Zur Defintion sozialer Probleme vgl. *Albrecht* 1977.

17 Vgl. dazu die Beiträge in *Giner/Moreno* 1990.

Die in der Verfassung von 1978 angelegte Neuordnung der staatlichen Gliederung mündete in die Gründung von 17 autonomen Regionen (*Comunidades Autónomas*). Ab 1982 erließen diese *Autonomías* eigene Ländergesetze über soziale Dienste. Die damit verbundene gewisse *legislative Dezentralisierung* in der Sozialarbeit wurde durch eine *administrative Dezentralisierung* ergänzt. Mit der Organisation und Verwaltung sozialer Dienste wurden vorrangig die Kommunen betraut. Auf kommunaler Ebene führte dies vor allem zur Gründung von Sozialzentren mit weitgesteckten Aufgabenbereichen (allgemeine soziale Dienste, Beratung, Organisation mobiler Sozialdienste etc.). Nach einer Ende der achtziger Jahre durchgeführten Untersuchung arbeitet rund ein Drittel der befragten Sozialarbeiter in kommunalen Sozialverwaltungen[18].

Im Zusammenhang mit diesen Dezentralisierungsprozessen wurde in den letzten Jahren verschiedentlich kritisiert, daß die Verteilung von Ressourcen nicht mit der von Aufgaben Schritt gehalten habe. Ein weiteres und grundsätzliches Problem ergibt sich aus dem Entwicklungsgefälle zwischen den verschiedenen Regionen, das durch die Zentrifugalwirkung von Dezentralisierungsprozessen noch vergrößert werden kann.

Mit der Verstärkung staatlicher Angebote in der Sozialarbeit ergab sich die Frage, wie das Verhältnis von freien Trägern und Staat zu regeln sei. Im Zusammenhang mit einer gewissen Ernüchterung, die in den letzten Jahren hinsichtlich der Möglichkeiten und der Effizienz staatlicher Angebote eingekehrt zu sein scheint, wird unter anderem über verschiedene Modelle von Subsidiarität und die 'Privatisierung sozialer Dienste' diskutiert. In den letzten Jahren ist durch das Auftreten nichtkirchlicher freier Träger eine gewisse "Pluralisierung des Wohlfahrtsverbändewesens"[19] zu beobachten.

Die berufliche Entwicklung der Sozialarbeit läßt sich insgesamt als '*Professionalisierung*' im Sinne einer "Berufsaufwertung durch mehr Ausbildung"[20] bezeichnen. Seit den Anfängen von Ausbildung und Berufstätigkeit in den dreißiger Jahren hat die Sozialarbeit an Bedeutung und Profil gewonnen. Die Zahl der ausgebildeten Sozialarbeiter nahm zu und die Stellung des Berufs wurde sowohl im Hinblick auf andere Berufe, als auch in der beruflichen Lebensplanung der Sozialarbeiter selber deutlicher.

Dazu trug vor allem die Ausbildung bei, die angehoben und formalisiert wurde. Dabei lassen sich drei Etappen unterscheiden :

---

18 Vgl. *Llovet/Usieto* 1990, S.99.

19 *Hamburger/Höffer-Mehlmer* 1993, S.95.

20 *Daheim* 1982, S.378.

- In der Anfangsphase (beginnend 1932 mit der *Escuela de Asistencia Social para la Mujer* in Barcelona) entstanden die ersten, zumeist katholischen Schulen, ohne daß ein klar definiertes berufliches Profil oder ein staatlich anerkannter Abschluß existierte.
  Der Bürgerkrieg und die ersten Nachkriegsjahre führten dazu, daß die Ausbildung zunächst völlig zum Erliegen kam bzw. nur langsam wieder aufgenommen wurde.
- In der zweiten Hälfte der fünfziger Jahre begann eine Ausweitung der Ausbildung. Zwischen 1957 und 1965 wurden 32 Schulen neu gegründet. 1964 leitete die staatliche Anerkennung und landesweite Vereinheitlichung der Sozialarbeiterausbildung eine Konsolidierung ein. Während zuvor unterschiedliche Berufsbezeichnungen verwandt wurden, galt nun die einheitliche Bezeichnung 'Sozialhelfer' (*asistente social*).
- Die Hochschulintegration und die Umwandlung in *Escuelas Universitarias* zu Beginn der achtziger Jahre stellte den vorläufigen Abschluß dieser Entwicklung dar. Als Berufsbezeichnung wurde nun der Terminus 'Sozialarbeiter' (*trabajador social*) eingeführt. Die Ausbildung ist dem ersten Zyklus universitärer Studiengänge zugeordnet und endet nach drei Studienjahren mit dem Abschluß *diploma*.
  Die Hochschulintegration führte zu einem raschen Anstieg der Ausbildungskapazitäten. Zur Attraktivität des Ausbildungsgangs trug nicht nur das gestiegene Bildungsprestige, sondern auch die vergleichsweise gute Arbeitsmarktsituation bei, die auf die Expansion staatlicher Sozialdienste zurückging.

Ende der sechziger Jahre[21], Mitte der siebziger Jahre[22] und Ende der achtziger Jahre[23] wurden jeweils Untersuchungen der beruflichen Situation von Sozialarbeitern durchgeführt. Ein Vergleich ihrer Ergebnisse zeigt den Konsolidierungsprozeß, der in der beruflichen Praxis die Entwicklung der Ausbildung begleitete.

Was bei isolierter Betrachtung als beruflicher Aufstieg der Sozialarbeit betrachtet werden könnte, wurde insofern relativiert, als auch in anderen Ausbildungs- und Berufsbereichen Aufwertungen durch mehr Bildung stattfanden. So folgte die Verlagerung der Ausbildung in die Universitäten der Akademisierung anderer Ausbildungen (Techniker, Primarstufenlehrer), die ursprünglich hinsichtlich Zugangsvoraussetzungen und Abschlußniveau der

---

21 *Vázquez* 1971.

22 *Estruch/Güell* 1976.

23 *Llovet/Usieto* 1990.

Sozialarbeit geglichen hatten, aber früher als sie (im Zuge der 1970 begonnenen Bildungsreform) in das universitäre Bildungssystem integriert worden waren.

Die Professionalisierung der spanischen Sozialarbeit entsprach der zunehmenden Professionalisierung der Berufsstruktur im allgemeinen, ebenso wie der seit den sechziger Jahren feststellbare Einfluß sozialwissenschaftlicher Orientierungen auf Sozialarbeits-Konzepte mit der Verbreitung sozialwissenschaftlicher Ansätze in der öffentlichen Diskussion verknüpft war.

6.3 Zur Reichweite modernisierungstheoretischer Ansätze

Ein Vorzug modernisierungstheoretischer Ansätze liegt darin, daß sich mit ihrer Hilfe verschiedene gesellschaftliche Veränderungen und recht große Zeiträume auf wenige gemeinsame Punkte hin beziehen lassen. In unserem Fall konnten wir oben rund fünfzig Jahre spanischer Geschichte und so verschiedene gesellschaftliche Bereiche wie Wirtschaftsleben und Sozialarbeit auf die Formel 'verspätete und komprimierte Modernisierung' bringen. Eine derart kompakte Verknüpfung ist allerdings nur um den Preis erheblicher Reduktionen zu erreichen.

Es kann beispielsweise der Eindruck entstehen, es habe sich hierbei um mehr oder minder zwangsläufige Nachahmungs- und Entwicklungsprozesse gehandelt. Daß das politische System während des größten Teils dieser Zeit eine Diktatur war, könnte dann als Marginalie bzw. als lediglich vorübergehender Modernisierungsrückstand behandelt werden. Auch die Jahre der sogenannten Autarkiephase ließen sich als Vorbereitung späterer Entwicklung und Modernisierung interpretieren, und sei es nur dergestalt, daß das Scheitern von Staatsinterventionismus und Abschottung den Boden für die spätere "'kopernikanische Wende' des Franquismus"[24] bereitet habe.

Dies hieße, die Erklärungsmöglichkeiten von Modernisierungstheorien zu überdehnen. Der spanische Bürgerkrieg wie auch die darauf folgende Autarkiephase lassen sich nur schwerlich in ein Modernisierungskontinuum einpassen. Die kriegsbedingten Zerstörungen und die politisch angestrebte Rückkehr zum Ständestaat in den Anfangsjahren des Franquismus trugen eher zu Rückentwicklungen als zu Fortschritten in Richtung auf Modernisierung bei[25].

---

24 *Zelinsky* 1984, S.279.

25 Vgl. dazu *Bernecker* 1983, S.151.

Der mit der Demokratisierung verbundene Expansionsschub in der sozialen Sicherung kann als nachgeholte sozialpolitische Modernisierung betrachtet werden. Entscheidend für diese Veränderungen war, daß sich durch die Demokratisierung die Formen gesellschaftlicher Auseinandersetzungen wandelten, nicht aber, daß sich eine Art 'Modernisierungautomatik' durchsetzte.

Mit Modernisierungstheorien erhält man zunächst nur abstrakte Maßstäbe an die Hand, mit deren Hilfe gesellschaftliche Strukturen gemessen werden können. Bezogen auf diese Maßstäbe kann man in Spanien während der letzten Jahrzehnte von einer verspäteten und komprimierten Modernisierung sprechen.

An Modernisierungstheorien wurde häufig kritisiert, mit ihnen werde "Entwicklung als Nachahmung"[26] betrachtet. Der spanische Modernisierungsprozeß kann in der Tat mit einer gewissen Berechtigung als nachahmende Entwicklung betrachtet werden. Während der Phase des *desarrollo* ging von den entwickelten Industrieländern in wirtschaftlicher und sozialer Hinsicht eine Vorbildwirkung aus[27]. Von seiten der herrschenden Eliten Spaniens machte man sich deren Indikatoren für Wirtschafts- und Wohlstandsentwicklung zu eigen, ohne aber die damit verbundenen politischen und kulturellen Muster übernehmen zu wollen. Mit der Demokratisierung und dem Beitritt zur EG verstärkte sich auch der *politische* und *kulturelle* Angleichungsdruck. Die Maßstäbe für 'Modernisierung' blieben keine abstrakte Meßlatte im Sinne eines *Tertium comparationis* zwischen der spanischen und anderen Gesellschaften, sondern gingen zunehmend in die Zielprojektionen der gesellschaftlichen Gruppen ein.

Ursprünglich waren Modernisierungstheoretiker angetreten, universale Erklärungsmuster für gesellschaftliche Veränderungen zu entwickeln. Sie wollten daraus Programme für diejenigen Länder ableiten, die noch nicht 'modern', also 'unterentwickelt', 'traditionell' etc. waren. Ihr Anspruch, generelle Aussagen über Tiefenstrukturen und Entwicklungsdynamiken formulieren zu können, wird bereits seit längerem mit Recht bestritten. Es genügt, den Ressourcenbedarf moderner Industriestaaten zu extrapolieren, um die Grenzen stetigen Wachstums und damit die Grenzen weltweiter Modernisierung offenzulegen. Auch wenn *Menzel* aus diesen und anderen

---

26 So der Titel von *Mansillas* kritischer Theorie der Modernisierung (*Mansilla* 1978).

27 So war die Einrichtung von Entwicklungspolen von französischen Vorbildern der Industriepolitik beeinflußt. Vgl. dazu Kapitel drei.

Gründen eine "*Krise der Großtheorien*"[28] hinsichtlich gesellschaftlicher Entwicklung konstatiert, kann eine kleinräumige Anwendung von Modernisierungstheorien durchaus erhellend sein. Die spanische Gesellschaft ist in den letzten Jahrzehnten modernisiert worden, so daß die modernisierungstheoretische Perspektive zur Erklärung der gesellschaftlichen Entwicklung Spaniens beiträgt.

Im Hinblick auf das Verhältnis von entwickelten und unterentwickelten Ländern zeigt sich die Modernität Spaniens sehr drastisch im Bereich der Migration : In den sechziger Jahren trug die Wanderung spanischer Arbeitnehmer in die europäischen Industrieländer in erheblichem Ausmaß zur wirtschaftlichen Entwicklung (Devisenimport, Arbeitskräfteexport) bei. In den letzten Jahren wurden von spanischer Seite erhebliche Anstrengungen unternommen, den Zuzug von Arbeitsmigranten und Armutsflüchtlingen vom afrikanischen Kontinent, der sich auf Spanien als Durchgangs- aber auch als Zielland richtet, zu reduzieren und zu steuern.

6.4 Ausblick : Zur Modernisierung der Sozialarbeit und ihren Widersprüchen

Die Herausbildung einer modernen Sozialarbeit ist dadurch gekennzeichnet, daß die Zahl und die Differenzierung von Institutionen der Wohlfahrtspflege zunehmen. Mit zunehmender *Institutionalisierung* ist eine tendenzielle *Verrechtlichung* verbunden. Sie führt dazu, daß das Regelwerk, in dem die Ansprüche an die Wohlfahrtspflege (bzw. an andere Formen sozialer Sicherung) und die Bedingungen für diese Ansprüche fixiert sind, erweitert und ausdifferenziert wird. Hinzu tritt die *Ökonomisierung* der Sozialarbeit in einem doppelten Sinne : Die der Wohlfahrtspflege zufließenden Ressourcen wachsen und damit auch die Anforderungen an eine möglichst rationelle Mittelverwendung. Komplementär zur Institutionalisierung, Verrechtlichung und Ökonomisierung findet die *Professionalisierung* derjenigen statt, die mit der Verteilung von Geld- bzw. Sachmitteln und der Erbringung von sozialarbeiterischen Dienstleistungen beschäftigt sind. Ihre berufliche Qualifizierung soll gewährleisten, daß sie sich im institutionellen und rechtlichen Gefüge auskennen und die verfügbaren Mittel möglichst effizient verwenden.

---

28 *Menzel* 1991, S.45.

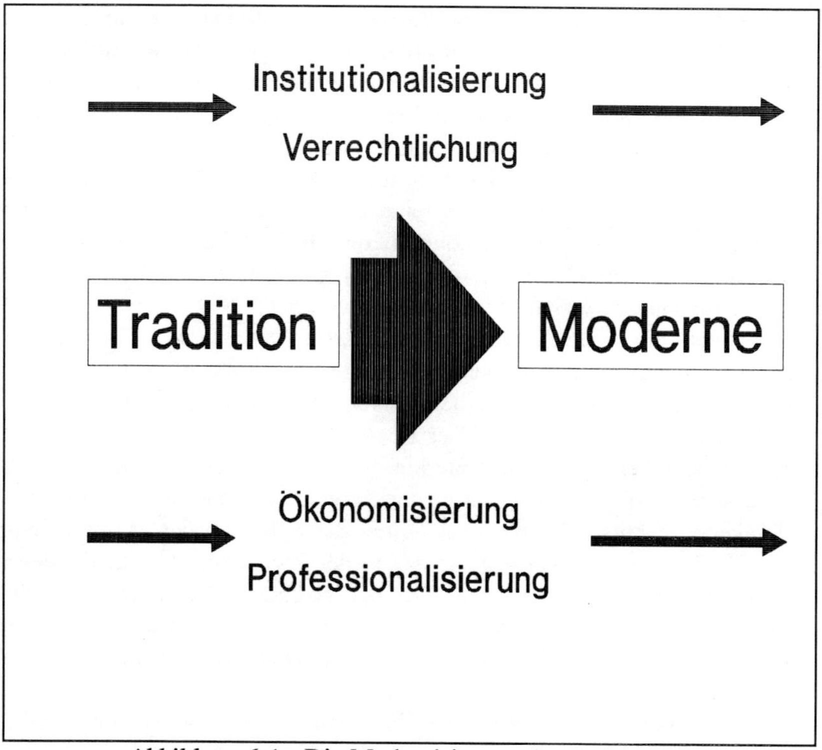

Abbildung 6.1 : Die Modernisierung der Sozialarbeit

Die Modernisierung der Sozialarbeit ist hinsichtlich der in Schaubild 6.1 genannten vier Dimensionen ein *Element gesellschaftlicher Modernisierung*. Die Berufsgruppe der Sozialarbeiter ist deren *Nutznießer*. Sie kann sich darauf beschränken, Modernisierungslücken zu entdecken und zu schließen, indem sie weitere spezielle Institutionen, rechtliche Regelungen oder zusätzliche Ressourcen einklagt und Höherqualifizierung fordert. Trotz partieller Unzufriedenheit wäre auf den ersten Blick eigentlich zu vermuten, daß die Berufsgruppe der Sozialarbeiter Modernisierungsprozessen positiv gegenübersteht. Stattdessen ist in der deutschen wie auch in der spanischen Sozialarbeit (das heißt : in den jeweils öffentlich geführten Debatten ihrer Vertreter) ein latentes Unbehagen gegenüber einer so verstandenen Modernisierung festzustellen. In der Bundesrepublik manifestierte sich dieses Unbehagen in den letzten Jahren in einer 'antimodernen' Bewegung.

Das Unbehagen gegenüber den Folgen von Institutionalisierung und Verrechtlichung äußert sich im Berufsalltag in der Klage über das Ausmaß von Verwaltungsarbeiten und Bürokratisierung. *Estruch* und *Güell* zitierten in ihrer Mitte der siebziger Jahre erschienenen Berufsfeldanalyse eine Sozialarbeiterin : "Die Fürsorgerinnen, die in offiziellen Stellen arbeiten, in Gemeindeverwaltungen, in der Falange, in kommunalen Schulen und zum Teil in der Caritas, orientieren sich an einem sehr aseptischen Arbeitsverständnis : sie bearbeiten Fälle und koordinieren die Wohlfahrtspflege. Man betrachtet sie als Funktionsträger, zwar mit gewissen menschlichen Zügen, doch fernab jeder Realität."[29]

Während die große Mehrzahl der von *Estruch* und *Güell* befragten Sozialarbeiter noch angab, die meiste Arbeitszeit im direkten Kontakt mit den Klienten zu verbringen[30], stellten *Llovet* und *Usieto* Ende der achtziger Jahre eine Trendwende fest : "Der Kontakt und die persönliche Interaktion mit der Bevölkerung stellen weiterhin das Herzstück der Tätigkeit von Sozialarbeitern dar. (...) Dennoch nehmen organisatorische und bürokratische Tätigkeiten bereits bei fast einem Drittel der Befragten den meisten Raum ein."[31] Dies ist eine Konsequenz der in der Zwischenzeit stattgefundenen Modernisierung der Sozialarbeit. Der Berufsalltag ist bestimmt durch eine Fülle neuer Verordnungen und Gesetze. Mit der Zahl spezialisierter Hilfseinrichtungen ist der Aufwand für Beantragungen, Koordination usw. gewachsen.

Klagen über die Bürokratisierung innerhalb der Sozialarbeit rühren möglicherweise aus der Spannung zwischen Berufsmotivation und Berufsalltag her. "Wer eine soziale Tätigkeit wählt, sucht Kommunikation und eine Vervollständigung seiner selbst."[32] Die kommunikativen Anteile vermindern sich im Prozeß der Modernisierung der Sozialarbeit. Auch wenn die in Spanien bislang vorliegenden Berufsuntersuchungen keinen differenzierten Aufschluß über die Berufsmotivation der Befragten geben, kann doch bezogen auf die deutsche Sozialarbeit das Spannungsverhältnis von 'Professionalität'

---

29 *Estruch/Güell* 1976, S.124.

30 Vgl. ebd., S.119 und 127.

31 *Llovet/Usieto* 1990, S.115.

32 *Richter* 1980, S.140.

und 'Menschlichkeit' als eine der grundlegenden "Paradoxien professionellen Handelns"[33] in der Sozialarbeit bezeichnet werden.

In Spanien wird in der letzten Zeit eine vergleichbare Spannung zwischen den in der Ausbildung vermittelten Schwerpunkten und denjenigen festgestellt, die im Berufsalltag immer mehr Bedeutung gewinnen. Es wird konstatiert, daß die Berufsausbildung überwiegend an der direkten Kommunikation mit den Klienten (als einzelnem, in der Gruppe oder im Stadtteil) orientiert sei, während das Arbeitsprofil zunehmend durch Organisation und Management bestimmt werde[34]. Hier sind gewisse Parallelen zur deutschen Diskussion der letzten Jahre über '*Sozialmanagement*' zu entdecken[35].

Angesichts der aus der Verrechtlichung und Institutionalisierung resultierenden Veränderungen der Sozialarbeit sind verschiedene Reaktionen festzustellen.

Eine eher *technokratische* Version besteht darin, die Aus- und Fortbildung in der Sozialarbeit zu verändern, um sie an sich wandelnde Anforderungen anzupassen. Aus den von *Flynn* vorgelegten Befragungsergebnissen wird ein Fortbildungsbedarf im Bereich Organisation und Management deutlich[36].

Davon ist eine eher *emphatische* Position zu unterscheiden. So gibt zum Beispiel *Zamanillo* ihren Überlegungen zum veränderten Profil der Sozialarbeit den programmatischen Titel "Das Alte erneuert sich"[37] : Sie kommt in Anbetracht der Veränderungen der spanischen Gesellschaft zu der Prognose : "Die zukünftige Gesellschaft wird nicht nur hinsichtlich der Verteilung von Gütern und der Arbeit geteilt sein, sondern es wird auch eine tiefe Spaltung zwischen denjenigen, die Wissen besitzen und denen, die es nicht besitzen, bestehen. Darauf muß der Sozialarbeiter seine Anstrengungen richten. Erweiterung der Kenntnisse, Wandel der Werte, beides aufbauend auf der Kommunikation, das werden die wesentlichen Elemente kulturellen Wandels sein, auf den wir unsere berufliche Aufmerksamkeit richten müs-

---

33 *Gildemeister* 1983, S.64. Sie bezieht sich dabei insbesondere auf die Verwissenschaftlichung und die sich daraus ergebenden Widersprüche. Vgl. dazu ebd., S.64 ff.

34 Vgl. bspw. *Flynn* 1990 über eine vergleichende Untersuchung bei spanischen und nordamerikanischen Sozialarbeitern. Vgl. dazu auch *Gil Estallo* 1987.

35 Vgl. dazu den Überblick bei *Langnickel* 1993.

36 Vgl. *Flynn* 1990, S.239 f.

37 *Zamanillo* 1990.

sen."[38] Hier wird die sich aus der Modernisierung ergebende Spannung emphatisch aufgelöst, indem der Sozialarbeiter als 'primus inter pares' an die Seite der Klienten gestellt wird. Dies erinnert zum Teil an die Rhetorik der *Reconceptualización*-Konzepte, in denen die Sozialarbeit als 'Motor des Wandels' betrachtet wurde[39].

Von diesen beiden Tendenzen läßt sich als dritte eine *radikal-kritische Richtung* unterscheiden. Sie hat sich vor allem in den entwickelten Industrieländern als 'Sozialstaatskritik von links' verbreitet, ist aber auch recht früh in die spanische Diskussion eingesickert[40]. Anders als in der technokratischen Linie wird hier nicht die möglichst rasche Anpassung an veränderte Verhältnisse gefordert. Vielmehr werden negative Folgen und Effekte von Modernisierung herausgestellt, ohne daß, wie bei der emphatischen Tendenz, die Sozialarbeit als eine Art Gegenbewegung exkulpiert wird. So schließen *Casado* und *Guillén* ihren Überblick über die Geschichte der Wohlfahrtspflege mit dem Urteil : "Der Wohlfahrtsstaat hat einen gewaltigen Verwaltungsapparat hervorgebracht, der häufig in eine Sozialbürokratie ausgeartet ist. (...) Man fordert immer mehr Formalitäten und sucht nicht den Kontakt mit den Klienten, sondern dessen Gegenteil."[41]

Ausgangspunkt der radikalen Kritik an der Modernisierung und am Sozialstaat ist die 'Hilfe zur Selbsthilfe' als zentrale Zielkategorie sozialarbeiterischen Handelns. Die Modernisierung der Sozialarbeit führe, so die Kritik, in ihren verschiedenen Dimensionen zu Effekten, die das Ziel 'Selbsthilfe' konterkarierten. Institutionalisierung, Verrechtlichung, Ökonomisierung und Professionalisierung würden die Abhängigkeit und Unselbständigkeit vergrößern, statt sie abzuschaffen. An die Stelle vorübergehender Hilfe zu dauerhafter Selbstbestimmung trete chronifizierte Fremdbestimmung[42]. Die Gesellschaft werde im Zuge der Modernisierung mit einem immer dichter werdenden Netz sozialer Kontrolle und Abhängigkeit überzogen, das zunehmend schwerer zu durchschauen oder gar zu kontrollieren sei[43]. Wie in

---

38 Ebd., S.34.

39 Vgl. dazu Kapitel fünf.

40 Vgl. dazu den Überblick bei *Limia/Lucena* 1987 und *Cruz u.a.* 1985, S.11 ff.

41 *Casado/Guillén* 1986, S.19.

42 Zur Paradoxie 'Professionalität als sich selbst abschaffendes Handeln versus Klientifizierung der Betroffenen' im sozialarbeiterischen Handeln vgl. *Gildemeister* 1983, S.70 ff.

43 Vgl. dazu *Habermas* 1985, S.141 ff.

technologischer, so habe sich auch in sozialer bzw. sozialpolitischer Hinsicht eine "Entmündigung durch Experten"[44] durchgesetzt. Waren die Warnungen vor der "verborgenen Herrschaftsgier der Betreuer"[45] bislang eher von konservativer Seite formuliert worden[46], machte sich in den letzten Jahren auch auf der politisch eher 'linken' Seite eine Skepsis gegenüber den Folgen von Modernisierung breit.

In diesem Zusammenhang entstanden Gegenbewegungen, die sich im Bereich der sozialen Sicherung und ihrer Deutung ähnlich wie im Technologiesektor (bspw. gegen Kernkraftwerke oder Gentechnik) bemerkbar machten. An die Stelle einer "Religion der Entwicklung"[47] trat "eine machtvolle, quer zu den traditionellen politischen Fronten stehende Gegenbewegung (...), welche die Bürokratisierung, Monetarisierung, Ökonomisierung und Verrechtlichung der Hilfe und des Helfens an den Pranger stellt[e] und die Zentralbegriffe der Sozialpolitik uminterpretiert[e]"[48].

---

44 So der Titel von *Illich u.a.* 1979.

45 *Schelsky* 1976, S.21.

46 Zur Tradition konservativer Sozialstaatskritik vgl. *Strasser* 1984, S.1083 f.

47 *Gross* 1985, S.61.

48 Ebd.

Abbildung 6.2 : Die Modernisierung der Sozialarbeit und die Gegenbewegung

Statt weiterer Institutionalisierung wurde eine Verstärkung von Selbsthilfeansätzen, statt weiterer Verrechtlichung Entbürokratisierung gefordert. Der Ausbau von Ehrenamtlichkeit und Laientätigkeit solle an die Stelle weiterer Ökonomisierung und Professionalisierung treten. Für das professionelle Handeln in der Sozialarbeit und Sozialpädagogik wurde Zurückhaltung und "pädagogischer Takt"[49] gefordert.

Das Gewahrwerden der Folgen von Modernisierung beeinträchtigte in der deutschen Sozialarbeit den "umstandslose[n] Spaß an weiterer Profes-

---

49 *Brumlik* 1984, S.62. Ähnlich schon 1926 *Herman Nohl*, der vom "Sozialbeamten" "Respekt vor dem Lebenswillen und Lebensplan des Individuums" forderte und sich gegen den "patriarchalischen Despotismus des Wohlfahrtsstaates" wandte (*Nohl* 1965, S.18).

sionalisierung"[50]. Das Unbehagen äußert sich unter anderem in der Frage, "welche Konsequenzen es hat, wenn eine rapide wachsende Anzahl von Menschen ihre ökonomische Basis in der Not anderer findet"[51].

Die Diskussion über das 'Helfer-Syndrom' hatte, ausgelöst von *Schmidbauers* Untersuchung über 'Die hilflosen Helfer'[52], das Interesse auf die Konservierung von Abhängigkeiten in helfenden Berufen gelenkt. Der 'hilflose Helfer' benötigt - so *Schmidbauer* - die Abhängigkeit des Klienten. Sie vermittelt ihm das Gefühl eigener Bedeutung, so daß er in ruheloser Selbstlosigkeit tiefe Bedürfnisse nach Macht und Zuwendung befriedigen kann.

Die Kritik an der Modernisierung sozialer Sicherung und Sozialarbeit geht über diesen individuellen bzw. inter-individuellen Kontext von Helfer und Klient hinaus. Statt Therapie- und Beratungsangeboten für Professionelle werden Ansätze der Deprofessionalisierung und der Wiederbelebung nicht-institutioneller Hilfsnetze[53] entworfen. "Solidarische Selbsthilfe, Gemeinschaft, kleine Netze, ursprüngliche unvermittelte Solidarität werden den großorganisatorischen Sicherungssystemen und den Zwangsversicherungen entgegengehalten, Selbsthilfegruppen erwehren sich des Zugriffs der Professionellen (...)"[54].

Trotz dieser Bewegung hat sich gezeigt, "daß der Sozialstaat (...) nicht leicht durch eine konservative oder progressive Alternative ersetzt werden kann"[55]. Dies hat nicht nur politische Gründe (Sozialstaat als Kompromiß zwischen verschiedenen Interessengruppen etc.). Die Bewegung gegen Modernisierung ist nun mal selbst in hohem Maße durch diese geprägt. Relativ schnell scheint sich eine Dynamik der 'Negation der Negation' durchzusetzen : es entwickeln sich Experten der Expertenkritik, die Selbsthilfe professionalisiert sich und die De-Institutionalisierung wird institutionalisiert[56]. Modernisierung scheint nicht hintergehbar zu sein.

Zur professionsinternen Verarbeitung der kritischen Bewegung empfiehlt *Gross* zu Recht den "Rückzug auf die redliche, disziplinierte, technisch-kompetente, schnörkellose Dienstleistung. Es bleibt Aufgabe der helfenden

---

50 *Höffer-Mehlmer* 1991, S.84.

51 *Opielka* 1986, S.129.

52 *Schmidbauer* 1977.

53 Vgl. dazu *Vilmar/Runge* 1986.

54 *Gross* 1985, S.61.

55 *Offe* 1984, S.335.

56 Zur modernen Modernisierungskritik vgl. *Beck* 1986, S.254 ff.

Berufe, klare Verhältnisse zu schaffen, die zweifelhafte Ehe mit unerfüllbaren Ansprüchen aufzukündigen, die unerfüllbaren Erwartungen abzubauen, zur Verberuflichung im Sinne des 'Jobs' zu stehen."[57]

Das im Rahmen der Gegenbewegung artikulierte Grundproblem der Modernisierung bleibt ein schwer auflösbares Paradoxon : Wie kann die Zentrifugalkraft von Individualisierungs- und Pluralisierungsprozessen zugunsten sozialer Kohäsion ('Solidarität' im *Durkheimschen* Sinne) gebremst werden, ohne dazu die formalen Netze sozialer Kontrolle enger knüpfen und Abhängigkeiten vergrößern zu müssen?

---

57 *Gross* 1985, S.81.

Literaturverzeichnis

Abad 1987 : Abad Sanz, Isabel : "Ayuntamiento de Parla", in : *FEMP* 1987, S.169-173.

Achinger 1971 : Achinger, Hans : Sozialpolitik als Gesellschaftspolitik. Von der Arbeiterfrage zum Wohlfahrtsstaat, Frankfurt/M. : Deutscher Verein für Öffentliche und Private Fürsorge 1971 (2.Aufl.).

Aguilar 1988 : Aguilar, Mª José : "La reconceptualización del servicio social en España", in : *Casado* 1988, S.227-229.

Alarcón/González 1988 : Alarcón Caracuel, Manuel Ramón / González Ortega, Santiago : Compendio de Seguridad social, Madrid : editorial tecnos 1988 (2.Aufl.)(erstm. 1985).

Alber 1982 : Alber, Jens : Vom Armenhaus zum Wohlfahrtsstaat. Analysen zur Entwicklung der Sozialversicherung in Westeuropa, Frankfurt/M. / New York : Campus 1982.

Alberti 1986 : Alberti López, Luis : "La asistencia sanitaria en el conjunto de la previsión social española", in : *Consejo General* 1986, S. 297-337.

Albrecht 1977 : Albrecht, Günter : "Vorüberlegungen zu einer 'Theorie sozialer Probleme'", in : Kölner Zeitschrift für Soziologie und Sozialpsychologie, Sonderheft 19 : Soziologie und Sozialpolitik, Opladen 1977, S.143-185.

Alcaide 1990, Alcaide Inchausti, Julio : "Crecimiento y desarrollo regional en España", in *Anuario* 1990, S.429.

Alcover 1986 : Alcover, Mercedes : "La Acción Comunitaria Europea contra la pobreza", in : *Cáritas* 1986, S.55-80.

Aleman 1991 : Aleman Bracho, Maria del Carmen : El sistema público de servicios sociales en España, Granada : Impresidur 1991.

Alonso 1992 : Alonso Alonso, Rosario : "Erziehungshilfen in der Comunidad Valencia. Gesetzliche Grundlagen und institutionelle Aspekte", in : *Hamburger/Höffer-Mehlmer* 1992a, S.81-98.

Alonso o.J. : Anlonso Alonso, Rosario : "Formación en trabajo social", in : *Dolcet* o.J., S.31-36.

Alonso Torrens 1989 : Alonso Torrens, Fco. Javier : "La acumulación de indicadores sociales de malestar y bienestar en los dos extremos de la escala de estratificación de la sociedad", in : Documentación Social, Nr.76, 7-9 1989, S.93-99.

Alonso u.a. 1988 : Alonso, Emilia / Canals, Teresa / Grau, Montse / Mas, Mercé : "Voluntarios como recurso de apoyo a los servicios sociales. Notas para una lectura", in : Revista de Treball social, Nr. 111, 9 1988, S. 65-77.

Alonso u.a. 1991 : Alonso Alonso, Rosario / López Precioso, Magdalena / Mazzola Arístegui, Alicia / Poyatos García, Ana / Vallina Fernández, Maria Luisa : "Die Professionalisierung der Sozialarbeit in Spanien", in : *Hamburger* 1991, S.93-108.

Alonso/Höffer-Mehlmer 1991 : Alonso Alonso, Rosario / Höffer-Mehlmer, Markus : "Zur Professionalisierung sozialer Arbeit in Spanien und Deutschland", in : *Hamburger* 1991, S.67-71.

Alonso/Vallina 1991 : Alonso Alonso, Rosario / Vallina Fernández, Maria Luisa : "Struktur und Organisation der Sozialen Dienste in der Comunidad Valencia", in : *Hamburger* 1991, S.47-65.

Althaus 1936 : Althaus, Hermann : Nationalsozialistische Volkswohlfahrt. Wesen, Aufgaben und Aufbau, Berlin : Junker und Dünnhaupt 1936 (2.Aufl., erstmals 1935).

Alvarez Antón 1990 : Alvarez Antón, José Ricardo : "Fuentes de documentación de Trabajo Social y Servicios Sociales", in : Documentación social, Revista de estudios sociales y de sociología aplicada, Nr.79, April - Juni 1990, S.245 - 276.

Alvarez Junco 1986 : Alvarez Junco, José : "La Comisión de Reformas Sociales. Intentos y realizaciones", in : *Consejo General* 1986, S. 147-153.

Alvarez Uría 1986 : Alvarez Uría, Fernando : "Los visitadores del pobre. Caridad, economía social y asistencia en la España del siglo XIX", in : *Consejo General* 1986, S. 117-146.

Ander-Egg 1971 : Ander-Egg, Ezequiel : Servicio Social para una nueva época, Madrid : Euroamérica 1971.

Ander-Egg 1988 : Ander-Egg, Ezequiel : Diccionario del trabajo social, Mexiko D.F. : El Ateneo 1988 (10.Aufl.).

Anteproyecto 1980 : ohne Autorenangabe : "Anteproyecto para la elaboración de planes de estudios de las escuelas universitarias de diplomados en trabajo social", in : Revista de Treball Social, Nr.79, Heft 9, 1980, S.73-77.

Antoni 1981 : Antoni, Michael : Spanien auf dem Weg zur parlamentarischen Demokratie. Parteien, Wahlen, Verfassung und politische Entwicklung 1975 bis 1980, Frankfurt/Main; Bern : Lang 1981.

Anuario 1989 : Anuario El País 1989, Madrid : Ed. El País 1989.

Anuario 1990 : Anuario El País 1990, Madrid : Ed. El País 1990.

Anuario 1993 : Anuario El País 1993, Madrid : Ed. El País 1993.

Arango 1987 : Arango, Joaquín : "La modernización demográfica de la sociedad española", in : *Nadal/Carreras/Sandrià* 1987, S.201-236.

Arroyo 1985 : Arroyo Simón, Millán : "¿Que es la pedagogía social?", in : Bordón, Revista de orientación pedagógica, Nr.257, H.3 / 4, 1985, S.203-215.

Ascoli 1988 : Ascoli, Ugo : "Estado de bienestar y acción voluntaria", in : Cuadernos técnicos de estudios y documentación, Nr.7, H.3 1988, S.91-127.

Aubry 1984 : Aubry, Dominique : "Soziale Einrichtungen und Sozialarbeiter in Frankreich", in : *Menzemer/Moreau* 1984, S.57-86.

Auxilio Social 1940 : Falange Española Tradicionalista y de las Juntas de ofensiva Nacional Sindicalista (Hg.) : Auxilio Social, desde el punto de vista religioso y moral, Madrid : Eigenverlag 1940.

Aznar 1987a : Aznar López, Manuel : "Reforma de la Seguridad Social y legislación autonómica de Servicios Sociales. Notas para la sinfonía incompleta de la protección social", in : Documentación Social, Nr.64, 7-9 1986, 2.Aufl. 1987, S.85-104.

Aznar 1987b : Aznar López, Manuel : "Los servicios sociales en la Ley de las Bases del Régimen local", in : *Comité* 1987, S.43-57.

Aznar 1989 : Aznar López, Manuel : "Los servicios sociales. El marco constitucional en España", in : *Bienestar Social* 1989, S.37-48.

Aznar u.a. 1988 : Aznar, Manuel u.a. : Descentralización de los servicios sociales, Madrid : ACEBO 1988 (aktualisierte Neuauflage).

Azpeitia u.a. 1990 : Azpeitia, María Concepción / Fernández, Tomás / Gómez, Franciso / Vila, Luis : "Estrategias en la formación de los trabajadores sociales", in : Revista de Servicios Sociales y Política social, Nr.20, 1990, S.40-57.

Azúa 1990 : Azúa, Paulino : "Las asociaciones de ayuda mutua", in : *Iniciativa social* 1990, S.9-17.

Badura / Gross 1976 : Badura, Bernhard / Gross, Peter : Sozialpolitische Perspektiven. Eine Einführung in Grundlagen und Probleme sozialer Dienstleistungen, München : Piper 1976.

Baldwin 1990 : Baldwin, Peter : The Politics of Social Solidarity. Class Bases of the European Welfare State 1875-1975, Cambridge u.a. : Cambridge University Press 1990.

Barabas 1984 : Barabas, Friedrich : "Sozialarbeit in der Bundesrepublik. Ein Überblick", in : *Menzemer/Moreau* 1984, S.97-115.

Barciela 1987 : Barciela, Carlos : "Crecimiento y cambio en la agricultura española desde la Guerra Civil", in : *Nadal / Carreras / Sandrià* 1987, S.258-279.

Barcina 1989 : Barcina, Mercedes : "Necesidades sociales de la empresa", in : Revista de Treball Social Nr. 115, Sept. 1989, S. 18-25.

Baron 1983 : Baron, Rüdeger (Hg.) : Sozialarbeit und soziale Reform. Zur Geschichte eines Berufs zwischen Frauenbewegung und öffentlicher Verwaltung, Weinheim / Basel : Beltz 1983.

Barrachino 1941 : Barrachino Esteban, Francisco : Los seguros sociales obligatorios, Valencia : Tip. Moderna 1941.

Batllía/Colomer / Vintró 1973 : Batllía, María Rosa / Colomer, Montserrat / Vintró, Francisca : "Adaptación de barraquistas a núcleos de viviendas", in : Revista de Treball Social, Nr.5, Juli-Sept., 1973, S.43-58.

Bauer 1987 : Bauer, Rudolf : "Intermediäre Hilfesysteme personenbezogener Dienstleistungen in zehn Ländern, Eine Einführung", in : *Bauer/Thränhardt* 1987, S.9-30.

Bauer 1991 : Bauer, Rudolf : "Intermediarität und Modernisierung. Am Beispiel intermediärer Hilfe- und Dienstleistungsorganisationen", in : *Glatzer* 1991, S.724-726.

Bauer 1992 : Bauer, Rudolf (Hg.) : Lexikon des Sozial- und Gesundheitswesens, P-Z, München / Wien : Oldenbourg 1992.

Bauer 1993 : Bauer, Rudolph (Hg.) : Intermediäre Nonprofit-Organisationen in einem Neuen Europa, Rheinfelden / Berlin : Schäuble 1993.

Bauer/Thränhardt 1987 : Bauer, Rudolph / Thränhardt, Anna-Maria (Hg.) : Verbandliche Wohlfahrtspflege im internationalen Vergleich, Opladen : Westdeutscher Verlag 1987.

Beck 1979 : Beck, Raimund : Das spanische Regierungssystem unter Franco, Bochum : Brockmeyer 1979.

Beck 1982a : Beck, Ulrich (Hg.) : Soziologie und Praxis. Erfahrungen, Konflikte, Perspektiven, Göttingen : Schwarz 1982.

Beck 1982b : Beck, Ulrich : "Einleitung : Folgeprobleme der Modernisierung und die Stellung der Soziologie in der Praxis", in : *Beck* 1982a, S.1-23.

Beck 1986 : Beck, Ulrich : Risikogesellschaft. Auf dem Weg in eine andere Moderne, Frankfurt/M. : Suhrkamp 1986.

Beck-Gernsheim 1982 : Beck-Gernsheim, Elisabeth : "Geburtenrückgang, Die wissenschaftliche Karriere eines politischen Themas", in : *Beck* 1982a, S.243-274.

Beckel 1964 : Beckel, Albert : "Subsidiaritätsprinzip",in : *Katholisches Soziallexikon* 1964, S.1202-1208.

Becker/Kaufhold 1991 : Becker, Astrid / Kaufhold, Anne : "Soziale Dienste und Jugendhilfe in Budenheim", in : *Hamburger* 1991, S.113-124.

Becker/Strauss 1972 : Becker, Howard S. / Strauss, Anselm L. : "Karriere, Persönlichkeit und sekundäre Sozialisation", in : *Berufssoziologie* 1972, S.355-371.

Becker/Vallina 1991 : Becker, Astrid / Vallina Fernández, Maria Luisa : "Lokale Fallstudien", in : *Hamburger* 1991, S.109-111.

Beier 1982 : Beier, Rudolf : "Zur Untersuchung der Fachsprache aus text- und pragmalinguistischer Sicht", in : *Fachsprachenforschung* 1982, S.15-27.

Beltrán 1990 : Beltán Aguirre, Juan Luis : "Relaciones de las O.N.G.s con los organismos político-administrativos. Problemas de regulación institucional", in : *Iniciativa social* 1990, S.51-61.

Benavides 1973 : Benavides, Mª Teresa : "Formación. Cuarta ponencia", in : *Congreso* 1973, S.103-107.

Beneyto 1979 : Beneyto, Juan : La identidad del franquismo. Del alzamiento a la Constitución, Madrid : Ediciones del Espejo 1979.

Benjumea 1986 : Benjumea Pino, Pedro : "Desempleo, del socorro a la prestación", in : *Consejo General* 1986, S. 371-385.

Benjumea 1990 : Benjumea Pino, Pedro : "Sanidad y desempleo", in : *Historia* 1990, S. 449-472.

Bennassar 1985a : Bennassar, Bartolomé u.a. : Orígenes del atraso económico español, Barcelona : Editorial Ariel 1985 (1. franz. Aufl. 1983).

Bennassar 1985b : Bennassar, Bartolomé : "Las resistencias mentales", in : *Bennassar* 1985a, S. 147 - 163.

Benz/Benz 1987 : Benz, Arthur / Benz, Angelika : Dezentralisierungspolitik in Frankreich. Teilstudie im Rahmen des Projektes 'Wohlfahrtsstaatliche Entwicklung und förderalstaatliche Reaktion', Speyer : Forschungsinstitut für öffentliche Verwaltung bei der Hochschule für Verwaltungswissenschaften Speyer 1987.

Berjano 1986 : Berjano, Enrique : Drogas y delincuencia. Población de alto riesgo, Valencia : Consellería de Treball i Seguretat Social 1986.

Bernecker 1982 : Bernecker, Walther L. : "Die Arbeiterbewegung unter dem Franquismus", in : *Waldmann u.a.* 1982, S.61-198.

Bernecker 1983 : Bernecker, Walther L. : "Modernisierung und Wandel eines autoritären Regimes. Spanien während des Franquismus", in : *Ruffmann/Altrichter* 1983, S.113-166.

Bernecker 1984a : Bernecker, Walther L. : "Die spanische Arbeiterbewegung zwischen Republik und Monarchie. Kontinuitäten und Diskontinuitäten", in : *Waldmann u.a.* 1984, S.95-125.

Bernecker 1984b : Bernecker, Walther L. : "Ein Interpretationsversuch. Der Franquismus - ein autoritäres Modernisierungsregime?", in : *Waldmann u.a.* 1984, S.395-423.

Bernecker 1984c : Bernecker, Walther L. : "Bibliographie zur Franco-Ära", in : *Waldmann* u.a. 1984, S.427-444.

Bernecker 1985 : Bernecker, Walther L. : Gewerkschaftsbewegung und Staatssyndikalismus in Spanien, Quellen und Materialien zu den Arbeitsbeziehungen 1936 - 1980, Frankfurt/M. : Campus 1985.

Bernecker 1986 : Bernecker, Walter L. : Der Spanische Bürgerkrieg, Materialien und Quellen, zusammengestellt und kommentiert von Walter L. Bernecker, Frankfurt/M. : Vervuert 1986 (2.Aufl.).

Bernecker 1988 : Bernecker, Walter L. : Spaniens Geschichte seit dem Bürgerkrieg, München : Beck 1988 (2.Aufl., erstm. 1984).

Bernecker 1989 : Bernecker, Walther L. : "Die Französische Revolution in der Hispania. Zur Geburtsstunde der 'zwei Spanien'", in : Tranvia Nr.13, Juni 1989, S.13-19.

Bernecker 1990a : Bernecker, Walther L. : "Spanien und Portugal zwischen Regime-Übergang und stabilisierter Demokratie", in : Aus Politik und Zeitgeschichte, Beilage zur Wochenzeitung Das Parlament, B 51 / 90, 14.Dez. 1990, S. 15-28.

Bernecker 1990b : Bernecker, Walther L. : Sozialgeschichte Spaniens im 19. und 20.Jahrhundert, Vom Ancien Régime zur Parlamentarischen Monarchie, Frankfurt/M. : Suhrkamp 1990.

Bernecker 1991 : Bernecker, Walther L. : "Gewerkschaften und Arbeitsbeziehungen in der Monarchie", in : *Bernecker / Oehrlein* 1991, S.121-165.

Bernecker/Oehrlein 1991 : Bernecker, Walther L. / Oehrlein, Josef (Hg.) : Spanien heute. Politik, Wirtschaft, Kultur, Frankfurt/M. : Vervuert 1991.

Bernecker/Ruhl 1986 : Bernecker, Walther L. / Ruhl, Klaus Jörg : "Vom Ancien-Régime zur Demokratie 1808 bis heute", in : Ruhl 1986, S.117 - 152.

Bernitt 1981 : Bernitt, Marion : Die Rückwanderung spanischer Gastarbeiter. Der Fall Andalusien, Königstein / Ts. : Hanstein 1981.

Bernsdorf 1972 : Bernsdorf, Wilhelm (Hg.) : Wörterbuch der Soziologie, Bd. 2, Stuttgart : Enke 1972 (2.Aufl.).

Berschin u.a. 1987 : Berschin, Helmut / Fernández-Sevilla, Julio / Felixberger, Josef : Die spanische Sprache. Verbreitung, Geschichte, Struktur, München : Hueber 1987.

Berstecher 1970 : Berstecher, Dieter : Zur Theorie und Technik des internationalen Vergleichs. Das Beispiel der Bildungsforschung, Stuttgart : Klett 1970.

Berufssoziologie 1972 : Luckmann, Thomas / Sprondel, Walter Michael (Hg.) : Berufssoziologie, Köln : Kiepenheuer & Witsch 1972.

Beyme 1971 : Beyme, Klaus von : Vom Faschismus zur Entwicklungsdiktatur. Machtelite und Opposition in Spanien, München : Piper 1971.

Bienestar Social 1989 : Bienestar social en España? (Documentos de Servicios Sociales), Barcelona : INTRESS (Institut de Treball Social : Serveis Socials) 1989.

Biescas 1990 : Biescas, José Antonio : "Estructura y coyunturas económicas", in : *Biescas/Tuñón* 1990, S.19-164.

Biescas/Tuñón 1990 : Biescas, José Antonio / Tuñón de Lara, Manuel : España bajo la dictadura franquista (1939-1975), Barcelona : Labor 1990 (2.Aufl., erstm. 1980).

Birke 1987 : Birke, Peter : Bildung und Erziehung in Spanien. Internationale Bibliographie. Deutsche, englische und französische Publikationen, unter Mitarbeit von Nicole Hoch, Berlin : Express Edition 1987.

Bischoff 1991 : Bischoff, Helmuth : "Presse und Redemokratisierung in Spanien", in : *Bernecker/Oehrlein* 1991, S.451-462.

Biskup/Dürr/García 1982 : Biskup, Reinhold / Dürr, Ernst / García, Echevarría (Hg.) : Spanien und die Europäische Gemeinschaften, Bern; Stuttgart : Haupt 1982 (Beiträge zur Wirtschaftspolitik, Bd. 37).

Blanco 1989 : Blanco Perez, César : "Los Servicios Sociales en Cruz Roja", in : Cuadernos de Acción Social, 4.Jg., Nr.18, H.5 / 6 1989, S.55-59.

Blanco Ruiz 1988 : Blanco Ruiz, Juan Francisco : "Consideraciones en torno al estatuto fiscal de las entidades benefica", in : Cuadernos de Acción Social, 3.Jg., Nr. 10 1988, S.17-26.

Blas 1989 : de Blas Guerrero, Andres : "La transición como objeto de estudio", in : *Tezanos u.a.* 1989, S.47-61.

Blau/Scott 1971 : Blau, Peter / Scott, W.Richard : "Professionale und bürokratische Orientierung in formalen Organisationen, dargestellt am Beispiel der Sozialarbeiter", in : *Otto/Utermann* 1971, S.125-139.

Blumer 1990 : Blumer, Herbert : Industrialization as an Agent of Social Change. A Critical Analysis, mit einer Einleitung von David R. Maines und Thomas J. Morrione, New York : Aldine de Gruyter 1990.

Bock 1980 : Bock, Teresa : "Professionalisierung", in : *Deutscher Verein* 1980, S.591-592.

Böckenförde 1977 : Böckenförde, Ernst-Wolfgang : "Zum Verhältnis von Kirche und moderner Welt. Aufriß eines Problems", in : *Koselleck* 1977, S.154-177.

Boeckh 1991 : Boeckh, Andreas : "Dependencia-Theorien", in : *Lexikon Dritte Welt* 1991, S.158-163.

Boetsch 1985 : Boetsch, Laurent : "The Church in spanish politics", in : *Lancaster/Prevost* 1985, S. 144-167.

Bohle/Grunow 1981 : Bohle, Hartwig / Grunow, Dieter : "Verberuflichung der sozialen Arbeit", in : *Projektgruppe soziale Berufe* 1981, S.151-176.

Bohling 1982 : Bohling, Wolfgang : "Die sozialpolitischen Rechte der Europäischen Sozialcharta (ESC). Ein Beitrag zur Entwicklung sozialer Grundrechte", in : *Hauff/Pfister-Gaspary* 1982, S.17-37.

Böhme 1978 : Böhme, Helmut : Prolegomena zu einer Sozial- und Wirtschaftsgeschichte Deutschlands im 19. und 20.Jahrhundert, Frankfurt/M. : Suhrkamp 1978 (7.Aufl., erstmals 1968).

Bolte/Hradil 1984 : Bolte, Karl Martin / Hradil, Stefan : Soziale Ungleichheit in der Bundesrepublik Deutschland, Opladen : Leske und Budrich 1984 (5.Aufl., bis zur 4.Aufl. unter dem Titel : Bolte, Martin : Soziale Ungleichheit).

Bonime 1985 : Bonime, Andrea R. : "The Spanish State Structure. Constitution making and the Creation of the new State", in : *Lancaster/Prevost* 1985, S. 11-34.

Bonime-Blanc 1987 : Bonime-Blanc, Andrea : Spain's Transition to Democracy. The Politics of Constitution-making, Boulder / London : Westview Press 1987.

Boyd/Boyden 1985 : Boyd, Carolyn P. / Boyden, James M. : "The armed forces and the transition to democracy in Spain", in : *Lancaster/Prevost* 1985, S.94 - 124.

Bracher 1976 : Bracher, Karl Dietrich : Zeitgeschichtliche Kontroversen. Um Faschismus, Totalitarismus, Demokratie, München : Piper 1976 (2.Aufl.).

Brauns/Kramer 1986 : Brauns, Hans-Jochen / Kramer, David (Hg.) : Social Work Education in Europe. A Comprehensive Description of Social Work Education in 21 European Countries, Frankfurt/M. : Deutscher Verein für öffentliche und private Fürsorge 1986.

Brauns/Kramer 1989 : Brauns, Hans-Jochen / Kramer, David : "West Germany. The break up of consensus and the demographic threat", in : *Munday* 1989a, S.124-154.

Brauns/Kramer 1991 : Brauns, Hans-Jochen / Kramer, David : "Social Work Education and Profesional Development", in : *Hill* 1991, S.80-99.

Brettschneider u.a. 1992 : Brettschneider, Frank / Ahlstich, Katja / Zügel, Bettina : "Materialien zu Gesellschaft, Wirtschaft und Politik in den Mitgliedsstaaten der Europäischen Gemeinschaft", in : *Gabriel* 1992, S.433-625.

Brinkmann/Renner 1982 : Brinkmann, Wilhelm / Renner, Karl (Hg.) : Die Pädagogik und ihre Bereiche, Paderborn u.a. : Schöningh 1982.

Broué/Témime 1982 : Broué, Pierre / Témime, Émile : Revolution und Krieg in Spanien. Geschichte des spanischen Bürgerkriegs (Zwei Bände), Frankfurt/M. : Suhrkamp 1982 (3.Aufl., dt. erstmals 1968).

Brumlik 1984 : Brumlik, Micha : "Verstehen oder Kolonialisieren. Überlegungen zu einem aktuellen Thema", in : *Müller/Otto* 1984, S.31-62.

Bucher/Strauss 1972 : Bucher, Rue / Strauss, Anselm : "Wandlungsprozesse in Professionen", in : *Berufssoziologie* 1972, S.182-197.

Buck 1983 : Buck, Gerhard : "Die Entwicklung der freien Wohlfahrtspflege von den ersten Zusammenschlüssen der freien Verbände im 19.Jahrhundert bis zur Durchsetzung des Subsidiaritätsprinzips in der Weimarer Fürsorgegesetzgebung", in : *Landwehr/Baron* 1983, S.139-172.

Bueno 1988a : Bueno Abad, José Ramón : Apuntes en la descentralización de los servicios sociales, Valencia : Nau Llibres 1988.

Bueno 1988b : Bueno Abad, José Ramón : Servicios Sociales. Planificación y organización, Valencia : Mestral 1988.

Bühl 1990 : Bühl, Walter L. : Sozialer Wandel im Ungleichgewicht. Zyklen, Fluktuationen, Katastrophen, Stuttgart : Enke 1990.

Burgues 1987 : Burgues i Barqués, Mariona : "Ayuntamiento de Lérida", in : *FEMP* 1987, S.175-198.

Caballero 1992 : Caballero, Abel : "La política municipal y el socialismo. Doce años de municipalismo", in : *Guerra/Tezanos* 1992, S.297-315.

Cabra 1987 : Cabra de Luna, Miguel Angel : "Desarrollo legislativo y condicionamientos derivados del marco jurídico", in : *FEMP* 1987, S.71-104.

Cabra 1988 : Cabra de Luna, Miguel Angel : "Comentarios sobre la actualización de las Normas de Ordenación de la Cruz Roja Española", in : Cuadernos de Acción Social, 3.Jg., Nr.10 1988, S. 32-39.

Cabra 1989 : Cabra de Luna, Miguel Angel : "Los nuevos estatutos de la Cruz Roja Española", in : Cuadernos de Acción Social, 4.Jg., Nr.16, 1989, S.68-77.

Cabra/Cañon 1987 : Cabra de Luna, Miguel A. / Cañon, Eva : "Desarrollo de los Servicios Sociales tras la implantación de la democracia en España", in : Revista de Treball Social, Nr.108, 12 1987, S. 82-103.

Cabrera 1982 : Cabrera Bazán, José : "Wirtschaftsordnung und Gewerkschaften in der spanischen Verfassung", in : *Däubler* 1982a, S.166-193.

Calero 1987 : Calero Bermejo, Miguel : "Análisis sistémico de la intervención social en barrios", in : Revista de Treball Social Nr. 108, Dez. 1987, S. 39-43.

Calle Velasco 1984 : de la Calle Velasco, Maria Dolores : "La Comisión de Reformas Sociales. De la represión al análisis de la conflictividad social", in : Studia Histórica Vol.2, Nr.4 1984, S.13-40.

Calvo 1952 : Calvo Serer, Rafael : Teoria de la restauración, Madrid : Ed. Rialp 1952.

Calvo 1982 : Calvo Buezas, Tomas : "La promoción del pueblo gitano, Un desafío y un deber de la democracia española", in : Cuadernos de Asistencia y Acción Social, 2.Jg., Nr.8, Okt.-Dez. 1982, S.7-18.

Calvo 1986 : Calvo Buezas, Tomás : "Servicios sociales y minorías étnicas", in : *Consejo General* 1986, S.387-413.

Campo 1990 : del Campo, S. : "Current family policy in Spain", in : *Dumon* 1990, S.335-349.

Cantero 1948 : Cantero Cuadrado, Pedro : Doce años de asistencia social en España. Labor del estado español 1936-1948, Madrid : Oficina Informativa Española 1948.

Cárcel 1979a : Carcel Orti, Vicente (Hg.) : La Iglesia en la España contemporánea (1808-1975), (Historia de la Iglesia de España V), Madrid : Biblioteca de Autores cristianos 1979.

Cárcel 1979b : Cárcel Ortí, Vicente : "Introducción bibliográfica", in : *Cárcel* 1979a, S. XXV - XXXVII.

Cáritas 1965 : Cáritas Española : Plan C.C.B. (Comunicación Cristiana de Bienes). Plan de Promoción social, asistencia social y beneficencia de la Iglesia de España, Madrid : Euramérica 1965.

Cáritas 1986 : Cáritas Española (Hg.) : La pobreza en España. Extensión y causas, Madrid : Cáritas 1986.

Cáritas 1989 : ohne Autor : "Cáritas Española", in : Selecciones analisis de Documentación, (hg. vom Ministerio de Asuntos Sociales, Subdirección General de Documentación y Publicaciones) Nr. 2, 5-6 1989, S. 107-112.

Carmona 1986 : Carmona García, Juan Ignacio : "La asistencia social en la España de los Austrias", in : *Consejo General* 1986, S. 69-88.

Carr/Fusi 1979 : Carr, Raymond / Fusi, Juan Pablo : España, de la dictadura a la democracia, Barcelona : Editorial Planeta 1979.

Carreras 1987 : Carreras, Albert : "La industria. Atraso y modernización", in : *Nadal/Carreras/Sandrià* 1987, S.280-312.

Casado 1987 : Casado, Demetrio : "Introdrucción. Los servicios sociales en el Estado de las Autonomías. Cuestiones de aplicación", in : *Comité* 1987, S.15-26.

Casado 1988 : Casado, Demetrio (in Zusammenarbeit mit Encarna Guillén) : Introducción a los servicios sociales, Madrid : ACEBO 1988 (2.Aufl.).

Casado 1989a : Casado, Demetrio : "Introducción : Bienestar social a la española", in : *Bienestar Social* 1989, S.9-13.

Casado 1989b : Casado, Demetrio : "Viejos y nuevos pobres en la España de los 80", in : *Pobreza* 1989, S.15-35.

Casado/Guillén 1986 : Casado, Demetrio / Guillén, Encarna : "Los Servicios Sociales en perspectiva histórica", in : Documentación Social, Nr.64, Juli-Sept. 1986 (2.Aufl.1987), S.9-21.

Casares 1987 : Casares, Francesc : "Estudio comparado de las leyes autonómicas de servicios sociales", in : *Comité* 1987, S.29-42.

Casares 1988 : Casares, Julio : Diccionario ideológico de la lengua española, Barcelona : Ed. Gustavo Gili 1988 (2. Ausg., 15.Aufl.).

Castaño/Llorente 1989 : Castaño Martín, Carlos / Minguez Llorente, Fátima : "Distribución de la renta y necesidades sociales en España", in : Revista de Servicios Sociales y Política Social, Nr. 15, 1989, S.36-45.

Castellanos 1986 : Castellanos, Maria C. : Manual de trabajo social, Mexiko : La Prensa Médica Mexicana 1986 (erstmals 1962).

Castiñeira 1990 : Castiñeira, Angel : Societat civil i estat del bienestar, Barcelona : Ed. Pòrtic 1990.

Castro 1986 : Mª Cristina del Castro : "La problemática del Mar", in : *Cáritas* 1986, S.233-244.

Castro 1987 : de Castro, Angel : La animación sociocultural. Nuevas perspectivas, o.O. (Valladolid) : Diputación de Valladolid 1987.

Castro 1990 : Castro Alfín, Demetrio : "Las necesidades sociales y su cobertura. 1800 - 1868", in : *Historia* 1990, S. 69-100.

Castro/Garcia 1989 : de Castro Cardoso, Dionisio / Garcia Rodriguez, Maria Luisa : La formación de animadores. El modelo español a traves de las legislaciones central y autonómicas, Salamanca : Publicaciones Universidad Pontificia de Salamanca; Biblioteca de la Caja de Ahorros y M.P. de Salamanca 1989.

CEDEFOP 1987 : CEDEFOP, Europäisches Zentrum für die Förderung der Berufsbildung (Hg.) : Das berufliche Bildungswesen in Spanien, Luxemburg : Amt für amtliche Veröffentlichungen der Europäischen Gemeinschaft 1987.

CEDISS 1988 : CEDISS (Hg.) : Repertorio legislativo de acción social (Ministerio de Trabajo y Seguridad Social, Secretaria General para la Seguridad Social, Dirección general de Acción social) Madrid : Eigenverlag 1988ff.

Cerdeira 1989 : Cerdeira Gutierrez, Isabel : El discurso del bienestar social, Madrid : Communidad de Madrid 1989.

Codorniu 1990 : Codorniu, Julia Montserat : "La contratación externa de servicios sociales", in : *Iniciativa social* 1990, S.63-71.

Colomer 1990 : Colomer, Montserrat : "Trabajo social en España en la década de los setenta", in : Revista de Servicios Sociales y Política social, Nr.20, 1990, S.6-12.

Comín 1987 : Comín, Francisco : "La economía española en el período de entreguerras (1919-1935)", in : *Nadal/Carreras/Sandrià* 1987, S.105-149.

Comité 1987 : Comité Español para el Bienestar Social (Hg.) : Aplicación de las leyes de servicios sociales. V. Jornadas de estudio del CEBS, Madrid : Acebo 1987.

Conde 1989 : Conde, Fernando : "Wandlungstendenzen der spanischen Familie : Jugend zwischen Autonomie und Abhängigkeit", in : Blickpunkt Jugend und Familie, München : DJI Verlag 1989, S.391-414.

Congreso 1969 : Federación Española de Asociaciones de Asistentes Sociales (Hg.) : Memoria del I Congreso Nacional de Asistentes Sociales, Madrid : Federación Española de Asociaciones de Asistentes Sociales 1969.

Congreso 1973 : Federación Española de Asociaciones de Asistentes Sociales (Hg.) : Memoria del II Congreso Nacional de Asistentes Sociales, Madrid : Federación Española de Asociaciones de Asistentes Sociales 1973.

Congreso Nacional 1968 : Primer Congreso Nacional de asistentes sociales : "Conclusiones", in : Revista de Servicio Social, April-Juni, 1968, S.83-85.

Congreso Nacional 1972 : Segundo Congreso Nacional de asistentes sociales : "Conclusiones", in : Revista de Treball Social, Nr.2, April-Juni, 1972, S.7-9.

Consejo General 1986 : Consejo General de Colegios oficiales de Diplomados en trabajo social y asistentes sociales (Hg.) : De la benificiencia al bienestar social. Cuatro siglos de acción social, Madrid : Siglo veintiuno 1986.

Corral 1988 : Corral, Francisco Bernardo : "Servicios sociales comunitarios y voluntariado", in : Revista de Servicios Sociales y Política Social, Nr.10, April-Juni 1988, S.53-61.

Corral 1991 : Corral, Francisco Bernardo : Voluntariado y centros de servicios sociales, Madrid : Siglo XXI 1991.

Cossio 1989 : Cossio Diaz, J. R. : Estado social y derechos de prestación, Madrid : Centro de Estudios constitucionales 1989.

Cotarelo 1989a : Cotarelo, Ramón : "La transición política", in : *Tezanos u.a.* 1989, S.31-45.

Cotarelo 1989b : Corarelo, Ramón : "La Constitución de 1978", in : *Tezanos u.a.* 1989, S.317-345.

Cotarelo 1990 : Cotarelo, Ramón : "Sociology of Poverty and Welfare", in : *Giner/Moreno* 1990, S.289-293.

Cronología 1980 : o.A. : "Cronología", in : Revista de Treball Social, Nr.80, Dez. 1980, S.17-41.

Cruz Martínez 1990 : Cruz Martínez, Rafael : "La frustración de un sistema unificado de seguros sociales. La República y la Guerra civil", in : *Historia* 1990, S. 361-394.

Cruz Roja 1985 : Cruz Roja Española (Hg.) : Guía para el trabajo voluntario de acción social en España, Voluntariado, Madrid : Eigenverlag 1985.

Cruz u.a. 1985 : Cruz Roche, Ignacio / Desdentado Bonete, Aurelio / Rodríguez Cabrero, Gregorio : Política social y crisis económica. Aproximación a la experiencia española, Madrid : Siglo XXI 1985.

Cuenca 1985 : Cuenca Toribio, José Manuel : Relaciones Iglesia - Estado en la España contemporánea (1833 - 1985), Madrid : Editorial Alhambra 1985.

Cuesta 1986 : Cuesta Bustillo, Josefina : "Evolución de la previsión social española en el primer tercio del siglo XX. Los primeros seguros sociales en los años veinte", in : *Consejo General* 1986, S. 195-226.

Cuesta 1990 : Cuesta Bustillo, Josefina : "El proceso de expansión de los seguros sociales obligatorios. Las dificultades, 1919 - 1931", in : *Historia* 1990, S. 287-319.

Daheim 1970 : Daheim, Hansjürgen : Der Beruf in der modernen Gesellschaft. Versuch einer soziologischen Theorie beruflichen Handelns, Köln / Berlin : Kiepenheuer & Witsch 1970 (2.Aufl., erstm. 1967).

Daheim 1972 : Daheim, Hansjürgen : "Soziale Herkunft, Schule und Rekrutierung der Berufe", in : *Berufssoziologie* 1972, S.53-68.

Daheim 1982 : Daheim, Hansjürgen : "Zu einer Zwischenbilanz der soziologischen Berufsforschung", in : *Industriesoziologie* 1982, S.372-384.

Däubler 1982a : Däubler, Wolfgang (Hg.) : Arbeitsbeziehungen in Spanien. Geschichte, Ideologien, Rechtsnormen, mit Beiträgen von José Cabrera Bazán u.a., Frankfurt/M. : Otto Brenner Stiftung 1982.

Däubler 1982b : Däubler, Wolfgang : "Einleitung", in : *Däubler* 1982a, S.7-19.

Däubler 1989 : Däubler, Wolfgang : Sozialstaat EG? Die andere Dimension des Binnenmarktes. Eine Veröffentlichung der Bertelsmann Siftung. Mit Beiträgen von Gerhard Fels u.a., Gütersloh : Verlag Bertelsmann Stiftung 1989.

Dedieu 1985 : Dedieu, Jean-Pierre : "¿Es responsable la inquisición en el atraso económico de España? Elementos para la repuesta", in : *Bennassar* 1985a, S.176 - 187.

Delgado 1969 : Delgado, Mª Dolores : "Terminología profesional", in : *Congreso* 1969, S.37-44.

Deutscher Verein 1980 : Deutscher Verein (Hg.) : Fachlexikon der sozialen Arbeit, Frankfurt/M. : Eigenverlag 1980.

Dewe/Ferchhoff 1985 : Dewe, Bernd / Ferchhoff, Wilfried : "Die Krise des Wohlfahrtsstaates. Niedergang oder neue Chance für die Idee des Professionalismus", in : *Olk/Otto* 1985, S.152-175.

Diaz-Plaja 1979 : Diaz-Plaja, Guillermo : Sociología cultural del posfranquismo, Barcelona : Plaza & Janes 1979.

Díez 1992 : Díez, Fernando : "Estructura social y sistema benéfico-asistencial en la ciudad preindustrial", in : Historia Social Nr. 13, 1992, S.101-121.

Diputació 1987 : Diputació de Valencia, Institut d'Asistencia i Serveis Socials (Hg.) : Municipios y servicios sociales, Valencia, 17 Octubre 1987, Valencia : Eigenverlag 1987.

Dolcet o.J. : Dolcet, Enric (Hg.) : Integración teoria-práctica en la formación de los trabajadores sociales, Madrid : Consejo General de Colegios oficiales de diplomados en trabajo social y asistentes sociales o.J.

Domenech 1990 : Domenech, Rosa : "Marco socio-político del trabajo social y de los servicios sociales", in : Documentación Social Nr.79, April-Juni 1990, S.65-81.

Domergue 1985 : Domergue, Lucienne : "Frenos a la difusión de nuevas ideas", in : *Bennassar* 1985a, S.164 - 175.

Donostia 1988 : Escuela Universitaria diocesania de Trabajo Social, Donostia : "Aplicación de la metodología de Trabajo Social a una experiencia de intervención comunitaria", in : Revista de Treball Social, Nr.111, 9 1988, S.103-115.

Dorado 1992 : Dorado, Roberto : "La estrategia del Gobierno durante los años ochenta", in : *Guerra/Tezanos* 1992, S.57-83.

Dorado/Varela 1989 : Dorado, Roberto / Varela, Ignacio : "Estrategias políticas durante la transición", in : *Tezanos u.a.* 1989, S.251-274.

Dubiel 1991 : Dubiel, Helmut : "Sozialpolitik als politischer Modernisierungsfaktor", in : *Glatzer* 1991, S.318-320.

Dumon 1990 : Dumon, W. (Hg.) : Family Policy in EEC Countries, Luxemburg : Amt für offizielle Veröffentlichungen der Europäischen Gemeinschaft 1990.

Durkheim 1977 : Durkheim, Emile : Über die Teilung der sozialen Arbeit, Frankfurt/M. : Suhrkamp 1977.

Dyckerhoff 1983 : Dyckerhoff, Kristin : "Die Fürsorge in der Nachkriegszeit", in : *Landwehr/Baron* 1983, S.219-249.

Eguiagaray 1992 : Eguiagaray Ucelay, Juan Manuel : "El Estado Autonómico", in : *Guerra/Tezanos* 1992, S.317-349.

Eichenlaub 1991 : Eichenlaub, Hans M. : "Zwischen Zensur und staatlicher Förderung : Film in Spanien", in : *Bernecker/Oehrlein* 1991, S.491-507.

Eisenstadt 1979 : Eisenstadt, Samuel N. : Tradition, Wandel und Modernität, Frankfurt/M. : Suhrkamp 1979.

Elejabeitia 1989 : de Elejabeitia, Carmen : "Riqueza y pobreza al otro lado del espejo", in : Documentación Social, Nr.76, 7-9 1989, S.77-92.

Engell/López 1981 : Engell, Karin / López Blasco, Andrés : "Spanien - sechs Jahre nach dem Franco-Regime. Bestandsaufnahme der sozio-ökonomischen Situation", in : Deutsch Lernen, 6.Jg., H.3 1981, S.3-61.

Enzensberger 1987 : Enzensberger, Hans Magnus : Ach Europa! Wahrnehmungen aus sieben Ländern. Mit einem Epilog aus dem Jahre 2006, Frankfurt/M. : Suhrkamp 1987 (2.Aufl.).

Equipo E.C.B. 1989 : Equipo E.C.B. (Economía Cantitativa del Bienestar) de la Universidad de Málaga (Antonio García Lizana u.a.) : "La riqueza y la pobreza bajo una perspectiva regional", in : Documentación Social, Nr.76, 7-9 1989, S.101-123.

Escriva 1965 : Escriva de Balaguer, Josemaría : Camino, Madrid : Rialp 1965 (25.Aufl.).

Esteban 1989 : de Esteban, Jorge : "El proceso constituyente español. 1977-1978", in : *Tezanos u.a.* 1989, S.275-315.

Estivill 1987 : Estivill, Jordi : "Notas sobre la evaluación en España", in : Revista de Treball Social Nr. 106, Juni 1987, S. 91-97.

Estivill 1989 : Estivill Pascual, Jordi : "Alternativas en la protección social", in : *Bienestar Social* 1989, S.23-36.

Estruch/Güell 1976 : Estruch, Juan / Güell, Antonio : Sociología de una profesión. Los asistentes sociales, Barcelona : Peninsula 1976.

Eurostat 1990a : Eurostat (Statistisches Amt der Europäischen Gemeinschaft) (Hg.) : Ausgaben und Einnahmen des Sozialschutzes 1985 - 1988, Luxemburg : Amt für offizielle Veröffentlichungen der Europäischen Gemeinschaften 1990.

Eurostat 1990b : Eurostat (Statistisches Amt der Europäischen Gemeinschaft) (Hg.) : Armut in Zahlen. Europa zu Beginn der achtziger Jahre, Luxemburg : Amt für offizielle Veröffentlichungen der Europäischen Gemeinschaft 1990.

Evers 1991 : Evers, Hans-Dieter : "Religiöser Revivalismus und Modernität", in : *Glatzer* 1991, S.97-100.

Eyferth u.a. 1984 : Eyferth, Hans / Otto, Hans-Uwe / Thiersch, Hans (Hg.) : Handbuch der Sozialarbeit / Sozialpädagogik, Darmstadt : Luchterhand Verlag 1984.

Fachsprachenforschung 1982 : Fachsprachenforschung und -lehre, Schwerpunkt Spanisch. Internationales Kolloqium an der Universität des Saarlandes, Sarrbrücken 6.-8.Nov. 1980, Hg. von Richart, José / Thome, Gisela / Wilss, Wolfram, Tübingen : Narr 1982.

Familia 1975 : Instituto de Sociología Aplicada de Madrid (Hg.) : Estudio sociológico de la familia española, Madrid : Confederación Española de Cajas de Ahorros 1975.

FEMP 1987 : Federación Española de Municipios y Provincias (Hg.) : Los servicios sociales en la administración local, Primeras Jornadas nacionales, Ponencias, Madrid : FEMP 1987.

Fernández 1992 : Fernández, Matilde : "Las políticas sociales en la década de los ochenta. Importancia y vigencia de las políticas de bienestar social", in : *Guerra/Tezanos* 1992, S.229-273.

Fernández Marugan 1992 : Fernández Marugan, Francisco : "La década de los ochenta. Impulso y reforma económica", in : *Guerra/Tezanos* 1992, S.135-194.

Fernández Rodríguez 1987 : Fernández Rodríguez, Pilar : "Ayuntamiento de Madrid", in : *FEMP* 1987, S.199-203.

Fernandez-Carvajal 1969 : Fernandez-Carvajal, Rodrigo : La Constitución Española, Madrid : Editora Nacional 1969.

Ferrando 1988 : Ferrando Badía, Juan : Del régimen autoritario de Franco a la democracia. La transición política, San José : Centro Interamericano de Asesoría y Promoción Electoral 1988.

Ferrero 1987 : Ferrero Torres, Pilar : "Ayuntamiento de Laguna de Duero", in : *FEMP* 1987, S.165-168.

Flecha 1989 : Flecha Andrés, José R. : "Legalidad y ética en la sociedad actual", in : Documentación Social, Nr.76, 7-9 1989, S.11-32.

Flora 1974 : Flora, Peter : Modernisierungsforschung. Zur empirischen Analyse der gesellschaftlichen Entwicklung, Opladen : Westdeutscher Verlag 1974.

Flora 1975 : Flora, Peter : Indikatoren der Modernisierung. Ein historisches Datenhandbuch, Opladen : Westdeutscher Verlag 1975.

Flora u.a. 1987a : Flora, Peter / Kraus, Franz / Pfenning, Winfried : State, Economy and Society in Western Europe 1815-1975. A Data Handbook in two Volumes. Vol. I : The Growth of Mass Democracies and Welfare States, Frankfurt/M. / London / Chicago : Campus / Macmillan Press / St. James Press 1987.

Flora u.a. 1987b : Flora, Peter / Kraus, Franz / Pfenning, Winfried : State, Economy and Society in Western Europe 1815-1975. A Data Handbook in two Volumes. Vol. II : The Growth of Industrial Societies and capitalist Economies, Frankfurt/M. / London / Chicago : Campus / Macmillan Press / St. James Press 1987.

Flynn 1990 : Flynn, John P. : "Perspectives on policy, planning and administration tasks in Spain and the United States", in : International Social Work, Vol.33, Nr.3, Juli 1990, S.233-242.

FOESSA 1966 : Fundación para el Fomento de los Estudios Sociales y de la Sociología Aplicada (FOESSA) (Hg.) : Informe sociológico sobre la situación social de España, Madrid : Euramérica 1966.

FOESSA 1970 : Fundación para el Fomento de los Estudios Sociales y de la Sociología Aplicada (FOESSA) (Hg.) : Informe sobre la situación social en España, Madrid : Euramérica 1970.

FOESSA 1972 : Fundación Fomento de estudios sociales y de sociología aplicada (Hg.) : Síntesis del informe sociológico sobre la situación social de España 1970, Madrid : Euramérica 1972.

FOESSA 1975 : Fundación para el Fomento de los Estudios Sociales y de la Sociología Aplicada (FOESSA) (Hg.) : Estudios sociológicos sobre la situación social de España, Madrid : Euramérica 1975.

FOESSA 1983 : Fundación para el Fomento de los Estudios Sociales y de la Sociología Aplicada (FOESSA) (Hg.) : Informe sociológico sobre el cambio social en España 75-83, Madrid : Euramérica 1983.

Fraga 1974 : Fraga Iribarne, Manuel (Hg.) : La España de los años sesenta. El estado y la política, Madrid : Moneda y Crédito 1974.

Frerich 1990 : Frerich, Johannes : Sozialpolitik. Das Sozialleistungssystem der Bundesrepublik Deutschland. Darstellung, Probleme und Perspektiven der sozialen Sicherung, München / Wien : Oldenbourg 1990.

Fritsch 1968 : Fritsch, Bruno (Hg.) : Entwicklungsländer, Köln / Berlin : Kiepenheuer & Witsch 1968.

Fuente 1988 : Fuente Alcantara, Fernando : "La acción social de la Iglesia en el marco de la sociedad actual", in : Revista de Fomento social, Nr.171, 7-9 1988, S.259-270.

Fusi 1983a : Fusi, Juan Pablo : "Introducción", in *Fusi/Vilar/Preston* 1983, S.9-10.

Fusi 1983b : Fusi, Juan Pablo : "La década desarrollista", in *Fusi/Vilar/Preston* 1983, S.11-60.

Fusi/Vilar/Preston 1983 : Fusi, Juan Pablo / Vilar, Sergio / Preston, Paul : "De la dictadura a la democracia. Desarrollismo, crisis y transición (1959-1977)", Historia de España Band 13, Historia 16, Febr. 1983.

Gabriel 1992 : Gabriel, Oscar W. (Hg.) : Die EG-Staaten im Vergleich. Strukturen, Prozesse, Politikinhalte, Bonn : Bundeszentrale für politische Bildung 1992.

Gaedicke 1989 : Gaedicke, Michael : "Die spanischen Intelektuellen und die europäische Integration", in : Tranvia Nr.13, Juni 1989, S.71-73.

Galan u.a. 1987 : Galan, Elia u.a. : "'De la beneficencia al bienestar social ...?' Notes per a un debat", (Besprechung von *Consejo General* 1986), in : Revista de Treball Social, Nr.106, 6 1987, S. 134-149.

Gallego 1984 : Gallego Mendez Mª Teresa : Mujer, Falange y Franquismo, Madrid : Taurus 1984.

García 1984 : García, Gustavo : "El Plan Concertado para el Desarrollo de Prestaciones básicas de Servicios Sociales", in : Cuadernos de Acción Social, 3.Jg., Nr. 10 1988, S. 12-16.

García 1988 : García, Soledad : "Ciudadania, bienestar y desigualdad social en España", in : Revista Española de Investigaciones sociológicas Nr.41, 1-3 1988, S.63-79.

García Cotarelo 1988 : García Cotarelo, Ramón : "Proceso histórico del bienestar social. La consolidación del Estado del bienestar", in : Documentación Social, Nr.71, April-Juni 1988, S.17-33.

García Delgado 1984 : García Delgado, Jose Luis (Hg.) : España, 1898 - 1936 : Estructuras y cambio. Coloquio de la Universidad Complutense sobre la España contemporánea, (Mit Beiträgen von Tuñon de Lara, M. u.a.), Madrid : Universidad Complutense 1984.

García Delgado 1987 : García Delgado, José Luis : "La industrialización y el desarrollo económico de España durante el franquismo", in : *Nadal/Carreras/Sandrià* 1987, S.164-189.

García Hernández 1989 : García Hernández, Serafín : "Los transeuntes marginados en España", in : Selecciones y Analisis de Documentación, Nr.2, 5-6 1989, S. 85-99.

García Lizana 1989 : García Lizana, Antonio : "El enfoque comunitario en la política económica", in : *Bienestar Social* 1989, S.69-78.

García Padilla 1990 : García Padilla, Margarita : "Historia de la Acción social, Seguridad social y asistencia 1939-1975", in : *Historia* 1990, S. 397-447.

García San Miguel 1980 : García San Miguel, Luis : Las clases sociales en la España actual, Madrid : Centro de Investigaciones Sociológicas 1980.

García-Nieto 1986 : García-Nieto París, Juan N. : "Parados de larga duración y jóvenes sin trabajo", in : *Cáritas* 1986, S.83-102.

García/Ramírez 1992 : García Herrero, Gustavo / Ramírez Navarro, José Manuel : Los nuevos servicios sociales. Síntesis de conceptos y evolución, o.O. (Zaragoza?) : Libreria Certeza 1992.

Gayoso 1987 : Gayoso, José Claudio : "La ONCE. Un entidad prestadora de servicios para ciegos", in : Cuadernos de Acción Social, 1.Jg., Nr.7 1987, S.24-31.

Geschichtliche Grundbegriffe 1978 : Geschichtliche Grundbegriffe. Historisches Lexikon zur politisch-sozialen Sprache in Deutschland, hg. von Otto Brunner ..., Stuttgart : Klett-Cotta 1978.

Gil 1982 : Gil Malca, Guillermo : "Problemas terminológicos en las ciencias de la educación en un contexto de habla hispana", in : Fachsprachenforschung 1982, S.53-55.

Gil Estallo 1987 : Gil Estallo, Maria de los Angeles : "Del concepto de administración y su historia", in : Revista de Treball Social Nr. 106, Juni 1987, S. 23-34.

Gildemeister 1983 : Gildemeister, Regine : Als Helfer überleben. Beruf und Identität in der Sozialarbeit / Sozialpädagogik, Neuwied / Darmstadt : Luchterhand 1983.

Gilmour 1985 : Gilmour, David : The Transformation of Spain. From Franco to the Constitutional Monarchy, London / Melbourne / New York : Quartet Books 1985.

Giménez 1984 : Giménez y Martínez de Carvajal, José : "El Concordato español de 1953", in : *Ruiz* 1984, S.137-155.

Giner 1969 : Giner, Salvador : "Sociología y trabajo social", in : *Congreso* 1969, S.23-34.

Giner 1984 : "Politische Opposition und Erneuerung der Universitäten in Spanien (1939-1982)", in : *Waldmann u.a.* 1984, S.127-154.

Giner 1989 : Giner de Grado, Carlos : "El fraude fiscal en España", in : Documentación Social, Nr.76, 7-9 1989, S.137-153.

Giner 1990 : Giner, Salvador : "Spanish Sociology under Franco", in : *Giner/Moreno* 1990, S.55-72.

Giner/Moreno 1990 : Giner, Salvador / Moreno, Luis (Hg.) : Sociology in Spain, Madrid : Consejo Superior de Investigaciones científicas, Instituto de Estudios sociales avanzados 1990.

Glatzer 1991 : Glatzer, Wolfgang (Hg.) : 25.Deutscher Soziologentag 1990. Die Modernisierung moderner Gesellschaften. Sektionen, Arbeits- und Ad-hoc-Gruppen, Ausschuß für Lehre, Opladen : Westdeutscher Verlag 1991.

Goethe 1988 : von Goethe, Johann Wolfgang : Werke. Hamburger Ausgabe, Band 12. Schriften zur Kunst und Literatur, Maximen und Reflexionen, München : Deutscher Taschenbuch Verlag 1988.

Goetze 1991 : Goetze, Dieter : "Modernisierung. Neue Wege oder alte Irrtümer? Einleitung zur Podiumsdiskussion", in : *Glatzer* 1991, S.112-114.

Gómez 1987 : Gómez, Carlos : "Unverstanden, marginalisiert, verfolgt. Die Gitanos in Spanien", in : Tranvia, Nr.4, H.1 1987, S.16.

Gómez 1990 : Gómez Arboleya, Enrique : "Sociology in Spain", in : *Giner/Moreno* 1990, S.17-53 (erstmals 1958).

Gómez Molleda 1984 : Gómez Molleda, Dolores : "La Comisión de Reformas Sociales. Los inicios de la acción social del estado en España", in : Studia Histórica Vol.2, Nr.4 1984, S.7-12.

González 1982 : González Ortega, Santiago : "Kollektivverhandlungen im spanischen System der Arbeitsbeziehungen (1939-1978)", in : *Däubler* 1982a, S.86-165.

González Monseñy 1990 : González Monseñy, Gabriella : "Las asociaciones de heteroayuda", in : *Iniciativa social* 1990, S.19-26.

González Navarro 1990 : González Navarro, Sergi : "Las asociaciones profesionales", in : *Iniciativa social* 1990, S.27-31.

González-Carvajal 1989 : González-Carvajal Santabárbara, Luis : "Conciencia social en la España actual", in : Documentación Social Nr.76, Juli-Sept. 1989, S.125-135.

González-Carvajal 1989 : González-Carvajal Santabárbara, Luis : "Conciencia social en la España actual", in : Documentación Social, Nr.76, 7-9 1989, S.125-135.

Goode 1982 : Goode, William J. : "Experten und Scharlatane. Eine Warnung vor der falschverstandenen Professionalisierung der Soziologie", in : *Berufssoziologie* 1982, S.402-418.

Greca 1986 : Greca, Rainer : Handlungsmuster in der Sozialarbeit, Teil I : Zur Verberuflichung sozialer Hilfe, München : Minerva 1986.

Gross 1985 : Gross, Peter : "Liebe, Mühe, Arbeit. Abschied von den Professionen?", in : Soziale Welt, 36.Jg., H.1 1985, S.60-82.

Gual 1973 : Gual Feliu, Rosalía : "El trabajo social en el proceso administrativo. Segunda ponencia", in : *Congreso* 1973, S.51-72.

Gual 1987 : Gual Frau, Joana : "Bases para la organización de los servicios sociales en la administración local", in : *FEMP* 1987, S.9-19.

Guerau/Trescents 1987 : Guerau de Arellano, Faustino / Trescents, Adrià : El educador de calle, Barcelona : Rosseló Impressions o.J. (1987).

Guerra/Tezanos 1992 : Guerra, Alfonso / Tezanos, José Felix (Hg.) : La década del cambio. Diez años de gobierno socialista 1982-1992, Madrid : Sistema 1992.

Guía informativa 1989 : Escuela Universitaria de Trabajo Social 'San Vicente de Paúl' (Hg.) : Guía informativa. Curso 1989-90, Zaragoza : Escuela Universitaria de Trabajo Social 'San Vicente de Paúl' o.J. (1989).

Gumbrecht 1978 : Gumbrecht, Hans Ulrich : "Modern, Modernität, Moderne", in : *Geschichtliche Grundbegriffe* 1978, S.93-131.

Gunter 1980 : Gunter, Richard : Public Policy in a No-Party State. Spanish Planning an Budgeting in the Twilight of the Franquist Era, Berkeley / Los Angeles / London : University of California Press 1980.

Gunter 1984 : Gunter, Richard : "Ökonomische Planung in einem autoritären System", in : *Waldmann u.a.* 1984, S.305-322.

Gutiérrez 1990 : Gutiérrez Sánchez, Mercedes : "Crisis social y asistencia pública en el último cuarto de siglo", in : *Historia* 1990, S. 161-191.

Habermas 1985 : Habermas, Jürgen : Die Neue Unübersichtlichkeit. Kleine Politische Schriften V, Frankfurt/M. : Suhrkamp 1985.

Haensch/Hartig 1975a : Haensch, Günter / Hartig, Paul (Hg.) : Spanien (Handbücher der Auslandskunde). Band 1 : Staat und Gesellschaft, Frankfurt/M. / Berlin / München : Diesterweg 1975.

Haensch/Hartig 1975b : Haensch, Günter / Hartig, Paul (Hg.) : Spanien (Handbücher der Auslandskunde). Band 3 : Bildung und Kunst, Frankfurt/M. / Berlin / München : Diesterweg 1975.

Haensch/Sánchez 1975 : Haensch, Günther / Sánchez López, Celestino : "Staat und Gesellschaft in Spanien", in : Haensch/Hartig 1975a, S. 34-90.

Haferkamp 1984 : Haferkamp, Hans (Hg.) : Wohlfahrtsstaat und soziale Probleme, Opladen : Westdeutscher Verlag 1984.

Hamburger 1991 : Hamburger, Franz (Hg.) : Sozialarbeit in Deutschland und Spanien. Vergleichende Analysen und lokale Fallstudien, Rheinfelden / Berlin : Schäuble 1991.

Hamburger 1992 : Hamburger, Franz : "Vergleichende Sozialpädagogik", in : *Bauer* 1992, S.2087-2089.

Hamburger u.a. 1989 : Hamburger, Franz / Höffer-Mehlmer, Markus / Wolf, Eberhard / Wiesel, Marianne (Hg.) : Soziale Probleme und Sozialarbeit in Spanien. Texte zu einer Exkursion nach Valencia, Mainz : Pädagogisches Institut der Johannes Gutenberg Universität 1989.

Hamburger/Höffer-Mehlmer 1991 : Hamburger, Franz / Höffer-Mehlmer, Markus : "Soziale Dienste in der Bundesrepublik und in Spanien", in : *Hamburger* 1991, S.7-13.

Hamburger/Höffer-Mehlmer 1992a : Hamburger, Franz / Höffer-Mehlmer, Markus (Hg.) : Jugendhilfe in Deutschland und Spanien, Rheinfelden / Berlin : Schäuble 1992.

Hamburger/Höffer-Mehlmer 1992b : Hamburger, Franz / Höffer-Mehlmer, Markus : "Einleitung", in : *Hamburger/Höffer-Mehlmer* 1992a, S.1-11.

Hamburger/Höffer-Mehlmer 1993 : Hamburger, Franz / Höffer-Mehlmer, Markus : "Intermediäre Organisationen und die Modernisierung der Wohlfahrtspflege. Das Beispiel Spaniens unter Franco und nach 1975", in : *Bauer* 1993, S.91-97.

Handbuch 1932 : Handbuch der Spanienkunde. Mit Beiträgen von O.Feßler u.a., Frankfurt/M. : Diesterweg 1932.

Hanke-Schaefer 1988 : Hanke-Schaefer, Adelheid : "Spaniens katholische Kirche zwischen Basis und Hierarchie", in : Tranvia Nr.11, Dez. 1988, S. 13-17.

Haro 1988 : de Haro de la Cruz, Federido : "Menores en la República Federal Alemana", in : Menores, Nr.8, 3 / 4 1988, S.53-63.

Harris 1990 : Harris, Robert : "Beyond rhetoric. A challenge for international social work", in : International Social Work, Vol.33, Nr.3, Juli 1990, S.203-212.

Harsány 1990 : Harsány, Iván : "Die spanische Analogie. Die 'transición' und der Reformprozeß in Ungarn", in : Tranvia, Nr.16, März 1990, S.18-21.

Hartmann 1984 : Hartmann, Jürgen : Politische Profile der westeuropäischen Industriegesellschaft. Ein vergleichendes Handbuch, Frankfurt/M.; New York : Campus 1984.

Haubrich/Moser 1976 : Haubrich, Walter / Moser, Carsten R. : Francos Erben auf dem Weg in die Gegenwart, Köln : Kiepenheuer & Witsch 1976.

Hauff 1982 : von Hauff, Michael : "Der Gegenstand internationaler Sozialpolitik", in *Hauff/Pfister-Gaspary* 1982, S.3-14.

Hauff/Pfister-Gaspary 1982 : von Hauff, Michael / Pfister-Gaspary, Brigitte (Hg.) : Internationale Sozialpolitik, Stuttgart : Fischer 1982.

Heinsohn/Knieper 1976 : Heinsohn, Gunnar / Knieper, Barbara M.C. : "Das Desinteresse lohnabhängiger Pädagogen als zentrales Problem der Erziehung", in : *Kritik der Pädagogischen Psychologie* 1976, S.20-38.

Heintz 1974 : Heintz, Peter : "Interkultureller Vergleich", in : *König* 1974, S.404-425.

Hermet 1984 : Hermet, Guy : "Die katholische Kirche im franquistischen System", in : *Waldmann u.a.* 1984, S.237-258.

Hermet 1986 : Hermet, Guy : L'Espagne au XXe siècle, Paris : Presse Universitaires de France 1986.

Hernández Aristu 1984 : Hernández Aristu, Jesús : "Roles de identificación en el trabajo social. (Infancia, juventud)", in : *Nueva definición* 1984, S. 59-79.

Hildenbrandt/Nohlen 1991 : Hildenbrandt, Andreas / Nohlen, Dieter : "Regionalismus und politische Dezentralisierung in Spanien nach Franco", in : *Bernecker/Oehrlein* 1991, S.41-75.

Hill 1991 : Hill, Malcolm (Hg.) : Social Work and the European Community. The Social Policy and Practice Contexts, London : Jessica Kingsley Publishers 1991.

Historia 1990 : Historia de la acción social pública en España, Beneficencia y previsión, mit Beiträgen von Pedro Benjumea Pino u.a., Madrid : Ministerio de Trabajo y Seguridad Social 1990.

Höffer-Mehlmer 1991 : Höffer-Mehlmer, Markus : "Die Professionalisierung sozialer Arbeit in Deutschland", in : *Hamburger* 1991, S.73-91.

Hollstein 1973 : Hollstein, Walter : "Sozialarbeit im Kapitalismus. Themen und Probleme", in : *Hollstein/Meinhold* 1973, S.9-43.

Hollstein/Meinhold 1973 : Hollstein, Walter / Meinhold, Marianne (Hg.) : Sozialarbeit unter kapitalistischen Produktionsbedingungen, Frankfurt/M. : Fischer Taschenbuch 1983.

Hondrich 1974 : Hondrich, Karl Otto : "Soziale Probleme, soziologische Theorie und Gesellschaftsplanung", in : Archiv für Rechts- und Sozialphilosophie 60, 1974, S.161-185.

Hönig/Kußmaul 1982 : Hönig, Hans G. / Kußmaul, Paul : Strategie der Übersetzung. Ein Lehr- und Arbeitsbuch, Tübingen : Narr 1982.

Horkheimer/Adorno 1980 : Horkheimer, Max / Adorno Theodor W. : Dialektik der Aufklärung. Philosophische Fragmente, Frankfurt/M. : Fischer Taschenbuch 1980.

Hradil 1992a : Hradil, Stefan : "Die 'objektive' und die 'subjektive' Modernisierung. Der Wandel der westdeutschen Sozialstruktur und die Wiedervereinigung", in : Aus Politik und Zeitgeschichte, B 29-30, 10.7.1992, S.3-14.

Hradil 1992b : Hradil, Stefan : "Sozialstruktur und gesellschaftlicher Wandel", in : *Gabriel* 1992, S.50-94.

Huelva 1990 : Escuela Universitaria de Trabajo Social de Huelva (Hg.) : Informe sobre datos de la escuela de Trabajo Social de Huelva, unveröffentlichtes Manuskript, Huelva 1990.

Hytten 1968a : Hytten, Eyvind : "Relación entre desarrollo comunitario e investigación social", in : Revista de Servicio Social, Okt.- Dez. 1968, S.11-17.

Hytten 1968b : Hytten, Eyvind : "Estudios de la comunidad. Autoanálisis, instrumentos, cognoscitivos y operativos", in : Revista de Servicio Social Okt.- Dez. 1968, S.27-34.

Ibañez 1984 : Ibañez Guerra, Elena : "Problemas de la personalidad en la infancia, juventud marginados", in : *Nueva definición* 1984, S. 9-21.

Iglesias 1990 : Iglesias de Ussel, Julio : "Sociology of the family", in : *Giner/Moreno* 1990, S.183-189.

Illich u.a. 1979 : Illich, Ivan u.a. : Entmündigung durch Experten. Zur Kritik der Dienstleistungsberufe, Reinbeck : Rowohlt 1979.

Industriesoziologie 1982 : Schmidt, Gert / Braczyk, Hans-Joachim / von dem Knesebeck, Jost (Hg.) : Materialien zur Industriesoziologie (Sonderheft 24 der Kölner Zeitschrift für Soziologie und Sozialpsychologie), Opladen : Westdeutscher Verlag 1982.

Iniciativa social 1990 : Instituto de Treball Social (INTRES) (Hg.) : Iniciativa social y estado, Barcelona : INTRES 1990.

Irazusta 1990 : Irazusta Rezola, Mary : Escuela de asistentes sociales de San Sebastian. Treinta años de historia, San Sebastian : Publicaciones de la Escuela Universitaria de Trabajo Social 1990.

Ituarte 1990a : Ituarte Tellaeche, Amaya : "Trabajo social en salud. Historia, situación actual, perspectivas", in : Trabajo social y salud, Nr.6, Juli 1990, S.21-60.

Ituarte 1990 : Ituarte Tellaeche, Amaya : "Trabajo social y servicios sociales. Aportes para una clarificación necesaria", in : Documentación Social Nr.79, April-Juni 1990, S.49-63.

Katholisches Soziallexikon 1964 : Katholisches Soziallexikon, hg. im Auftrag der Katholischen Sozialakademie Österreichs, Innsbruck / Wien / München : Tyrolia 1964.

Kaufmann 1989 : Kaufmann, Franz Xaver : Religion und Modernität. Sozialwissenschaftliche Perspektiven, Tübingen : Mohr 1989.

Kaupper 1982 : Kaupper, Helmut : "Die zwischen- und überstaatliche Regelung über soziale Sicherheit, Entwicklung, Bedeutung und Gestaltung", in : Hauff 1982a, S.39-50.

Kerkhoff 1981 : Kerkhoff, Engelbert (Hg.) : Handbuch Praxis der Sozialarbeit und Sozialpädagogik, Band 1, Düsseldorf : Pädagogischer Verlag Schwann 1981.

Klein 1988 : Klein, Rainer : Stadtplanung und Wohnungsbau in Spanien nach 1960. Die Stadtentwicklung im Zeichen des Baubooms mit den Beispielen Valencia und Burgos, Saarbrücken : Breitenbach 1988.

Knapp 1989 : Knapp, Martin : La economía de los servicios sociales, Barcelona : Escola Universitária de Treball Social 1989.

Kohl 1992 : Kohl, Jürgen : "Die öffentlichen Ausgaben, ihre Finanzierung und die Entwicklung des Staatssektors", in : *Gabriel* 1992, S.357-381.

Köhler 1987 : Köhler, Holm Detlev : "Spaniens Demokratie unter Modernisierungszwang", in : Prokla, 17.Jg., Sept. 1987, S.131-151.

Köllmann 1977 : Köllmann, Wolfgang : "Zur Bevölkerungsentwicklung der Neuzeit", in : *Koselleck* 1977, S.68-77.

König 1972 : König, René : "Interkultureller Vergleich", in : *Bernsdorf* 1972, S.390-394.

König 1974 : König, René (Hg.) : Handbuch der empirischen Sozialforschung, Bd.4, Stuttgart : Ferdinand Enke 1974 (3.Aufl., erstmals 1962).

Koppelberg 1991 : Koppelberg, Stefan : "Galegisch, Euskara und Katalanisch. Sprachen und Sprachpolitik im spanischen Staat", in : *Bernek-ker/Oehrlein* 1991, S.387-426.

Koppelberg 1991 : Koppelberg, Stephan : "Galegisch, Euskara und Katalanisch. Sprachen und Sprachpolitik im spanischen Staat"in : *Bernek-ker/Oehrlein* 1991, S.387-426.

Körner 1990 : Körner, Heiko : Internationale Mobilität der Arbeit. Eine empirische und theoretische Analyse der internationalen Wirtschaftsmigration im 19. und 20.Jahrhundert, Darmstadt : Wissenschaftliche Buchgesellschaft 1990.

Koselleck 1977 : Kosellek, Reinhart (Hg.) : Studien zum Beginn der modernen Welt, Stuttgart : Klett-Cotta 1977.

Krämer 1971 : Krämer, Erwin : "Die Ausbildung als Grundelement professionalisierter Sozialarbeit", in : *Otto/Utermann* 1971, S.75-86.

Kramer 1983 : Kramer, David : "Das Fürsorgesystem im Dritten Reich", in : *Landwehr/Baron* 1983, S.173-217.

Kramer 1986 : Kramer, Johannes : "Internationale Sozialpolitik", in : *Woyke* 1986, S.244-249.

Krause 1986 : Krause, Marianne : "La beneficencia madrileña en los primeros años del siglo XX", in : *Consejo General* 1986, S. 267-280.

Krause 1990 : Krause, Marianne : "La legislación sobre beneficencia y su práctica en el cambio de siglo", in : *Historia* 1990, S. 193-238.

Kreft 1987 : Kreft, Dieter : "La organización de los servicios sociales en la R.F. Alemana", in : *Municipios* 1987, S.73-86.

Kreis 1991 : Kreis, Karl-Wilhelm : "Zur Entwicklung der Situation der Frau in Spanien nach dem Ende der Franco-Ära", in : *Bernecker/Oehrlein* 1991, S.313-346.

Kress/Senghaas 1973 : Kress, Gisela / Senghaas, Dieter (Hg.) : Politikwissenschaft. Eine Einführung in ihre Probleme, Frankfurt/M. : Fischer 1973.

Kropholler 1977 : Kropholler, Jan : Das Haager Abkommen über den Schutz Minderjähriger, Bielefeld : Gieseking 1977 (2.Aufl.).

Kuhn 1991 : Kuhn, Britta : "Sozialunion in Europa", in : Aus Politik und Zeitgeschichte, B 3-4 / 1991, 11.Jan. 1991, S.40-46.

Kühnl 1971 : Kühnl, Reinhard : Formen bürgerlicher Herrschaft. Liberalismus - Faschismus, Reinbeck : Rowohlt 1971.

Lancaster 1985 : Lancaster, Thomas D. : "Spanish Public Policiy and financial power", in : *Lancaster/Prevost* 1985, S.168 - 201.

Lancaster/Prevost 1985 : Lancaster, Thomas D. / Prevost, Gary (Hg.) : Politics and Change in Spain, New York u.a. : Praeger 1985.

Landwehr 1983 : Landwehr, Rolf : "Funktionswandel der Fürsorge vom Ersten Weltkrieg bis zum Ende der Weimarer Republik", in : *Landwehr/Baron* 1983, S.73-138.

Landwehr/Baron 1983 : Landwehr, Rolf / Baron, Rüdeger (Hg.) : Geschichte der Sozialarbeit. Hauptlinien ihrer Entwicklung im 19. und 20. Jahrhundert, Weinheim / Basel : Beltz 1983.

Lang 1991 : Lang, Werner : "Die wirtschaftliche Entwicklung Spaniens seit dem Übergang zur Demokratie. Von der Depression zur ökonomischen Revitalisierung", in : *Bernekker/Oehrlein* 1991, S.189-223.

Langnickel 1993 : Langnickel, Hans : "Gesellschaftlicher Wandel und Nonprofit-Organisationen. Zur bundesdeutschen Sozialmanagement-Diskussion", in *Bauer* 1993, S.139-153.

Laparra 1989 : Laparra Navarro, Miguel : "Privatización y servicios sociales. El caso de Navarra", in : Revista de Treball Social Nr. 115, Sept. 1989, S. 57-80.

Larson 1977 : Sarfatti Larson, Magali : The Rise of Professionalism. A Sociological Analysis, Berkeley / Los Angeles / London : University of California Press 1977.

Las Heras 1990a : Las Heras Pinilla, Maria Patrocinio : "Introducción", in : *Leyes Autonómicas* 1990, S.11-18.

Las Heras 1990b : Las Heras Pinilla, María Patrocinio : "Trabajo social en el sistema público de servicios sociales", in : Revista de Servicios Sociales y Política social, Nr.20, 1990, S.86-96.

Leblon 1987 : Leblon, Bernard : Los gitanos de España. El precio y el valor de la diferencia, Barcelona : Gedissa 1987.

Lechner 1975 : Lechner, Bernhard : "Religion und Kirche in Spanien", in : *Haensch/Hartig* 1975a, S. 103-130.

Lenzen 1983 : Lenzen, Dieter (Hg.) : Enzyklopädie Erziehungswissenschaft, Bd.1 : Theorien und Grundbegriffe der Erziehung und Bildung, Stuttgart : Klett Cotta 1983.

Lepsius 1977a : Lepsius, M. Rainer : "Modernisierungspolitik als Institutionenbildung. Kriterien institutioneller Differenzierung", in : *Zapf* 1977a, S.17-28.

Lepsius 1977b : Lepsius, Rainer M. : "Soziologische Theoreme über die Sozialstruktur der 'Moderne' und die 'Modernisierung'"", in : *Koselleck* 1977, S.10-29.

Lerner 1979 : Lerner, David : "Die Modernisierung des Lebensstils. Eine Theorie", in : *Zapf* 1979, S.362-381.

Lexikon Dritte Welt 1991 : Nohlen, Dieter (Hg.) : Lexikon Dritte Welt. Länder, Organisationen, Theorien, Begriffe, Personen, Reinbeck : Rowohlt 1991.

Leyes Autonómicas 1990 : Ministerio de Asuntos Sociales (Hg.) : Servicios sociales. Leyes autonómicas. Análisis, guía de aplicación, regulación de Consejos y estructura orgánica de las consejerías competentes, Madrid : Ministerio de Asuntos Sociales 1990 (2.aktualisierte Aufl.).

Libro Blanco 1969 : Ministerio de Educación y Ciencia (Hg.) : Bases para una política educativa, Madrid : Ministerio de Educación y Ciencia 1969.

Libro Blanco 1989 : Ministerio de Educación y Ciencia (Hg.) : Libro Blanco para la reforma del sistema educativo, Madrid : Eigenverlag 1989.

Lichtenberg 1986 : Lichtenberg, Hagen (Hg.) : Sozialpolitik in der EG, Baden Baden : Nomos 1986.

Limia/Lucena 1987 : Limia Mateo, Juan Carlos / Lucena Dominguez, Francisco Javier : "Mito y realidad de los Servicios Sociales", in : Revista de Treball Social Nr. 107, Sept. 1987, S. 23-34.

Linares 1986 : Linares, Esperanza : "La evolución de la asistencia social desde una institución privada", in : *Consejo General* 1986, S.339-370.

Linares 1989 : Linares Márquez, Esperanza : La iniciativa social en el marco de las leyes de servicios sociales, Madrid : Cáritas Española 1989 (Reihe : La acción social, cuadernos de formación, Nr.18).

Linz 1974 : Linz, Juan José : "Una teoría del régimen autoritario. El caso de España", in : *Fraga* 1974, S.1467-1531.

Linz 1984 : Linz, Juan J. : "Das Erbe Francos und die Demokratie", in : *Waldmann u.a.* 1984, S.371-391.

Líson 1984 : Lisón Tolosana, Carmelo : "Belomonte de los Caballeros. Porträt eines dem Untergang geweihten Landlebens (1935-1975)", in : *Waldmann u.a.* 1984, S.49-67.

Llera 1990 : Llera, Francisco J. : "Sociology of the Political Transition", in : *Giner/Moreno* 1990, S.367-373.

Llés 1989 : Llés Lazo, Carlos : "Los estudios sobre la pobreza y exclusión social en la España de los 80", in : Documentación Social, Nr.76, 7-9 1989, S.173-188.

Llovet/Usieto 1990 : Llovet Delgado, Juan José / Usieto Atondo, Ricardo : Los trabajadores sociales. De la crisis de identidad a la profesionalización, Madrid : Editorial popular 1990.

Lluch/Serra 1987 : Lluch, Joan / Serra, Inmaculada : Fuentes de datos y sistema de indicadores para la acción social, Valencia : Consellería de Treball i Seguretat Social Generalitat Valenciana 1987.

Loo/Reijen 1992 : van der Loo, Hans / Reijen, Willem : Modernisierung. Projekt und Paradox, München : Deutscher Taschenbuch Verlag 1992.

López Alonso 1986a : López Alonso, Carmen : "Memoria introductoria", in : *Consejo General* 1986, S.9-37.

López Alonso 1986b : López Alonso, Carmen : "La acción social medieval como procedente", in : Consejo General 1986, S.47-67.

López Alonso 1986 : López Alonso, Carmen : La pobreza en la España medieval. Estudio histórico-social, Madrid : Ministerio de Trabajo y Seguridad Social 1986.

López Alonso 1990 : López Alonso, Carmen : "La acción pública no estatal", in : *Historia* 1990, S. 27-65.

López Blasco 1983 : López Blasco, Andres : Sozialisationsprozesse und Identitätskrise spanischer Jugendlicher in der Bundesrepublik Deutschland. Ergebnisse einer empirischen Untersuchung, München : Deutsches Jugendinstitut 1983.

López Blasco 1987 : López i Blasco, Andreu : "Sitación y perspectivas de una política social municipal", in : *Municipios* 1987, S.15-32.

López Blasco u.a. 1987 : López Blasco, Andreu / Gómez Sánchez, Lourdes / Bascuñan Cortes, Javier : "Problemática organizativa. Competencias y estructuras técnicas", in : *FEMP* 1987, S.139-157.

López Cano 1967 : López Cano, José : "La Obra Nacional de Auxilio social. Evolución, situación y perspectivas", in : *Problemas* 1967, S.91-115.

López Keller 1990 : López Keller, Estrella : "Hacia la quiebra de la mentalidad liberal. Las resistencias al cambio", in : *Historia* 1990, S. 137-160.

López Oruezabal 1990 : López Oruezabal, Julio : "Las fundaciones de objeto social", in : *Iniciativa social* 1990, S.43-50.

López-Casero 1975 : López-Casero, Francisco : "Die spanische Wirtschaftsentwicklung in jüngster Zeit", in : *Haensch/Hartig* 1975a, S. 144-166.

López-Casero 1982 : López-Casero, Francisco : "Die Generation des Umbruchs. Veränderung der Lebens- und Produktionsform in einer spanischen 'Agrarstadt'", in : *Waldmann u.a.* 1982, S.287-401.

López-Casero 1984 : López-Casero, Francisco : "Umschichtungsprozeß und sozialer Wandel in einer zentralspanischen Agrarstadt", in : *Waldmann u.a.* 1984, S.15-48.

López-Casero 1991 : López-Casero, Francisco : "Die soziale Problematik des spanischen Entwicklungsprozesses", in : *Bernecker/Oehrlein* 1991, S.287-312.

Lorenz 1968 : Lorenz, Detlef : "Zur Typologie der Entwicklungsländer",in : *Fritsch* 1968, S.38-64.

Lorenz 1991 : Lorenz, Walter : "Social Work Practice in Europe. Continuity in Diversity", in : Hill 1991, S.65-79.

Lorenzo 1988 : de Lorenzo García, Rafael : "ONCE : La Organisación Nacional de Ciegos. Una experiencia singular de organisación y financiación de servicios sociales y creación de empleo para deficientes visuales a través del juego", in : Cuadernos de acción social, 3.Jg., Nr. 10, 1/2 1988, S. 66-82.

Luhmann 1975 : Luhmann, Niklas : "Formen des Helfens im Wandel gesellschaftlicher Bedingungen", in : *Otto/Schneider* 1975, S.21-43.

Luhmann 1976 : Luhmann, Niklas : Funktionen und Folgen formaler Organisation, Berlin : Duncker & Humblot 1976 (3.Aufl., erstm. 1964).

Luhmann 1977 : Luhmann, Niklas : "Arbeitsteilung und Moral. Durkheims Theorie", in : *Durkheim* 1977, S.17-35.

Luque 1985 : Luque Domínguez, Pedro A. : "Presentación : Una nueva sección científica en la S.E.P. : La sección de pedagogía social", in : Bordón, Revista de orientación pedagógica, Nr.257, H.3/4 1985, S.195-202.

Madariaga 1979 : de Madariaga, Salvador : Spanien. Dritte, neubearbeitete und erweiterte Fassung, Stuttgart : Deutsche Verlags Anstalt 1979.

Maier 1977 : Maier, Lothar : Spaniens Weg zur Demokratie, Meisenheim am Glan : Hain 1977.

Malagón 1989 : Malagón, J. Luis : "La idealización de la comunidad", in : Revista de Treball Social Nr. 116, Dez. 1989, S. 6-10.

Malla 1986 : Malla, Pilar : "El trabajo social en las instituciones privadas", in : Documentación Social, Nr.64, Juli-Sept. 1986 (2.Aufl. 1987), S.125-135.

Manovel 1988 : Manovel, Maria Jesus : "Los servicios sociales de algunos países europeos. Deszentralización territorial, situación comparada", in : *Aznar u.a.* 1988, S.101-121.

Mansilla 1978 : Mansilla, Hugo Celso Felipe : Entwicklung als Nachahmung. Zu einer kritischen Theorie der Modernisierung, Meisenheim a. Gl. : Hain 1978.

Mansilla 1982 : Mansilla, Hugo Celso Felipe : "Politik und Militär in Spanien. Wandlungsprozesse im militärischen Bereich",in : *Waldmann* u.a. 1982, S.1-59.

Maravall 1985 : Maravall, José María : La política de la transición, Madrid : Taurus 1985 (3.Aufl.) (erstmals 1982).

Maravall/Santamaria 1989 : Maravall, José María / Santamaria, Julian : "Transición política y consolidación de la democracia en España", in : *Tezanos u.a.* 1989, S.183-249.

Marchioni 1968a : Marchioni, Marco : "La función del asistente social en el desarrollo de la comunidad", in : Revista de Servicio Social Jan.- März 1968, S.11-93.

Marchioni 1968b : Marchioni, Marco : "Relación entre la investigación profesional. El desarrollo comunitario como portavoz de las comunidades", in : Revista de Servicio Social Okt.- Dez. 1968, S.19-25.

Marchioni 1968c : Marchioni, Marco : "Relación a nivel operativo y de método, entre la investigación social y las actividades de desarrollo de la comunidad", in : Revista de Servicio Social Okt.- Dez. 1968, S.35-49.

Marchioni 1968d : Marchioni, Marco : "Introducción a su publicación en España", (Einleitung zu *Scheggi/Cassarueba* 1968), in : Revista de Servicio Social, Januar-März 1968, S.11-14.

Marqués 1986 : Marqués Ruiz, Jesús : Acogida familiar y servicios sociales, Valencia : Diputación de Valencia 1986.

Martí 1986 : Martí Barnusell, Narcis : "Cuarto Mundo y nuevos pobres", in : *Cáritas* 1986, S.217-232.

Martin-Artajo 1964 : Martin-Artajo, Alberto : "Geschichte der katholischen Sozialbewegung in Spanien", in : *Katholisches Soziallexikon* 1964, S. 1122-1128.

Martín/Miguel 1982 : Martín-Moreno, Jaime / de Miguel, Amando : Sociología de las profesiones, Madrid : Centro de Investigaciones Sociológicas 1982.

Martin/Prados 1985 : Martin Aceña, Pablo / Prados de la Esosura (Hg.) : La nueva historia económica en España, Madrid : Tecnos 1985.

Martínez Cortés 1990 : Martínez Cortés, Javier : "El Estado de Bienestar y su crisis", in : Revista de Fomento Social, Nr.178, April-Juni 1990, S.141-155.

Martínez Marín 1986 : Martínez Marín, Antonio : Derecho Administrativo, La organización administrativa, Madrid : Tecnos 1986.

Martínez Noval 1992 : Martínez Noval, Luis : "La distribución personal de la renta en España (Una contrastación de la alternativa eficencia-equidad)", in : *Guerra/Tezanos* 1992, S.195-227.

Martínez Quintero 1986 : Martínez Quintero, Esther : "El nacimiento de la previsión social (1900-1917). Las primeras soluciones al problema de la vejez. Entre la previsión y la benificencia", in : *Consejo General* 1986, S. 177-194.

Martínez Quintero 1990 : Martínez Quintero, Esther : "El nacimiento de los seguros sociales, 1900 - 1918", in : *Historia* 1990, S. 241-286.

Martínez Sánchez 1984 : Martínez Sánchez, Amparo : "La familia y las instituciones sociales en las funciones de guarda, educación del menor marginado", in : *Nueva definición* 1984, S. 31-51.

Martínez/Vallina 1991 : Martínez, Maria Dolores / Vallina Fernández, Maria Luisa : "Sozialarbeit in Tabernes Blanques", in : *Hamburger* 1991, S.125-138.

Marvaud 1975 : Marvaud, Angel : La cuestión social en España, Mit einem Vorwort von J. J. Castillo und J. M. Borras, Madrid : Ediciones de la Revista de Trabajo 1975 (franz. Erstausgabe 1910).

Marx 1972 : Marx, Karl : Das Kapital. Kritik der politischen Ökonomie, Erster Band, Frankfurt/M. : 1972.

Masgadoux/Roca 1989 : Magadoux, Anne / le Roca, Deodoro : Las ONG (Organisaciones no gubernamentales) y la cooperación para el desarrollo, Madrid : Cruz Roja Española 1989.

Mason 1978 : Mason, Timothy W. : Sozialpolitik im Dritten Reich. Arbeiterklasse und Volksgemeinschaft, Opladen : Westdeutscher Verlag 1978 (2.Aufl., erstmals 1977).

Massing 1973 : Massing, Otwin : "Vergleichende politische Analyse (Comparative Government and Politics). Zur Konvergenz von Soziologie und Politikwissenschaft", in : *Kress/Senghaas* 1973, S.245-275.

Mauersberger 1989 : Mauersberger, Volker : "Das sanfte Harakiri. Ein Modell für die Reformer im Osten : Wie Spanien den gefahrvollen Übergang von vierzigjähriger Diktatur zur Demokratie bewältigte", in : Die Zeit Nr.52, 22.12.1989, S. 33-34.

Mayntz 1969 : Mayntz, Renate : Soziologie der Organisation, Reinbeck : Rowohlt 1969 (erstm. 1963).

Maza 1987 : Maza Zorrilla, Elena : Pobreza y asistencia social en España. Siglos XVI al XX, Aproximación histórica, Valladolid : Universidad 1987.

McConell 1991 : McConnell, Charlie : "Community Development in Europe", in : *Hill* 1991, S.100-114.

Mella 1989 : Mella Marquez, Manuel : "Los grupos de presión en la transición política", in : *Tezanos u.a.* 1989, S.149-181.

Méndez 1987 : Méndez, Luis : "Los estudios de Trabajo Social", in : Cuadernos de Realidades Sociales, Nr.29/30, Jan. 1987, S.49-70.

Menzel 1991 : Menzel, Ulrich : Geschichte der Entwicklungstheorie. Einführung und systematische Bibliographie, Hamburg : Deutsches Übersee-Institut 1991.

Menzemer/Moreau 1984 : Menzemer, Ursula / Moreau, Alain (Hg.) : Soziale Arbeit im Vergleich. Deutsche und französische Perspektiven zur Jugend- und Sozialarbeit, Neuwied; Darmstadt : Luchterhand 1984.

Merkel 1990 : Merkel, Wolfgang : "Vom Ende der Diktaturen zum Binnenmarkt 1993. Griechenland, Portugal und Spanien auf dem Weg zurück nach Europa", in : Aus Politik und Zeitgeschichte, Beilage zur Wochenzeitung Das Parlament, B 51/90, 14.Dez. 1990, S. 3-14.

Meueler 1993 : Meueler, Erhard : Die Türen des Käfigs. Wege zum Subjekt in der Erwachsenenbildung, Stuttgart : Klett-Cotta 1993.

Miclescu 1982 : Miclescu, Maria : Bildungsreform in Spanien 1970-1980, Weinheim; Basel : Beltz 1982.

Miclescu 1985 : Miclescu, Maria : Die spanische Universität in Geschichte und Gegenwart. Eine Untersuchung des Autonomie-Problems, Köln / Wien : Böhlau 1985.

Miclescu 1991 : Miclescu, Maria : "Das Bildungswesen in Spanien", in : *Bernecker/Oehrlein* 1991, S.265-285.

Miguel 1975 : Miguel, Amando de : Sociología del franquismo, Análisis ideológico de los ministros del régimen, Barcelona : Euros 1975.

Miguel 1988 : de Miguel, Amando : España oculta. La economía sumergida, Madrid : Espasa Calpe 1988.

Mintzberg 1984 : Mintzberg, Henry : La estructuración de las organizaciones, Barcelona : Editorial Ariel 1984.

Minusválidos 1987 : o.A. : "Servicos sociales (para minusválidos)", in : Cuadernos de Acción Social, 1.Jg., Nr.7 1987, S. 24-31.

Mishra 1990 : Mishra, Ramesh : The Welfare State in Capitalist Society. Policies of Retrenchement and Maintenance in Europe, North America and Australia, New York u.a. : Harvester Wheatsheaf 1990.

Mommsen 1982 : Mommsen, Wolfgang W. : Max Weber. Gesellschaft, Politik und Geschichte, Frankfurt/M. : Suhrkamp 1982 (2.Aufl., erstm. 1974).

Montero 1986 : Montero, Feliciano : "Catolicismo y reforma social en España en el tránsito del siglo XIX al XX", in : *Consejo General* 1986, S. 167-176.

Moore 1974 : Moore, Barrington : Soziale Ursprünge von Diktatur und Demokratie. Die Rolle der Grundbesitzer und Bauern bei der Entstehung der modernen Welt, Frankfurt/M. : Suhrkamp 1974.

Moreno 1988 : Moreno Izquierdo, José Angel : "Hacia una radicalización del bienestar social. Crisis política económica y necesidades fundamentales", in : Documentación Social Nr. 71, April-Juni 1988, S.91-108.

Moreno 1990 : Moreno, Luis : "Spanish Sociology at the Turn of the Century", in : *Giner/Moreno* 1990, S.73-105.

Mühlum 1982 : Mühlum, Albert : Sozialpädagogik und Sozialarbeit. Eine vergleichende Darstellung zur Bestimmung ihres Verhältnisses in historischer, berufspraktischer und theoretischer Perspektive, Frankfurt/M. : Eigenverlag des Deutschen Vereins für öffentliche und private Fürsorge 1982.

Mujer 1990 : Ministerio de Asuntos Sociales, Instituto de la mujer (Hg.) : La mujer en España. Situación social, Madrid : Ministerio de Asuntos sociales 1990.

Müller/Otto 1984 : Müller, Siegfried / Otto, Hans-Uwe (Hg.) : Verstehen oder kolonialisieren? Grundprobleme sozialpädagogischen Handelns und Forschens, Bielefeld : Kleine 1984.

Münchmeier 1981 : Münchmeier, Richard : Zugänge zur Geschichte der Sozialarbeit, München : Juventa 1981.

Munday 1989a : Munday, Brian (Hg.) : The Crisis in Welfare. An International Perspective on Social Services and Social Work, Harvester Wheatsheaf / St. Martin's Press : Hemel Hempstead / New York 1989.

Munday 1989b : "Conclusion", in : *Munday* 1989a, S.214-219.

Municipios 1987 : Diputación de Valencia, Institut d'Asistència i Serveis Socials (Hg.) : Municipios y servicios sociales. Ponencias y comunicaciones de los I Encuentros Internacionales, Municipios y Servicios Sociales, Valencia : Diputación de Valencia 1987.

Munzinger 1989 : Munzinger, Ludwig (Hg.) : Spanien. Fakten, Personen, Ereignisse (Munzinger Länderprofile), Frankfurt/M. : Mai 1989.

Murswieck 1992 : Murswieck, Axel : "Vergleichende Sozialpolitikforschung", in : *Bauer* 1992, S.2089-2091.

Musitu 1984 : Musitu Ochoa, Gonzalo : "Intervención psico-social en maltratando y abandono infantil", in : *Nueva definición* 1984, S. 91-127.

Nadal 1992 : Nadal, Jordi : Bautismo, desposorios y entierros. Estudios de la historia demográfica, Barcelona : Ariel 1992.

Nadal/Carreras/Sandrià 1987 : Nadal, Jordi / Carreras, Albert / Sandrià, Carles (Hg.) : La economía española en el siglo XX. Una perspectiva histórica, Barcelona : Editorial Ariel 1987 (2.Aufl., erstm. 1987).

Naschold 1985 : Naschold, Frieder (Hg.) : Arbeit und Politik, Gesellschaftliche Regulierung der Arbeit und der sozialen Sicherung, Frankfurt; New York : Campus 1985.

Natorp o.J. : Natorp, Paul : Pedagogía social, Teoría de la educación de la voluntad sobre la base de la comunidad, Madrid : La Lectura o.J.

Navarro 1992 : Navarro, Manuel : "Cambios sociales en los años ochenta", in : *Guerra/Tezanos* 1992, S.637-697.

Naylon 1984 : Naylon, John : "Politisches Handeln und Stadtentwicklung in Franco-Spanien. Das Beispiel Barcelona", in : *Waldmann u.a.* 1984, S.69-92.

Nohl 1965 : Nohl, Herman : Aufgaben und Wege der Sozialpädagogik. Vorträge und Aufsätze, Weinheim : Beltz 1965.

Nohlen/Huneeus 1984 : "Elitenwettbewerb in der Spätphase des Franco-Regimes. Der Kampf um die politische Reform", in : *Waldmann u.a.* 1984, S.349-369

Nohlen/Mansilla 1991 : Nohlen, Dieter / Mansilla, H.C.F. : "Modernisierungstheorien", in : *Lexikon Dritte Welt* 1991, S.462-466.

Nohlen/Nuscheler 1974 : Nohlen, Dieter / Nuscheler, Franz (Hg.) : Handbuch der Dritten Welt. Band I, Theorien und Indikatoren von Unterentwicklung und Entwicklung, Hamburg : Hoffmann und Campe 1974.

Notbaar 1983 : Notbaar, Hans : "Sozialarbeit und Sozialpädagogik in der Bundesrepublik 1949-1962", in : *Landwehr/Baron* 1983, S.251-299.

Nueva definición 1984 : Diputación Provincial de Valencia (Hg.) : Servicios Sociales. Hacia una nueva definición, Valencia : Diputación Provincial de Valencia 1984.

Nuscheler 1974a : Nuscheler, Franz : "Bankrott der Modernisierungstheorien?", in : *Nohlen/Nuscheler* 1974, S.195-207.

Nuscheler 1974b : Nuscheler Franz : "Formen, Wirkweisen und Indikatoren von Abhängigkeit", in : *Nohlen/Nuscheler* 1974, S.139-161.

Oelkers/Tenorth : Oelkers, Jürgen / Tenorth, Heinz-Elmar (Hg.) : Pädagogik, Erziehungswissenschaft und Systemtheorie, Weinheim / Basel : Beltz 1987.

Offe 1984 : Offe, Claus : 'Arbeitsgesellschaft'. Strukturprobleme und Zukunftsperspektiven, Frankfurt/M. : Campus 1984.

Olk 1986 : Olk, Thomas : Abschied vom Experten. Sozialarbeit auf dem Weg zu einer alternativen Professionalität, Weinheim / München : Juventa 1986.

Olk/Otto 1985 : Olk, Thomas / Otto, Hans-Uwe (Hg.) : Der Wohlfahrtsstaat in der Wende. Umrisse einer künftigen Sozialarbeit, Weinheim / München : Juventa 1985.

Opielka 1986 : Opielka, Michael : "Sozialpolitische Alternativen und die Zukunft sozialer Berufe. Vorüberlegungen zur Relativierung sozialer Professionalität", in : *Schön* 1986, S.125-159.

Ordeig 1972 : Ordeig Fos, José María : El sistema español de seguridad social, Madrid : Edit. de Derecho Reunidas u.a. 1972.

Otto 1991 : Otto, Hans-Uwe : Sozialarbeit zwischen Routine und Innovation. Professionelles Handeln in Sozialadministrationen. Unter Mitarbeit von Karin Böllert u.a., Berlin / New York : de Gruyter 1991.

Otto/Schneider 1975 : Otto, Hans Uwe / Schneider, Siegfried (Hg.) : Gesellschaftliche Perspektiven der Sozialarbeit, Erster Halbband, Neuwied / Darmstadt : Luchterhand 1975 (3.Aufl., erstm. 1973).

Otto/Sünker 1986 : Otto, Hans-Uwe / Sünker, Heinz (Hg.) : Soziale Arbeit und Faschismus. Volkspflege und Pädagogik im Nationalsozialismus, Bielefeld : Karin Böllert 1986.

Otto/Utermann 1971 : Otto, Hans-Uwe / Utermann, Kurt (Hg.) : Sozialarbeit als Beruf. Auf dem Weg zur Professionalisierung?, München : Juventa 1971.

Palacios 1986a : Palacios Sanchez, Julián : "La enseñanza en las instituciones españolas para la 'reforma'de menores I", in : Menores, 3.Jg., Nr.12, H.3/4 1986, S.54-59.

Palacios 1986b : Palacios Sanchez, Julián : "La enseñanza en las instituciones españolas para la 'reforma'de menores II", in : Menores, 3.Jg., Nr.13, H.5/6 1986, S.3-15.

Palacios 1986c : Palacios Sanchez, Julián : "La enseñanza en las instituciones españolas para la 'reforma'de menores III", in : Menores, 3.Jg., Nr.14, H.7/8 1986, S.58-77.

Palacios 1987a : Palacios Sanchez, Julián : "La enseñanza en las instituciones españolas para la 'reforma'de menores IV", in : Menores, 4.Jg., Nr.13, H.7/8 1987, S.31-48.

Palacios 1987b : Palacios Sanchez, Julián : "La enseñanza en las instituciones españolas para la 'reforma'de menores V", in : Menores, 4.Jg., Nr.5, H.9/10 1987, S.29-38.

Palacios 1987c : Palacios Sanchez, Julián : "La enseñanza en las instituciones españolas para la 'reforma'de menores VI", in : Menores, 4.Jg., Nr.6, H.11/12 1987, S.35-44.

Palacios 1988 : Palacios Sanchez, Julián : "La enseñanza en las instituciones españolas para la 'reforma'de menores VII", in : Menores, 5.Jg., Nr.11/12, H.9-12 1988, S.101-141.

Parra 1988 : Parra Luna, Francisco : Política de empleo y bienestar social. El caso español 1982-87, Madrid : EUDEMA 1988.

Parry 1991 : Parry, Richard : "Welfare State in the European Comunity", in : *Hill* 1991, S.51-64.

Parsons 1960 : Parsons, Talcott : Structure and Process in Modern Societies, Illinois : Free Press 1960.

Parsons 1969 : Parsons, Talcott : "Evolutionäre Universalien der Gesellschaft", in : *Zapf* 1969, S.55-74.

Parsons 1971 : Parsons, Talcott : The Systems of modern Societys, Englewood Cliffs : Prentice-Hall 1971.

Parsons 1973 : Parsons, Talcott : Beiträge zur soziologischen Theorie, hg. und eingel. von Dietrich Rüschemeyer, Darmstadt / Neuwied : Luchterhand 1973 (3.Aufl.).

Pascual 1989 : Pascual, Josep Mª : "Los recursos dedicados al Bienestar Social en España y sus repercusiones sociales y económicas", in : *Bienestar Social* 1989, S.49-61.

Pascual/Red 1987 : Pascual i Esteve, José Mª / de la Red Vega, Natividad : "Problemática actual de los servicios sociales en la administración local", in : *FEMP* 1987, S.21-64.

Payne 1970 : Payne, Stanley G. : The Spanish Revolution, New York : W.W. Norton 1970.

Payne 1991 : Payne, Stanley G. : "Die Kirche und der Übergangsprozeß", in : *Bernekker/Oehrlein* 1991, S.105-120.

Paz 1992 : Paz Benito, Luz Mª : "Mujer y cambio en la década de los ochenta", in : *Guerra/Tezanos* 1992, S.699-723.

Pedreño u.a. 1988 : Pedreño Yepes, Maria José / Raigón Espejo, Agustín / Rodríguez Guirado, Maria / Ruíz Casado, Jesús / Vallejo López, Alejandra : "Reflexiones sobre la ley de servicios sociales andaluza", in : Revista de Treball Social Nr. 111, Sept. 1988, S. 116-120.

Peláez 1990 : Peláez, Elena : "El trabajo social en el ámbito de la comunidad internacional. Presente y perspectivas", in : Revista de Servicios Sociales y Política social, Nr.20, 1990, S.20-28.

Perdomo 1986 : Perdomo Cejudo, José Gabriel : "Asistencia social y beneficencia. Evolución, situación actual y perspectivas", in : *Consejo General* 1986, S. 281-295.

Pereda 1986 : Pereda Olarte, Carlos : "Los inmigrantes en España", in : *Cáritas* 1986, S.115-132.

Pérez 1985 : Pérez, Joseph : "España y la modernidad", in : *Bennassar* 1985a, S.188 - 204.

Pérez Ledesma 1986 : Pérez Ledesma, Manuel : "La Comisión de Reformas Sociales y la cuestión social durante la Restauración", in : *Consejo General* 1986, S. 155-166.

Pérez Menayo 1990 : Pérez Menayo, Vicente : Europa y la seguridad social, Madrid : Furndación Universidad-Empresa 1990.

Perpiño 1972 : Perpiño Rodriguez, Antonio : Sociología de la Seguridad Social, Madrid : Confederación Española de Cajas de Ahorro 1972.

Peters 1968 : Peters, Helge : Moderne Fürsorge und ihre Legitimation. Eine soziologische Analyse der Sozialarbeit, Köln / Opladen : Westdeutscher Verlag 1968.

Peters 1971 : Peters, Helge : "Die mißlungene Professionalisierung der Sozialarbeit", in : *Otto/Utermann* 1971, S.99-123.

Petrus 1988 : Petrus Rotger, Antonio : "Control y pedagogía social", in : Poder y Control, Revista hispano-latinomericana de disciplinas sobre el control social, Nr. 1 1988, S. 17-32.

Pfaffenberger 1981b : Pfaffenberger, Hans : "Grundfragen und Basisthesen einer sozialpädagogischen Komparatistik", in : Studienreformkommission NW (Hg.) : Studienreform und Handlungskompetenz im außerschulischen Erziehungs- und Sozialwesen, Neuwied 1981, S.131-135.

Pfaffenberger 1988b : Pfaffenberger, Hans : "Sozialpädagogische und sozialwissenschaftliche Berufe in der Krise der Arbeitsgesellschaft", in : Theorie und Praxis der sozialen Arbeit, 39.Jg., Nr.12 1988, S.451-457.

Pobreza 1985 : Ministerio de Trabajo, Dirección General de Acción Social (Hg.) : Pobreza e inseguridad en España 1984, Madrid : Ministerio de Trabajo 1985.

Pobreza 1989 : La Pobreza en la España de los 80. VI Jornadas de Estudio del Comité Español para el Bienestar Social, Madrid : ACEBO 1989.

Preston 1983 : Preston, Paul : "La crisis del franquismo", in *Fusi/Vilar/Preston* 1983, S.89-129.

Preston 1984 : Preston, Paul : "Die Kommunistische Partei Spaniens im Kampf um die Demokratisierung", in : *Waldmann u.a.* 1984, S.325-347.

Prevost 1985 : Prevost, Gary : "The Spanish Labor movement", in : *Lancaster/Prevost* 1985, S. 125-143.

Pries 1991 : Pries, Ludger : "Spanien. Das Ende der 'konzertierten Modernisierung'", in : WSI Mitteilungen Nr. 1, 1991, S.19-26.

Prieto 1980 : Prieto Escudero, Germán : "Aspectos históricos de la seguridad social", in : Revista Internacional de Sociología, Nr.37 1980, S.237-260.

Prigge 1991 : Prigge, Wolfgang-Ulrich : "Wirtschafts- und Sozialpolitik während der Regierung Thatcher", in : Aus Politik und Zeitgeschichte, B 28/91, 5.7.1991, S.27-36.

Problemas 1967 : Problemas fundamentales de beneficencia y asistencia social, Madrid : Ministerio de Gobernación 1967.

Projektgruppe Soziale Berufe 1981 : Projektgruppe soziale Berufe (Hg.) : Sozialarbeit : Expertisen. 3.: Professionalisierung und Arbeitsmarkt, München : Juventa 1981.

Puente 1987 : Puente, Manuel : "Die Erwachsenenbildung in Spanien", in : Hessische Blätter für Volksbildung, H.4/1987, S.297-301.

Puhle 1991 : Puhle, Hans-Jürgen : "Die Sozialistische Spanische Arbeiterpartei (PSOE). Analyse ihres Wahlerfolgs", in : *Bernecker/Oehrlein* 1991, S.19-39.

Radbruch/Gwinner 1990 : Radbruch, Gustav / Gwinner, Heinrich : Geschichte des Verbrechens. Versuch einer historischen Kriminologie, Frankfurt/M. : Eichborn 1990.

Redondo 1988 : Redondo de la Serna, Alberto : "Cálculo y marginación", in : Cuadernos de Acción Social, 3.Jg., Nr. 10 1988, S. 27-31.

Reforma 1988 : Reforma de las Enseñanzas universitarias. Título : Diplomados en trabajo social. Propuestas alternativas, observaciones y sugerencias formuladas al informe técnico durante el período de información y debate públicos, hg. vom Consejo de Universidades des Ministerio de Educación y Ciencia, Madrid : Ministerio de Educación y Ciencia, Consejo de Universidades 1988.

Reformas sociales 1985 : Reformas sociales. Información oral y escrita públicada de 1889 a 1893, Edición facsímil de la publicada por la Comisión de Reformas Sociales (1890-1894), 5 Bde., hg. von Santiago Castillo, Madrid : Ministerio de Trabajo y Seguridad Social 1985.

Reig 1988 : Reig, Ramiro : "La crisis del Estado de bienestar", in : Documentación Social, Nr.71, April-Juni 1988, S.67-90.

Rein/Rainwater 1985 : Rein, Martin / Rainwater, Lee : "Die Interdependenz öffentlicher und privater Systeme der sozialen Sicherung", in : *Naschold* 1985, S.405-432.

Renes 1986 : Renes, Víctor : "Cuarto mundo y nuevos pobres", in : *Cáritas* 1986, S.149-178.

Renes 1990 : Renes, Víctor : "Las agencias voluntarias de bienestar social", in : *Iniciativa social* 1990, S.33-42.

Reulecke 1985 : Reulecke, Jürgen : Geschichte der Urbanisierung in Deutschland, Frankfurt/M. : Suhrkamp 1985.

Rhode 1989 : Rhode, Bernhard : Sozialpädagogische Hochschulausbildung. Eine vergleichende Untersuchung von Studiengängen an Fachhochschulen und wissenschaftlichen Hochschulen, Frankfurt/M. / New York / Paris : Lang 1989.

Richmond 1976 : Richmond, Mary : Caso social individual, Buenos Aires : Humanitas 1976.

Richter 1980 : Richter, Horst Eberhard : Flüchten oder Standhalten, Reinbeck : Rowohlt 1980.

Riede u.a. 1988 : Riede, Thomas / Schott-Winterer, Andrea / Woller, Alfred : "Soziale Dienstleistungen und Wohlfahrtsstaat. Vergleichende Analysen zur Beschäftigung im Arbeitsmarktsegment 'Soziale Dienstleistungen' in der Bundesrepublik Deutschland und den USA", in : Soziale Welt, 39.Jg., H.3 1988, S.292-314.

Rimbau 1987 : Rimbau, Cristina : "Una aportación a la reflexió sobre l'organització dels Serveis Socials", in : Revista de Treball Social Nr. 107, Sept. 1987, S. 79-92.

Rimbau/Rosell 1986 : Rimbau Andreu, Christina / Rosell Poch, Teresa : "Social work education in Spain", in : Brauns / Kramer 1986, S.451-477.

Robinsohn 1970 : Robinsohn, Saul B. : "Erziehungswissenschaft. Vergleichende Erziehungswissenschaft", in : Speck, Josef / Wehle, Gerhard (Hg.) : Handbuch pädagogischer Grundbegriffe, Bd. 1, München : Kösel 1970, S.456-492.

Rodríguez Cabrero 1987 : Rodríguez Cabrero, Gregorio : "Condicionamientos socio-económicos y financiación de los servicios sociales", in : *FEMP* 1987, S.109-120.

Rodríguez Lopez 1989 : Rodríguez Lopez, Julio : "El período de la transición política desde la perspectiva del análisis económico", in : *Tezanos u.a.* 1989, S.117-147.

Rodríguez Ocaña 1986 : Rodríguez Ocaña, Esteban : "Medicina y acción social en la España del primer tercio del siglo XX", in : *Consejo General* 1986, S. 227-265.

Rodríguez Ocaña 1990 : Rodríguez Ocaña, Esteban : "La asistencia médica colectiva en España, hasta 1936", in : *Historia* 1990, S. 321-359.

Rodríguez Osuna 1985 : Rodríguez Osuna, Jacinto : Población y territorio en España, Siglo XIX y XX, Madrid : Espasa Calpe 1985.

Röhrs 1975 : Röhrs, Hermann : Forschungsstrategien in der Vergleichenden Erziehungswissenschaft, Weinheim / Basel : Beltz 1975.

Rojo 1987 : Rojo, Luis Angel : "La crisis de la economía española. 1973-1984", in : *Nadal/Carreras/Sandrià* 1987, S.190-200.

Rojo 1989 : Rojo Torrecilla, Eduardo : "El Plan de lucha contra la pobreza en Euskadi. Especial consideración del Ingreso Mínimo Familiar", in : Documentación Social, Nr.76, 7-9 1989, S.155-171.

Rojo 1990 : Rojo, Ramón : "La organización profesional. Análisis de los trabajadores sociales y los alumnos de trabajo social", in : Revista de Servicios Sociales y Política social, Nr.20, 1990, S.30-34.

Rokkan 1972 : Rokkan, Stein : Vergleichende Sozialwissenschaft. Die Entwicklung der interkulturellen, inter-gesellschaftlichen und inter-nationalen Forschung, Frankfurt/M. / Berlin / Wien : Ullstein 1972.

Rossell/Rimbau 1989 : Rossell, Teresa / Rimbau, Christina : "Spain. Social Services in the Post-Franco democracy", in : *Munday* 1989a, S.105-123.

Rostow 1960 : Rostow, Walt Whitman : Stadien wirtschaftlichen Wachstums. Eine Alternative zur marxistischen Entwicklungstheorie, Göttingen : Vandenhoeck & Rupprecht o.J. (1960).

Rovira 1989 : Rovira, Joan : "Contribución de las entidades no lucrativas al bienestar social", in : *Bienestar Social* 1989, S.63-68.

Rubí 1989 : Rubí Martínez, Carmen : Introducción al trabajo social, Barcelona : Escola Universitària de Treball Social de Barcelona / La Llar del Llibre 1989.

Rubiol 1973 : Rubiol, Gloria : "Investigación en trabajo social. Tercera ponencia", in : *Congreso* 1973, S.83-100.

Ruffmann/Altrichter 1983 : Ruffmann, Karl Heinz / Altrichter, Helmut (Hg.) : 'Modernisierung' versus 'Sozialismus'. Formen und Strategien sozialen Wandels im 20. Jahrhundert. Mit Beiträgen von Lottes, Günter u.a., Erlangen : Deutsche Gesellschaft für zeitgeschichtliche Fragen 1983.

Ruhl 1986 : Ruhl, Klaus-Jörg (Hg.) : Spanien-Ploetz, Spanische und portugiesische Geschichte zum Nachschlagen, Unter Mitwirkung von Walther L. Bernecker u.a., Würzburg : Ploetz 1986.

Ruiz 1984 : Ruiz Giménez, Joaquín (Hg.) : Iglesia, Estado y Sociedad en España, 1830 - 1982, Barcelona : Ed. Argos Vergara 1984.

Ruiz 1990 : Ruiz, Luis Benito : "Las subvenciones. Análisis crítico", in : *Iniciativa social* 1990, S.73-84.

Rull 1983 : Rull Sabater, Alberto : Política económica de España. Aproximación histórica, Madrid : Ediciones Istmo 1983.

Rumeu 1981 : Rumeu de Armas, Antonio : Historia de la previsión social en España. Cofradías - gremios - hermandades - montepíos, Barcelona : El Albir 1981.

Rüschemeyer 1972 : Rüschemeyer, Dietrich : "Ärzte und Anwälte. Bemerkungen zur Theorie der Professionen", in : *Berufssoziologie* 1972, S.168-181.

Sachße/Tennstedt 1980 : Sachße, Christoph / Tennstedt, Florian : Geschichte der Armenfürsorge in Deutschland. Vom Spätmittelalter bis zum 1.Weltkrieg, Stuttgart u.a. : Kohlhammer 1980.

Sachße/Tennstedt 1980 : Sachße, Christoph / Tennstedt, Florian : Geschichte der Armenfürsorge in Deutschland, Vom Spätmittelalter bis zum Ersten Weltkrieg, Stuttgart u.a. : Kohlhammer 1980.

Sáez 1986 : Sáez Tejerina, María Luisa : "Aspectos económicos de las pensiones", in : Bienestar en la Ciutat, 2.Jg., Nr. 4/5, Jan.-Aug. 1986, S.40-45.

Saldaña 1969 : Saldaña, Rosario : "La formación superior del asistente social en el contexto de la evolución de las necesidades de la sociedad española", in : *Congreso* 1969, S.57-63.

Salinas 1990 : Salinas Ramos, Francisco : "Presentación", in : Documentación Social Nr.79, April-Juni 1990, S. 5-9.

Salisbury 1985 : Salisbury, William T. : "Spain's foreign Policy", in : *Lancaster/Prevost* 1985, S. 202-217.

Sánchez 1975 : Sánchez López, Celestino : "Das spanische Recht in Vergangenheit und Gegenwart", in : *Haensch/Hartig* 1975a, S. 91-102.

Sánchez Jiménez 1986 : Sánchez Jiménez, José : "La España Rural. Bolsas de pobreza, jornaleros y temporeros", in : *Cáritas* 1986, S.133-148.

Santos 1990 : Santos Rivas, Juan José : Historia del pueblo gitano, o.O. : o.A. 1990.

Sanz 1979 : Sanz de Diego, Rafael Mª : "La Iglesia española ante el reto de la industrialización", in : *Cárcel* 1979a, S.575 - 663.

Sarasa 1989 : Sarasa Urdiola, Sebastián : "Legitimidad y estado de bienestar", in : *Bienestar Social* 1989, S.15-21.

Scheggi/Cassarueba 1968 : Scheggi, Marusca / Cassarueba, Vicenza : "La función del asistente social en desarrollo de comunidad", in : Revista de Servicio Social, Januar-März 1968, S.17-48. (in italienischer Sprache erstmals Rom 1967).

Schelsky 1972 : Schelsky, Helmut : "Die Bedeutung des Berufs in der modernen Gesellschaft", in : *Berufssoziologie* 1972, S.25-35.

Schelsky 1976 : Schelsky, Helmut : Der selbständige und der betreute Mensch. Politische Schriften und Kommentare, Stuttgart : Seewald 1976.

Schick-Wagner 1975 : Schick-Wagner, Annemarie : "Das spanische Bildungswesen", in : *Haensch/Hartig* 1975b, S. 1-26.

Schildt/Sywottek 1989 : Schildt, Axel / Sywottek, Arnold : "'Wideraufbau' und 'Modernisierung'. Zur westdeutschen Gesellschaftsgeschichte in den fünfziger Jahren", in : Aus Politik und Zeitgeschichte, Beilage zur Wochenzeitung Das Parlament, B 6-7/89, 3. Februar 1989, S.18-32.

Schiller 1984 : Schiller, Theo : "Der 'Wohlfahrtsstaat' als Quelle sozialer Probleme", in : *Haferkamp* 1984, S.31-57.

Schmidbauer 1977 : Schmidbauer, Wolfgang : Die hilflosen Helfer, Über die seelische Problematik der helfenden Berufe, Reinbeck : Rowohlt 1977.

Schmidt 1975 : Schmidt, Benhard : "Spanische Wirtschaftsgeschichte und Wirtschaftsmentalität", in : *Haensch/Hartig* 1975a, S. 131-143.

Schön 1986 : Schön, Bernhard (Hg.) : Die Zukunft der sozialen Berufe, Arbeitsmarkt, Ausbildung, Alternativen, Frankfurt/M. : Brandes und Aspel 1986.

Schriewer 1982 : Schriewer, Jürgen : "Erziehung und Kultur. Zur Theorie und Methodik vergleichender Erziehungswissenschaft", in : *Brinkmann/Renner* 1982, S.185-236.

Schriewer 1987 : Schriewer, Jürgen : "Funktionssymbiosen von Überschneidungsbereichen. Systemtheoretische Konstrukte in vergleichender Erziehungsforschung", in : *Oelkers/Tenorth* 1987, S.76-101.

Schröder 1982 : Schröder, Pablo Francisco : Die Integration Spaniens in die Europäische Gemeinschaft. Eine vergleichende Analyse der industriellen Beziehungen, Frankfurt/M. : Haag und Herchen 1982.

Schulte 1980 : Schulte, Bernd : "Reformen der sozialen Sicherheit in Westeuropa 1965-1980", in : Vierteljahresschrift für Sozialrecht 1980, S.323-361.

Schulze 1983 : Schulze, Heinz : Sozialarbeit in Lateinamerika. Solidarisieren - nicht integrieren, München : AG SPAK 1983 (2.Aufl., erstm. Berlin 1980).

Schütz 1982 : Schütz, Roland : Die Autonomiebewegung des Landes Valencia. Eine Analyse ihrer Hintergründe und ihres Verlaufes bis zur Gegenwart, Bochum : Brockmeyer 1982.

Schütze 1969 : Schütze, Bernhard : Rekonstruktion der Freiheit. Die politischen Oppositionsbewegungen in Spanien, Frankfurt/M. : Suhrkamp 1969.

Scott 1986 : Scott, W. Richard : Grundlagen der Organisationstheorie, Frankfurt/M. / New York : Campus 1986.

Seers 1974 : Seers, Dudley : "Was wollen wir messen?", in : *Nohlen/Nuscheler* 1974, S.222-238.

Simposio 1989 : Administración de la Comunidad Autónoma de Euskadi, Departamento de Trabajo y Seguridad social (Hg.) : Simposio sobre servicios sociales de base, Vitoria-Gasteiz : Servicio central de publicaciones del gobierno vasco 1989.

Sitjà 1988 : Sitjà, Maria : Terminología de los asistentes sociales, Barcelona : Colegi oficial de diplomats en treball social i assistents socials de Catalunya 1988.

Skiba 1969 : Skiba, Ernst Günther : Der Sozialarbeiter in der gegenwärtigen Gesellschaft, Weinheim / Berlin / Basel : Beltz 1969.

Slaby/Grossman/Illig 1989 : Slaby, Rudolf J. / Grossmann, Rudolf / Illig, Carlos : Wörterbuch der spanischen und deutschen Sprache, Bd.2, Deutsch-Spanisch, Wiesbaden : Brandstetter 1989 (4. Aufl., neu bearb. u. erw.).

Slaby/Grossmann 1975 : Slaby, Rudolf J. / Grossmann, Rudolf : Wörterbuch der spanischen und deutschen Sprache, Bd.1, Spanisch-Deutsch, Wiesbaden : Brandstetter 1975 (3. Aufl., neu bearb. u. erg.).

Sofranko/Bealer 1972 : Sofranko, Andrew J. / Bealer, Robert C. : Unbalanced Modernization and Domestic Instability. A Comparative Analysis, Beverly Hills / London : Sage Publications 1972.

Solana 1992 : Solana Madariaga, Javier : "La educación en España en el decenio 1982-1992", in : *Guerra/Tezanos* 1992, S.351-380.

Soto 1965 : de Soto, Domingo : Deliberación en la causa de los pobres, Madrid 1965 (erstmals 1545).

Sozialschutz 1991 : Eurostat (Statistisches Amt der Europäischen Gemeinschaft) (Hg.) : Schnellberichte Bevölkerung und soziale Bedingungen, Nr. 4 1991 : Der Sozialschutz in Europa. Die Entwicklung von 1980 bis 1989.

Spanien-Lexikon 1990 : Spanien-Lexikon : Wirtschaft, Politik, Kultur, Gesellschaft, von Walther L. Bernecker u.a., München : Beck 1990.

Srubar 1991 : Srubar, Ilja : "War der reale Sozialismus modern? Versuche einer strukturellen Bestimmung", in : Kölner Zeitschrift für Soziologie und Sozialpsychologie, 43.Jg., H.3 1991, S.415-432.

Statistisches Bundesamt 1988 : Statistisches Bundesamt (Hg.) : Länderbericht Spanien 1987, Stuttgart / Mainz : Kohlhammer 1988.

Statistisches Bundesamt 1991a : Statistisches Bundesamt (Hg.) : Statistisches Jahrbuch für das Ausland, Stuttgart : Metzel und Poeschel 1991.

Statistisches Bundesamt 1991 : Statistisches Bundesamt (Hg.) : Länderbericht Spanien 1991, Stuttgart : Metzel und Poeschel 1991.

Strasser 1984 : Strasser, Johanno : "Sozialstaat. Die aktuelle Debatte um die Grenzen des Sozialstaats", in : *Eyferth u.a.* 1984, S.1083-1101.

Tamames 1985 : Tamames, Ramón : Estructura económica de España, Madrid : Alianza Editorial 1985 (16.Aufl., erstm. 1960).

Tamames 1989 : Tamames, Ramón : "Pobreza, penuria y subdesarrollo", in : Documentación Social, Nr.76, 7-9 1989, S.33-40.

Tatay 1989 : Tatay Puchades, Carmen : "Pauperismo y beneficencia en la España de la Restauración", in : Revista de Serveis Socials, 2.Jg., Nr.2, 3-4 1989, S. 19-28.

Tedde 1985 : Tedde de Lorca, Pedro : "El gasto público en España 1875-1906. Un análisis comparativo con las economías europeas", in : *Martin/Prados* 1985, S.233-261.

Tennstedt 1981 : Tennstedt, Florian : Sozialgeschichte der Sozialpolitik in Deutschland. Vom 18.Jahrhundert bis zum Ersten Weltkrieg, Göttingen : Vandenhoeck und Ruprecht 1981.

Terrón 1981 : Terrón, Javier : La prensa en España durante el régimen de Franco. Un intento de análisis político, Madrid : CIS 1981.

Teuteberg 1977 : Teuteberg, Hans-Jürgen : "Zur Frage des Wandels der deutschen Volksernährung durch die Industrialisierung", in : *Koselleck* 1977, S.78-96.

Tezanos 1989a : Tezanos, José Felix : "La crisis del franquismo y la transición democrática en España", in : *Tezanos u.a.* 1989, S.9-30.

Tezanos 1989b : Tezanos, José Felix : "Modernización y cambio social en España", in : *Tezanos u.a.* 1989, S.63-115.

Tezanos 1990 : Tezanos, José Felix : "Inequality and social Classes", in : *Giner/Moreno* 1990, S.151-155.

Tezanos 1992 : Tezanos, José Felix : "El papel social y político del PSOE en España de los años ochenta. Una década de progreso y democracia", in : *Guerra/Tezanos* 1992, S.11-20.

Tezanos u.a. 1989 : Tezanos, José Felix / Cotarelo, Ramón / de Blas, Andres (Hg.) : La transición democrática española, Madrid : Sistema 1989.

Thiery 1989 : Thiery, Peter : Der spanische Autonomiestaat. Die Veränderung der Zentrum-Peripherie-Beziehungen im postfrankistischen Spanien, Saarbrücken / Fort Lauderdale : Breitenbach 1989.

Tietze 1983 : Tietze, Hartmut : "Professionalisierung", in : *Lenzen* 1983, S.511 - 512.

Toharia 1989 : Toharia, José Juan : Cambios recientes en la sociedad española, Madrid : Instituto de Estudios Económicos 1989.

Toharia 1992 : Toharia, José Juan : "El tono vital de los españoles", in : *Guerra/Tezanos* 1992, S.725-735.

Tönnies 1972 : Tönnies, Ferdinand : Gemeinschaft und Gesellschaft. Grundbegriffe der reinen Soziologie, Darmstadt : Wissenschaftliche Buchgesellschaft 1972 (3. durchgesehener und berichtigter reprografischer Nachdruck der Ausgabe Darmstadt 1963), span. : Tönnies, Ferdinand : Comunidad y asociación, Barcelona : Peninsula 1979.

Torellla 1987 : Torella i Reñe, Joan : "L'actuació compactada en la prestació de serveis personals. Una proposta de criteris per a l'organització", in : Revista de Treball Social Nr. 106, Juni 1987, S. 65-80.

Torres 1987 : Torres Díaz, Jorge H. : Historia del trabajo social, Mit einem Vorwort von José Consuegra Higgins, Buenos Aires : Humanitas 1987.

Trabert 1985 : Trabert, Franz-Georg : Die politische Transformation Spaniens nach Franco. Zum Problem des demokratieorientierten Wandels autoritärer Regime, Frankfurt/M. / Bern / New York : Lang 1985.

Trecents 1986 : Trecents Ribó, Adrián : "Un sector del Cuarto Mundo en Barcelona", in : *Cáritas* 1986, S.201-215.

Trinidad 1986 : Trinidad Fernández, Pedro : "Asistencia y previsión social en el siglo XVIII", in : *Consejo General* 1986, S. 89-115.

Trinidad 1990 : Trinidad Fernández, Pedro : "Trabajo y pobreza en la primera industrialización", in : *Historia* 1990, S. 101-135.

Trinidad 1991 : Trinidad Fernández, Pedro : La defensa de la sociedad. Cárcel y delincuencia en España (siglos XVIII-XX), Madrid : Alianza 1991.

Tuñón 1982a : Tuñón de Lara, Manuel : "Introdrucción", in : *Tuñón/Viñas* 1982, S.5-6.

Tuñón 1982b : Tuñón de Lara, Manuel : "La guerra civil", in : *Tuñón/Viñas* 1982, S.7-20.

Tuñón 1982c : Tuñón de Lara, Manuel : "El modelo franquista", in : *Tuñón/Viñas* 1982, S.77-80.

Tuñón 1982d : Tuñón de Lara, Manuel : "La sociedad y las instituciones", in : *Tuñón/Viñas* 1982, S.110-130.

Tuñón 1990a : Tuñón de Lara, Manuel : "El poder y la oposición", in : *Biescas/Tuñón* 1990, S.165-431.

Tuñón 1990b : Tuñón de Lara, Manuel : "Cultura e ideología", in : *Biescas/Tuñón* 1990, S.433-526.

Tuñón/Viñas 1982 : Tuñón de Lara, Manuel / Viñas, Angel : "La España de la Cruzada. Guerra civil y primer franquismo (1939-1959)", Historia de España, Band 12, Historia 16, Dez. 1982.

Tusell 1977 : Tusell, Xavier : La oposición democrática al franquismo (1939-1962), Barcelona : Planeta 1977.

Tusell 1988 : Tusell, Javier : La dictadura de Franco, Madrid : Alianza 1988.

Uhlhorn/Münsterberg 1909 : Uhlhorn / Münsterberg, E. : "Armenwesen", in : Handwörterbuch der Staatswissenschaften, Bd. 2, Jena : Gustav Fischer 1909 (3.Aufl.), S.6-30.

Ullrich 1987 : Ullrich, Elmar : "Neuere Entwicklung des Bildungswesens in Spanien", in : Ausländerkinder, Forum für interkulturelles Lernen in Schule und Sozialpädagogik, Heft 30, 1987, S.47-74.

Urrestarazu 1973 : de Urrestarazu Ucin, Mª Elena : "Situación actual de trabajo social. Primera ponencia", in : *Congreso* 1973, S.35-45.

Valle 1986 : del Valle Gutiérrez, Antonio : El modelo de servicios sociales en el Estado de las autonomías, Madrid : Fundación IESA 1986.

Valle 1987 : del Valle Gutiérrez, Antonio : "Reflexiones en torno a la busqueda de un nuevo modelo de Servicios Sociales y su implantación a nivel local y comuntiario", in : Documentación Social, Nr.64, 7-9 1986, 2.Aufl. 1987, S.23-41.

Vandamme 1985 : Vandamme, Jacques (Hg.) : New Dimensions in European Social Policy, London / Sydney / Dover : Croom Helm 1985.

Vázquez 1969 : Vázquez, Irene : "Definición de funciones", in : *Congreso* 1969, S.45-56.

Vázquez 1971 : Vázquez, Jesús Mª : Situación del servicio social en España, Madrid : Instituto de Sociología Aplicada 1971.

Vázquez 1991 : Vázquez García-Peñuela, José María : Leyes autonómicas de servicios sociales. Su repercusión sobre las entidades eclesiásticas, Pamplona : Ediciones Universidad de Navarra 1991.

Vidal 1987 : Vidal Galache, Florentina : "La beneficencia en Madrid a principios del siglo XIX. El plan de beneficencia de Fernando VII", Madrid : Sonderdruck aus den Anales del Instituto de Estudios madrileños, Bd. XXIV, S.133-147.

Vila 1986 : Vila López, Luis : "Vías de aproximación al mundo de la pobreza en la España de hoy. Una visión de conjunto", in : *Cáritas* 1986, S.41-53.

Vila 1989a : Vila, Luis : "¿Cuando dejará de haber pobres en Europa?", in : Documentación Social, Nr.76, 7-9 1989, S.41-57.

Vila 1989b : Vila, Luis : "La cooperación desde la cohesion derivada del Acta Unica de la CEE", in : *Bienestar Social* 1989, S.79-84.

Vilar 1971 : Vilar, Sergio : Die spanische Opposition, Köln : Pahl-Rugenstein 1971.

Vilar 1977 : Vilar, Sergio : La naturaleza del franquismo, Barcelona : Península 1977.

Vilar 1983 : Vilar, Sergio : "La oposición a la dictadura franquista", in *Fusi/Vilar/Preston* 1983, S.61-88.

Vilar 1986 : Vilar, Sergio : La década sorpredente 1976-1986. La construcción de la democracia entre la euforia el desencanto, la modorra y los sobresaltos, Barcelona : Ed. Planeta 1986.

Vilmar/Runge 1986 : Vilmar, Fritz / Runge, Brigitte : Auf dem Weg zur Selbsthilfegesellschaft? 40.000 Selbsthilfegruppen. Gesamtüberblick, Politische Theorie und Handlungsvorschläge, Essen : Klartext 1986.

Vincent 1987 : Vincent, Bernard : Minorías y marginados en la España del siglo XVI, Granada : Diputación provincial de G. 1987.

Viñas 1982a : Viñas, Angel : "Guerra civil, guerra internacional", in : *Tuñón/Viñas* 1982, S.20-65.

Viñas 1982b : Viñas, Angel : "Internacionalización", in : *Tuñón/Viñas* 1982, S.65-76.

Viñas 1982c : Viñas, Angel : "Política exterior", in : *Tuñón/Viñas* 1982, S.80-92.

Viñas 1982d : Viñas, Angel : "Historia económica", in : *Tuñón/Viñas* 1982, S.92-110.

Vobruba 1991 : Vobruba, Georg : "Moderne, Modernisierung und Sozialpolitik", in : *Glatzer* 1991, S.314-317.

Waldmann 1984 : Waldmann, Peter : "Katalonien und Baskenland. Historische Entwicklung der nationalistischen Bewegungen und Formen des Widerstands in der Franco-Zeit", in : *Waldmann u.a.* 1984, S.155-192.

Waldmann u.a. 1982 : Waldmann, Peter u.a. : Die geheime Dynamik autoritärer Diktaturen. Vier Studien über sozialen Wandel in der Franco-Ära, München : Ernst Vögel 1982.

Waldmann u.a. 1984 : Waldmann, Peter / Bernecker, Walther L. / López-Casero, Francisco (Hg.) : Sozialer Wandel und Herrschaft im Spanien Francos, Paderborn u.a. : Schöningh 1984.

Wallenborn 1987 : Wallenborn, Manfred : Jugendarbeitslosigkeit BRD - Spanien. Ein Vergleich unter Berücksichtigung staatlicher Lösungsansätze, Frankfurt/M. : Verlag für Akademische Schriften 1987.

Wallenborn 1988 : Wallenborn, Manfred : "Paro júvenil en la República Federal de Alemania y España", in : Revista de Investigaciones sociológicas, Nr. 41, 1-3 1988, S. 115-130.

Wandruszka 1981 : Wandruszka, Mario : Die Mehrsprachigkeit des Menschen, München : Deutscher Taschenbuch Verlag 1981.

Weber 1930 : Weber, Heinrich : "Fürsorgepädagogik", in : Lexikon der Pädagogik der Gegenwart, hg. vom Deutschen Institut für wissenschaftliche Pädagogik, Band 1, Freiburg : Herder 1930, S.847-849.

Weber 1980 : Weber, Max : Wirtschaft und Gesellschaft. Grundriß der verstehenden Soziologie, Studienausgabe, Tübingen : Mohr 1980 (5. rev. Ausg.).

Weber 1988a : Weber, Max : Gesammelte Aufsätze zur Wissenschaftstheorie, hg. von Johannes Winckelmann, Tübingen : Mohr 1988 (7.Aufl.).

Weber 1988b : Weber, Max : "Die 'Objektivität' sozialwissenschaftlicher Erkenntnis", in *Weber* 1988a, S.146-214.

Weber/Leienbach 1989 : Weber, Axel / Leienbach, Volker : Soziale Sicherung in Europa. Die Sozialversicherung in den Mitgliedsstaaten der Europäischen Gemeinschaft, Baden Baden : Nomos 1989.

Wehler 1975 : Wehler, Hans-Ulrich : Modernisierungstheorie und Geschichte, Göttingen : Vandenhoeck & Ruprecht 1975.

Wolf 1989 : Wolf, Eberhard : "Zur aktuellen Lage der Jugend in Spanien. Jugendliche als Opfer der neoliberalen Modernisierungspolitik", in : Deutsche Jugend, 37.Jg., H.6, Juni 1989, S.263-270.

Woyke 1986 : Woyke, richard (Hg.) : Handwörterbuch Internationale Politik, Opladen : Leske und Budrich 1986.

Zabala 1986 : Zabala, Mª del Carmen : "Ancianos", in : *Cáritas* 1986, S.103-113.

Zabarte 1990 : Zabarte, María Eugenia : "Los Servicios Sociales como instrumentos de protección social. Aspiraciones y logros legislativos", in : Documentación Social Nr.79, April-Juni 1990, S. 35-48.

Zamanillo 1990 : Zamanillo, María Teresa : "Lo viejo se renueva. Un perfil del trabajador social de hoy", in : Documentación Social Nr.79, April-Juni 1990, S. 21-34.

Zapf 1977a : Zapf, Wolfgang (Hg.) : Probleme der Modernisierungspolitik, Meisenheim a. Glan : Anton Hain 1977.

Zapf 1977b : Zapf, Wolfgang : "Systemkrisen oder Entwicklungsdilemmas? Probleme der Modernisierungspolitik", in : *Zapf* 1977a, S.3-16.

Zapf 1979 : Zapf, Wolfgang (Hg.) : Theorien des sozialen Wandels, Königstein/Ts. : 1979 (4.Aufl.).

Zaragozà 1990 : Zaragozà Zaragozà, Vicente : "La Ley Valenciana de Servicios Sociales. Algunos aspectos críticos", in : Iniciativas, Vol.1, Nr.1 1990, S.

Zaragozà 1991 : Zaragozà Zaragozà, Jose-Vicente : "Gesetzliche Grundlagen sozialer Arbeit in Spanien", in : *Hamburger* 1991, S.15-34.

Zaragozà 1992 : Zaragozà Zaragozà, José Vicente : "Neuere Entwicklungen des Kinder- und Jugendhilferechts in Spanien", in : *Hamburger/Höffer-Mehlmer* 1992a, S.13-41.

Zelinsky 1984 : Zelinsky, Ulrich : "Spaniens wirtschaftspolitische Wende von 1959. Vorgeschichte, Determinanten, Durchsetzungsstrategie", in : *Waldmann u.a.* 1984, S.279-303.

Zeller 1990 : Zeller, Susanne : "Alice Salomon, die Gründerin der sozialen Frauenschule", in : *Brehmer* 1990, S.223-227.

Zymek 1975 : Zymek, Bernd : Das Ausland als Argument in der pädagogischen Reformdiskussion. Schulpolitische Selbstrechtfertigung, Auslandspropaganda, internationale Verständigung und Ansätze zu einer Vergleichenden Erziehungswissenschaft in der internationalen Berichterstattung deutscher pädagogischer Zeitschriften 1871-1952, Ratingen / Kastellaun : Henn 1975.

Verzeichnis der Abbildungen

GESELLSCHAFT, ERZIEHUNG UND BILDUNG IM SCHÄUBLE VERLAG (ISSN 0937-7727)

1. **Sobisiak, G.**: Die Didaktische Analyse. Untersuchungen über ihre Prinzipien und Funktionen in der Relation von Schule und Erwachsenenbildung. 1991 (2. Aufl.). VIII, 212 S. ISBN 3-87718-561-4 (= Steglitzer Arbeiten zur Philosophie und Erziehungswissenschaft 1)
2. **Reichert, W.**: Erziehungskonzeptionen der griechischen Antike. Theorie und Praxis der Erziehung in ihrer Abhängigkeit vom Wandel der Kultur. 1993 (2. Aufl.). IV, 164 S. ISBN 3-87718-562-2 (= Steglitzer Arbeiten zur Philosophie und Erziehungswissenschaft 2)
3. **Trieglaff, B.**: Erziehungswissenschaftliche Aspekte der Theorie des geistigen Seins. Eine Untersuchung der von Nicolai Hartmann beschriebenen Problematiken des geistigen Seins. 1993 (2. Aufl.). IV, 246 S. ISBN 3-87718-599-1 (= Steglitzer Arbeiten zur Philosophie und Erziehungswissenschaft 3)
4. **Bott, G.**: Zur Problematik der Landeskunde. Die deutsche Romanistik 1900-1938 als Fallstudie. 1992 (2. Aufl.). X, 218 S. ISBN 3-87718-564-9
5. **Heistermann, W.**: Gesammelte Schriften zur Anthropologie und Pädagogik. Bd. 1: Der Mensch. Aspekte seiner Einzigartigkeit. Um einen zeitgemäßen Humanismus. 1990. VIII, 230 S. ISBN 3-87718-565-7 (= Steglitzer Arbeiten zur Philosophie und Erziehungswissenschaft 4)
6. **Heistermann, W.**: Gesammelte Schriften zur Anthropologie und Pädagogik. Bd. 2: Philosophie der Erziehung. 1991. VIII, 228 S. ISBN 3-87718-566-5 (= Steglitzer Arbeiten zur Philosophie und Erziehungswissenschaft 5)
7. **Die pädagogische Herausforderung des Lehrers.** 1993 (2. Aufl.). VI, 124 S. ISBN 3-87718-567-3 (= Beiträge zu einer neuen Lernkultur 1)
8. **Lehrplan ohne Schüler?** 1994 (2. Aufl.). VI, 122 S. ISBN 3-87718-568-1 (= Beiträge zu einer neuen Lernkultur 2)
9. **Sobisiak, G.**: Systematisch-kritische Erziehungswissenschaft. Bd. 1: Grundfragen und Grundphänomene der Erziehungswissenschaft in allgemeinen Aspekten und Prinzipien des Erziehungs- und Bildungsfeldes. 1991. XII, 264 S. ISBN 3-87718-569-X (= Steglitzer Arbeiten zur Philosophie und Erziehungswissenschaft 6)
10. **Sobisiak, G.**: Systematisch-kritische Erziehungswissenschaft. Bd. 2: Spezielle Problematiken und Phänomenologien. 1991. VIII, 114 S. ISBN 3-87718-570-3 (= Steglitzer Arbeiten zur Philosophie und Erziehungswissenschaft 7)
11. **Der Schüler als Subjekt.** 1991. VI, 132 S. ISBN 3-87718-571-1 (= Beiträge zu einer neuen Lernkultur 3)
12. **Der Faktor Zeit im Unterricht.** 1991. VI, 128 S. ISBN 3-87718-572-X (= Beiträge zu einer neuen Lernkultur 4)
13. **Rausch, Chr.**: Drogenarbeit und Drogenpolitik in Europa. 1991. VIII, 182 S. ISBN 3-87718-573-8 (= Studien zur Vergleichenden Sozialpädagogik und Internationalen Sozialarbeit 1)
14. **Hamburger, Fr.,** (Hg.): Sozialarbeit in Deutschland und Spanien. Vergleichende Analysen und lokale Fallstudien. 1991. VI, 140 S. ISBN 3-87718-574-6 (= Studien zur Vergleichenden Sozialpädagogik und Internationalen Sozialarbeit 2)
15. **Wöbcke, M.,** (Hg.): Sozialarbeit in Irland. 1992. VI, 160 S. ISBN 3-87718-575-4 (= Studien zur Vergleichenden Sozialpädagogik und Internationalen Sozialarbeit 3)
16. **Sobisiak, G.**: Systematisch-kritische Erziehungswissenschaft. Bd. 3: Pädagogik und Ontologie. 1992. VI, 108 S. ISBN 3-87718-576-2 (= Steglitzer Arbeiten zur Philosophie und Erziehungswissenschaft 8)

17. Hertzsch, U.: Pädagogik und Soziologie im Werk Alfred Vierkandts. Eine Untersuchung seiner Gruppentheorie. 1993 (2. Aufl.). IV, 318 S. ISBN 3-87718-051-5 (= Steglitzer Arbeiten zur Philosophie und Erziehungswissenschaft 9)

18. Roth, Cl.: Die Institutionalisierung der Freiheit in den Jenaer Schriften Hegels. 1991. VI, 320 S. 200 x 195 mm. ISBN 3-87718-578-9

19. Igl, J.: Schule und Museum in der Region. Bd. 1: Die Grundlagen. 1992. VIII, 296 S. ISBN 3-87718-579-7

20. Igl, J.: Schule und Museum in der Region. Bd. 2: Zur Kooperation von Grund- und Hauptschule und Heimatmuseum. 1992. VI, 156 S. ISBN 3-87718-580-0

21. Igl, J., (Hg.): Schule und Museum in der Region. Bd. 3: Zur Kooperation von weiterführenden Schulen und Museum. 1993. VIII, 218 S. ISBN 3-87718-581-9

22. Velthaus, G.: Die anthropologischen Ansätze einer neuen Lernkultur. Engagement, Phantasie und Bildung. 1992. VI, 112 S. ISBN 3-87718-582-7 (= Beiträge zu einer neuen Lernkultur 5)

23. Aselmeier/Vogel: Handlungshilfen zur Unterrichtsplanung. Grundlagen und Beispiele aus sach- und schülerorientierter Sicht. 1992. VI, 136 S. ISBN 3-87718-583-5 (= Beiträge zu einer neuen Lernkultur 6)

24. Igl. J.: Der Schüler im Kooperationsfeld von Schule und Museum in der Region. 1993. VI, 158 S. ISBN 3-87718-584-3 (= Beiträge zu einer neuen Lernkultur 7)

25. Hönge, F.: Fernsehen und Video: Aspekte heutiger Lebenswirklichkeit von Jugendlichen. Konsequenzen für Schule und Unterricht. 1994. ca. 140 S. ISBN 3-87718-585-1 (= Beiträge zu einer neuen Lernkultur 8)

26. Hamburger, F./ Höffer-Mehlmer, M., (Hg.): Jugendhilfe in Deutschland und Spanien. 1992. VI, 156 S. ISBN 3-87718-586-X (= Studien zur Vergleichenden Sozialpädagogik und Internationalen Sozialarbeit 4)

27. Höffer-Mehlmer, M.: Modernisierung und Sozialarbeit in Spanien. 1994. X, 232 S. (Monographie). ISBN 3-87718-587-8. (= Studien zur Vergleichenden Sozialpädagogik und Internationalen Sozialarbeit 5)

28. Guerra, L./ Sander, G., (Hg.): Sozialarbeit in Italien. 1994. ca. 140 S. ISBN 3-87718-588-6 (= Studien zur Vergleichenden Sozialpädagogik und Internationalen Sozialarbeit 6)

29. Gottschalk-Windelen, P.: Erfolg und Wirkfaktoren der stationären Alkoholentwöhnungsbehandlung. Eine katamnestische Studie. 1992. 296 S. ISBN 3-87718-589-4

30. Igl. J./ Vogl, E.: Maria Montessori. Beiträge zur Bandbreite ihrer pädagogischen Methode. 1992. VIII, 162 S. ISBN 3-87718-590-8

31. Linke, W.: Zum Wandel des Selbstbewußtseins. Anthropologische Betrachtungen. 1992. VI, 116 S. ISBN 3-87718-591-6

32. Geschichte erforschen, erfahren, vermitteln. Festschrift für Wolfgang Hug. Hgg. v.E. Krautkrämer und E. Erdmann. 1992. X, 172 S. 280 x 200 mm. ISBN 3-87718-592-4

33. Möglichkeiten menschlichen Seins. Festschrift für Walter Heistermann. Hgg. v. M.-S. Schuppan. 1992. VI, 156 S. 280 x 200 mm. ISBN 3-87718-593-2 (= Steglitzer Arbeiten zur Philosophie und Erziehungswissenschaft 10)

34. Bauer, R., (Hg.): Intermediäre Nonprofit-Organisationen in einem Neuen Europa. 1993. VI, 166 S. ISBN 3-87718-594-0 (= Studien zur Vergleichenden Sozialpädagogik und Internationalen Sozialarbeit 7)

35. Hamburger, F., (Hg.): Innovation durch Grenzüberschreitung. 1994. ca. 140 S. ISBN 3-87718-595-9 (= Studien zur Vergleichenden Sozialpädagogik und Internationalen Sozialarbeit 8)

36. Lübtow, U. v.: Die Freiheit, dargestellt am Beispiel vom Aufstieg und Niedergang Roms. 1993 (2. Aufl.). VI, 134 S. ISBN 3-87718-596-7

37. Sobisiak, G.: Systematisch-kritische Erziehungswissenschaft. Bd. 4: Bildungsphilosophische und bildungssoziologische Probleme der Erziehungswirklichkeit. 1993. ca. 130 S. ISBN 3-87718-597-5 (= Steglitzer Arbeiten zur Philosophie und Erziehungswissenschaft 11)

38. Kron, T.: Okkultismus – eine pädagogische Herausforderung. 1993. VI, 152 S. ISBN 3-87718-598-3 (=Beiträge zu einer neuen Lernkultur 9)

39. Bauer, R.: Das US-amerikanische Wohlfahrtswesen (Arbeitstitel, in Vorbereitung). 1994. ca. 150 S. ISBN 3-87718-052-3 (= Studien zur Vergleichenden Sozialpädagogik und Internationalen Sozialarbeit 9)

40. du Bois-Reymond, M./van Lieshout, P., (Hg.): Der niederländische Wohlfahrtsstaat (Arbeitstitel, in Vorbereitung). 1994. ca. 150 S. ISBN 3-87718-053-1 (= Studien zur Vergleichenden Sozialpädagogik und Internationalen Sozialarbeit 10)

41. Vogt: Außerschulische Lernorte. 1994 (in Vorbereitung). ca. 150 S. ISBN 3-87718-054-X (= Beiträge zu einer neuen Lernkultur 10)

42. Aufenanger, St.: Fernseherziehung in unserer Gesellschaft. 1994. (in Vorbereitung) ca. 150 S. ISBN 3-87718-055-8 (= Beiträge zu einer neuen Lernkultur 11)

43. Falke, W.: Das Bedürfnis. 1994 (in Vorbereitung). ca. 250 S. ISBN 3-87718-056-6 (= Steglitzer Arbeiten zur Philosophie und Erziehungswissenschaft 12)

44. Bruen, H.: Polyästhetische Praxis in der Schule. 1994 (in Vorbereitung). ca. 150 S. ISBN 3-87718-057-4 (= Beiträge zu einer neuen Lernkultur 12)

45. Herrmann, P.: Die Organisation. 1994. VI, 226 S. 6 Graph. Darst. ISBN 3-87718-058-2

Schäuble Verlag • D 79611 Rheinfelden • Postfach 4022
Telefon u. Telefax: 07623/40472